极地科普系列

余春 编著

极地船舶

船舶大家庭里的新宠儿

雪龙2

CHINA

上海交通大学出版社
SHANGHAI JIAO TONG UNIVERSITY PRESS

内容提要

本书用全新的视角，集中讲述了极地气象对舰船设计、制造、使用的影响；介绍了适应在极地航行的特种船舶，如科学考察船、破冰船、半潜船、重载甲板运输船、无人船（艇）以及海工高端特种运输船的发展和特点，对不同的船舶装备需求分类描述；介绍了海洋船舶制造、海洋高端船舶、海洋工程装备、海洋环境保护与治理方面的内容；以特种船舶为例，从船舶的立项、设计、科研、试验、制造、使用、维修等全过程进行风险分析，列举安全事故案例，分析事故导致的环境风险以及各种安全事故所造成的后果。

本书旨在向社会各界普及极地航行船舶的相关知识以及极地船舶的发展与未来，适合关注和研究极地及极地航行船舶的相关人员阅读参考。

图书在版编目（CIP）数据

极地船舶：船舶大家庭里的新宠儿/余春编著. —
上海：上海交通大学出版社，2022.3
ISBN 978 - 7 - 313 - 25603 - 4

Ⅰ. ①极… Ⅱ. ①余… Ⅲ. ①极地—船舶—普及读物
Ⅳ. ①U674 - 49

中国版本图书馆 CIP 数据核字（2021）第 231820 号

极地船舶：船舶大家庭里的新宠儿
JIDI CHUANBO：CHUANBO DAJIATING LI DE XINCHONGER

编　　著：余　春
出版发行：上海交通大学出版社　　　地　　址：上海市番禺路 951 号
邮政编码：200030　　　　　　　　　电　　话：021 - 64071208
印　　制：上海万卷印刷股份有限公司　经　　销：全国新华书店
开　　本：880mm×1230mm　1/32　印　　张：9.375
字　　数：215 千字
版　　次：2022 年 3 月第 1 版　　　　印　　次：2022 年 3 月第 1 次印刷
书　　号：ISBN 978 - 7 - 313 - 25603 - 4
定　　价：60.00 元

丛书编委会

主　任

巨　锦

副主任

（排名按姓氏笔画为序）

王　健　王　磊　艾松涛　沈　权　黄　焱

委　员

（排名按姓氏笔画为序）

毛应江　吉雨冠　孙　敏　孙宏亮　汪　漩

李东明　张汝诚　周　龙　周长江　杨旭天

主办单位

广东造船工程学会

协办单位

上海市海洋工程科普基地

上海交通大学海洋工程国家重点实验室

高新船舶与深海开发装备协调创新中心

国家深海技术试验大型科学仪器中心

中国航海学会极地航行与装备专业委员会

天津大学

武汉大学中国南极测绘研究中心

中远佐敦船舶涂料（青岛）有限公司

中国船舶及海洋工程设计研究院

广州船舶及海洋工程设计研究院

上海研途船舶海事技术有限公司

策　划

船海书局

余春，毕业于清华大学自动控制专业，进修于中山大学研究生院现代文学专业。曾任《海军装备》杂志总编辑、编审、大校军衔、专业技术四级；第三届中国期刊协会理事，广东省作家协会会员，海军兵种指挥学院客座教授，海军飞行安全管理专家，武器装备管理专家，资深编辑。

长期坚持文学创作、撰写科技文章、举办专题讲座，从事武器装备的发展研究，尤其在高科技装备的风险管理研究领域成果显著。出版作品涉及文学和科技多个领域。二十余次获得军内外文学创作奖和军队科技进步奖，三次被评为海军先进出版工作者，三次荣立三等功。

前言

极地作为全球战略重地，拥有丰富的资源，认识极地、研究极地、利用极地具有重大意义。为此，笔者撰写本书，旨在向社会各界普及极地航行船舶的相关知识以及极地船舶的发展与未来。

随着全球气候变暖，海冰加速融化，极地将成为真正意义上的无限航区，对具有一定破冰能力、适合在极地航道航行或作业的船舶，需求量将会逐渐增多。

由于极地特殊的海况，传统的船舶无法在那里航行，因此，对极地航行的船舶提出了新的特殊要求。与传统的船舶相比，极地船舶要求有高强度的船体，能承受冰的冲击载荷；要求有强劲的动力、可靠的推进系统等，确保船舶具有强大的破冰能力和自救能力；要求能防寒抗冻，在极端低温条件下确保航行安全。

新航海时代已经到来。新航海技术的发展孕育了一批新型船舶。造船工业迎来了新的挑战和发展机遇，造船技术特别是新型特种船舶建造技术面临一场新的革命。

本书首章介绍了人类建造和利用船舶的历史进程；第二章介绍极地船舶技术的发展情况，重点介绍的是破冰船技术和发展现状；第三章介绍世界上有影响力的海洋国家的科学考察船的发展情况；第四章重点介绍我国极地科考进入"双龙探极"时代；第五章介绍当前极地船舶的技术特征及发展趋势。

最后，特别要感谢新华社记者刘诗平先生为本书提供了我国第36次南极考察期间的相关新闻资料和图片。另外，本书参考引用了刊发在《中国海洋平台》杂志上的相关文章和图片，在此一并向文章作者表示感谢。欢迎广大读者对本书不足之处批评指正。

祝愿我国极地科考事业继往开来，勇攀高峰。

目录

第一章
船舶的演变

第一节　综述

　　造船的起源真相早已湮没在历史传说的迷雾之中。我们无法确切地知道何人、何时、何地第一次驾船驶向无边无际的海洋。根据史料推演，首闯海洋当数熟悉水性的渔民，正是对食物的需求促使我们的祖先在水域里寻找并追逐鱼群和其他海洋生物，寻求可食用的动物和植物，丰富的海洋资源诱惑着智慧的人类。

　　最早的船只大多在湖泊、河流中航行，跨越远海是人类迈出的重要一步。人类航海最早的证据不是在古代船舶的遗骸中找到的，而是在我们的祖先通过海路到达的海岛和陆地住所的遗迹中发现的。

　　覆盖着我们这个星球大部分表面的海洋，在很长时间里一直被视作文明的边缘地带。其实，海洋对人类文明史的影响极为深远，它使人类早期的迁移与探索变为可能，给人类提供生活所需的食物，创造了新的谋生方式。航海促进了造船、海图、指南针等技术和事物的发展，编织了贸易往来、宗教传播和文化交流的脉络。历史上有名的古国，如迦太基、古罗马、古中国与奥斯曼帝国，都曾在各自的海域里建立过航海路线。到了大航海时代，欧洲小国崛起成为全球海洋帝国，深刻影响、改变了世界。

在漫长的历史长河中，人类活动大都要与水打交道，于是便产生了水上交通工具——船。人类使用船舶作为交通工具的历史，可以和人类文明史相媲美。船舶是指能航行或停泊于水域进行运输的作业工具，按不同的使用要求具有不同的结构、装备和技术性能。

船舶的发展可以分为三个阶段：

第一个阶段是木板船时代。从新石器时代起，人类就已经将芦苇、葫芦、皮囊、竹筏等用于水上航行，那是船的胚胎。史前刳木为舟标志着人类步入独木舟、木板船时代。

第二个阶段是帆船时代。这个阶段大约持续了四五千年，甚至更长的历史时期。帆船是一项了不起的发明，它的出现是航海史上的一大进步，帆船主要借助于风力来实现定向航行，船桨则成了辅助工具。帆船一直贯穿着人类海洋文明的历史进程，是最经济、最环保的海洋交通工具，到 18 世纪以前，帆船都在海洋交通工具中占据着主要地位。

第三个阶段是现代船舶时代。1879 年世界上第一艘钢铁船问世后，开始了以钢铁船为主的时代。船的推进由以前的依靠人力、畜力和风力，即撑篙、划桨、摇橹、拉纤和风帆，发展到使用机器驱动。这时的船舶使用非自然动力，可以在船舶上使用外加的燃料动力，这是造船技术上一次质的飞跃。第二次世界大战之后，工业化国家经济的恢复和发展，中东等地石油的大量开采，更加促进了船舶技术的迅速发展。世界海运船舶向大型化、专业化、多用化、高速化和自动化发展。

第二节　木板船时代

一、　原始的渡水工具

远古先民在猎取食物以及与水的搏斗中，由于没有水上工具，面对深水里的鱼群和河对岸的猎物，可望而不可得，更令人恐惧的是溺水而死时有发生。面对残酷的现实，面对生存受威胁，他们开始寻找并逐渐掌握生存的技能，是自然现象使他们受到了有益的启发。

当他们见到落叶、枯木等物体能漂浮在水面之上时，自然会对某些物体的漂浮现象逐渐有所感知。"古观落叶以为舟"，反映了我们祖先早期对一些物体能浮在水面上的认识。也许正是因为这种自然现象，引起了人们航行的念头。当他们多次利用浮性好的自然物体得以生存时，则更能加深对浮性的感知。在为取得食物，或是对某一隔水相望的地方产生向往的时候，想必更能促使他们根据已有的对漂浮于水面上物体的认识，选择浮性好的自然物体，作为泅渡工具，纵然是跨骑着一段枯木渡水，也是经过多次实践而取得的重大突破。

人骑坐在一根圆木上，就可以顺水漂浮，如果他还握着一块木片，就可以向前划行，如果把那根圆木掏空，人就可以舒适地坐在里面，并能随身携带自己的物品。可以跨骑的单一圆木可能是最早的水上船只形式，之后人们又逐步学会了就地取材，利用芦苇、葫芦、皮囊渡水或制造简单、平稳以及装载面积较大的筏。

芦苇。芦苇做成的漂浮物和船只很容易取代圆木捆绑的筏子，因为它们从根本上说只是一束芦苇而已。在埃及发现了这种船只发展的大量实物证据，包括绘画记录。这种简易船只在尼罗河流域流行，可能与该地区缺乏合适的造船木材有关。芦苇筏子的遗迹在地中海、欧洲、中亚、阿拉伯半岛、南亚甚至塔斯马尼亚都被发现了，如今在南美多个地方也发现了芦苇船只。

葫芦。葫芦具有体轻、防湿性强、浮力大等特点，所以很早就被人类作为渡水工具，葫芦这种浮具也许被沿用了一两万年之久。

《庄子·逍遥游》中说："今子有五石之瓠，何不虑以为大樽而浮乎江湖。"虑就是用绳缀结在一起。樽为酒器，缚之亦可自渡。由此可以看出，从单个葫芦进而把几个葫芦用绳连缀到一起，不仅浮力可成倍增加，而且双手可以解脱，用以划水。

过河时把几个葫芦拴在腰间，也称为腰舟（见图1-1），这种腰舟的遗风，在我国一些少数民族地区至今还能看到。中国云南省哀牢山下礼社江两岸的彝族同胞，当捕鱼或远出外地的时候，就在腰部拴上几个葫芦。这种腰舟在黄河流域也有遗迹可

图1-1 腰舟

寻。早年，晋南黄河岸边的农民，为了耕田就骑着两个葫芦往返于黄河两岸。

皮囊。皮囊是作为浮具用的，故也被称为浮囊。它还有另外的名称："浑脱"。唐人李筌在《太白阴经》中记有："浮囊，以浑脱羊皮，吹气令满，紧缚其孔，缚于胁下，可以渡也。"

这里的"浑脱羊皮"，原是指宰羊剥皮的一种方法，由于翻剥羊皮用作皮囊，久而久之，人们把皮囊也称作"浑脱"了。明代李开先在《塞上曲》的诗句中有："不用轻舟与短棹，浑脱飞渡只须臾。"

应用皮囊的地区，在中国主要是在黄河和长江的上游。皮囊制作简单，应用时携带方便，更不怕浅水、激流和险滩。

从新石器时代起，人类就已经将动物毛皮用于多种目的，因此将其用于泅渡也就毫不奇怪了。在古代，动物毛皮被广泛用于制作船只、独木舟和皮筏子，范围从美索不达米亚出土的公元前4000年的船只泥版模型和亚述国王辛那赫里布的宫殿墙壁上雕刻的浮板和皮筏，到加拿大和阿拉斯加的因纽特人使用的独木舟和木架蒙皮船。动物毛皮船只和筏子在海中有很大优势，因为海水更寒冷，比如北海或大西洋和北冰洋的海水，它们能保持毛皮干燥和较低的船只吃水线，这是非常重要的。

筏。筏是由单体浮具发展起来的。一根树干，在远古就是一件浮具。树干呈现圆柱形，在水中易于滚动。为使其平稳，也为了获得更大的浮力，人们将两根以上的树干并拢，用藤或绳系结起来应用。这样一来，集较多的单体浮具为一体就形成了筏。

中国南方盛产竹，竹筏的使用很是广泛（见图1-2）。用火将竹的两端烧烤后使其向上翘起，然后以藤条、野麻编缚在一起，划动起来则阻力较小，顺流而下则漂浮如飞。常见于台湾海

图 1-2 竹筏

峡的竹筏，由于该筏还带有篷帆，可见其年代并不久远。

20 世纪 50 年代，笔者在家乡湖北省荆州市公安县长江中见到大型竹筏、木筏顺流而下，气势澎湃，仍记忆犹新。

筏有因地制宜、取材不拘一格、制作简单和稳性好等优点。尽管筏的构造简单，但它确是人类征服自然的智慧结晶。人们从半身浸在水中抱着葫芦或皮囊渡水，一旦得以登上筏，甚至还能载上些猎物时，其欢欣鼓舞之情是不难想象的。

筏不仅供作渔猎和作为运载工具用来渡过大江大河，它甚至适于在海洋上漂流，特别是中国首创的竹筏，因其体轻、抗折，故随着百越人的海上活动，最远传到了拉丁美洲的秘鲁沿海各地。

民间使用的竹筏、木筏，原来是一种水上运载工具，后世仍有沿用。不过将筏当作运载工具者日见变少，绝大多数竹筏、木筏本身就是被运载的货物，如在山区采伐下来的竹、木材，主要靠山间小溪或小河漂流到山下集中，然后编结成筏，顺江、河漂流下运。

筏的缺点在于没有干舷，筏体本身又有较大的缝隙，当筏的载重量增加时，乘载在筏上的人和货不可避免地要受到水的浸淹。独木舟虽然不漏水而且有一定的干舷，但在水中的稳性不好。独木舟的大小还要受到原株树木大小的制约和局限。沉重的独木舟也难以满足载重量日益增长的需要。

严格来说，在原始的渡水工具中，芦苇、葫芦、皮囊、筏只可称为浮具而算不上船，具有容器形态的，也就是具有干舷的，才能称作舟或船。只有在独木舟问世以后，在人类的文明史上，才算是出现了第一艘船。

二、　独木舟的出现

第一艘独木舟是什么时候出现的呢？第一艘独木舟的发明权又属于何人？对这个问题，有许多古人曾想探本溯源，在中国古籍中，有多处做过记载或推测。《山海经·海内经》说是番禺最早开始做舟。《易经·系辞》则又把舟的出现向前推进了一段时间，说是黄帝、尧、舜挖空木头制成舟，切削木头做成桨，就是《易经》中"刳木为舟，剡木为楫，舟楫之利，以济不通，致远以利天下"这句话。《世本》又说是黄帝的臣子共鼓、货狄这两个人发明了舟。《墨子》说舟是巧垂这个人发明的，但又说舜的臣子后稷首先做成了舟。可见，墨子所言也是先后矛盾而缺少定见的，一时还难以说得准确。《吕氏春秋》却提出舟的发明人是舜的臣子虞姁。《发蒙记》说舜臣伯益是舟的创始人。《舟赋》又说黄帝的臣子一个叫道叶的人"刳木为舟，剡木为楫"。《拾遗记》又转过头来说还是黄帝从木筏改进而做成了舟。以上 8 种古书，提出了 11 个发明人，众说纷纭，令人无所适从，难以将发明舟船的荣誉加诸任何一人。这些古书的作者们写下自以为正确的记载，或取自传说或根据所见到的典籍，并不一定有什么信实可靠的根据。不过，古代治学者所反映的人类文化的进化观，还是值得珍视的。

直到 20 世纪，在我国虽尚未发现用火烧、用石斧砍刮的办法制造独木舟的实证，但在现代民族学资料中，则有云南省佤族人在制造木臼时，却是沿用火烧斧挖的办法。

独木舟出现的年代，按前述中国多种古籍记载，上限于黄帝轩辕时期，然而在实际上，独木舟是新石器时代早期的产物。

为增加载量和改善稳性，独木舟有 3 种可能的发展方向和演变途径。第一种，以两艘或多艘单体独木舟并排连接，舟体宽度成倍增加，既增加了载重量，又能显著地改善稳性。第二种，以火烤、日晒等加热的办法并加横向支撑以扩展舟体宽度，再进一步则是在舷侧加木板形成复合舟。第三种，设置舷外支架或舷外平衡物体。

独木舟发展演变的上述第三种途径，即设置舷外支架或舷外平衡物体，主要是用来改善舟的稳性。其舷外平衡物体既能提供部分浮力，又可能有助于增加载重量。这种办法的遗迹，在中国的考古学研究中尚未见，但是在南太平洋，例如在印度尼西亚诸岛的沿岸，有许多小型渔船的制造，经常是采用这种办法的。

独木舟发展演变的上述第一种途径，即采用并列单体独木舟的办法，在中国屡见不鲜。山东平度的双体独木舟，是考古发现中的一个典型实例。此外，广东的"双船"，黑龙江流域的"联二为一"的"威呼"，贵州省清水江的三体龙舟等，均属此类模式。

中国出土的独木舟遗存，大多设有横向支撑构件。广东化州独木舟，其舟壳较薄，艏艉起翘较大，又在舷部设 7 具横向支撑构件，很可能经火烤加横向支撑以扩展中宽。

独木舟在演变过程中，还有一种独特的方式，即在纵向上增加长度。山东平度的双体独木舟，其舟体由 3 段构件插榫搭接而成，这不仅增加了舟体长度，而且便于形成艏艉部起翘。

旧石器中期后，母系氏族社会形成。那时，人们渡水是借助木段、树枝或腰缠葫芦等漂浮物涉水泅渡，后来学会把漂浮物捆扎起来制成筏，进而用竹篾编成浮篮，四周用泥封堵，以形成与水隔绝的封闭空间，再后来有用树皮或兽皮制成内有骨架的柳条舟或兽皮舟。

到了旧石器晚期，许多地区出现了新的切削石器，人们也学会了人工取火。恩格斯说："火与石斧通常已经使人能够制造独木舟。"故可以认定独木舟大体问世于旧石器晚期（或新石器早期）。

到了新石器时期，盛产林木的广大地区已普遍使用独木舟。当时，制造独木舟的方法是在整段木的外边涂上湿泥，把木条中间的干燥部分用火烧成炭，然后用石器由外向内一层层凿下，最后就剳制成一艘独木舟了。

中国是世界上最早制造出独木舟的国家之一，并利用独木舟和桨渡海。独木舟就是把圆木凿空，人可以坐在上面的最简单的船，是由筏演变而来的。虽然这种进化过程极其缓慢，但在船舶技术发展史上，却迈出了重要的一步。独木舟需要较先进的生产工具，依据一定的工艺过程来制造，制造技术比筏要难得多，其本身的技术也比筏先进得多，它已经具备了船的雏形。

根据古人类学的研究成果，我们知道，约在 18 000 年以前人种开始分化，进入现代人所居住的各个大陆。中国的柳江人、山顶洞人，便是这一时期的代表。他们生活在旧石器时代的晚期，这时已经发明了人工取火，并且开始出现磨制石器。从这时起再经过几千年，便进入了新石器时代。

新石器时代约在 10 000 年到 4 000 年前，中间经历了 6 000 年。火和石斧这两个基本条件，在烧制陶器以前便全部具备了。独木舟出现的时间可能在大约 10 000 年以前，最迟 8 000 年以前。独木舟如图 1-3 所示。

图 1-3　独木舟

三、木板船的产生

独木舟向木板船的演变是人类社会文明的进步，大体时间是从原始社会进入奴隶制社会的过渡阶段。进入奴隶制社会后，出现了商品的交换和以贝为代表的货币。伴随着生产的发展和商品交换的需要，逐渐提出了提高水上运载工具的装载量并改善其适航性能的要求。这时，芦苇、葫芦、筏与独木舟都逐渐显得不能适应了。但是最受欢迎的制造航海船只的材料还是木材。根据文献记载推断，公元前第三个千年中期，美索不达米亚就开始使用木板制作的船只了。大约与此同时或者稍晚，埃及也制造了木板船只。到公元前第二个千年中期，木板船只的优势在地中海、西欧、近东和印度洋地区被广泛利用。木板船只虽小，但力量却更大，操纵更灵活。从某种意义上讲，木板船被用于世界各地，包括哥伦布到达之前的美洲和太平洋群岛，但是它们发展的时间顺序难以确定，而且这些地区的典型帆船用材似乎是原木而非木板。

由于造船材料和船的行驶动力的不断发展，人们造的船越来越大，装载的人和货物越来越多，功能也越来越完善，航程也越来越远。

到了大约3000年前，我国就开始出现了木板船。木板船出现后，就显示了它强大的生命力，也为船舶的进一步发展和改造奠定了基础。

制造木板船的首要和必备条件是必须具有木板。按摩尔根的学术见解，是石器的出现和应用给人类带来了木板。这也被在中国新石器时代的河姆渡文化遗址所发现的木板遗迹和相当成熟的木构技术所证实。过去曾经认为，只有出现青铜器之后，才有可能剖制木板，现在看来这种学术见解将难以维持。当然，在5000年前的以河姆渡文化为代表的新石器时代，是否出现过木板船，还有待考古学的研究，不可草率下结论。但是，那时既然已能为构筑"杆栏式"建筑而剖制木板，又有相当成熟的榫卯技术，可见那时制造木板船的物质条件已经基本具备了。

在中国出现木板船的有力证据，还是甲骨文中所见到的"舟"字，从而推论出木板船最晚也应是殷商时代的产物，其时限相当于公元前16世纪到公元前11世纪，距今3500～3000

年前。

公元前 16 世纪，商汤灭夏桀后建立起奴隶制国家商，定都于亳（今河南省商丘市北）从汤到盘庚，曾经五次迁都，盘庚迁都到殷（今河南省安阳市小屯村），因而商也称殷商。商代自汤传到纣共 17 代，31 位王，被周武王攻灭。公元前 1046 年，周武王立国号为周。商代的农业比较发达，已用多种谷类酿酒，手工业已能铸造精美的青铜器和烧制白陶，交换也较前扩大，出现了规模较大的早期城市。文字记录材料主要保存在甲骨、铜器及其他器物上，其中以甲骨上的为最多，甲骨文即指这种文字。甲骨文 1899 年始发现于殷商遗址，即今河南省安阳市的小屯村，它是中国已发现的最古老的汉字。由于甲骨文的笔画部位尚未定型，所以分散见到的"舟"字及与舟有关的字，写成了不同的式样。

甲骨文属于象形文字，是对客观事物实体特征的描绘。从甲骨文中的"舟"字可以看出它所表征的舟，是由纵向和横向构件组合而成的。舟字的横线，代表肋骨或舱壁等构件，它既能支撑两舷的纵向板材以加强舟体的强度，又能将舟体分隔成若干隔舱，更重要的是可以将纵向板材接长，即可用较短的木板造出长于木板的舟船。"舟"字的演变如图 1-4 所示。

字源演变：

| 甲骨文 | 金文 | 小篆 | 楷体 |

图 1-4 "舟"字的演变

甲骨文中的"般"字，从字形看，像一个人持桨或篙使船旋转移动。"般"字有一种读音为 pán（盘），可当盘旋解。在《康熙字典》中，对"般"的一种解释是"象舟之旋"。

在中国，商代已造出有舱的木板船，汉代的造船技术更为进步，船上除桨外，还有锚、舵。

唐代，李皋发明了利用车轮代替橹、桨划行的车船。

木板船出现以后，显示了它强大的生命力，也为船舶的进一步发展和改造奠定了基础。随后人们又在长期航行的实践中，创造了利用风力行驶的帆船。

第三节　帆船时代

桨船只能依靠人力来划动，因此在长期的实践中，帆走进了人们的生活。在实践中，人们创造了利用风力行驶的船——帆船。帆船是继芦苇、葫芦、皮囊、竹筏、独木舟、木板船之后的又一种古老的水上交通工具，已有 5 000 多年的历史。按船桅数可分为单桅帆船、双桅帆船和多桅帆船；按船型划分有平底和尖底帆船；按艏型又可分为宽头、窄头和尖头帆船。

初期的帆不能转动，只有风顺时才能使用，风不顺就只有落帆划桨。后来人们在航行的实践中逐步发现，即使不顺风，只要使帆与风向成一定的角度，帆上还能受到推船前进的风力，于是人们又创造了转动帆，在逆风的情况下，船也能前进。

人们往往认为帆船是被风推着跑的，其实风的动力以两种形式作用于帆，帆船的最大动力来源是所谓的"伯努利效应"。1726 年，伯努利通过无数次实验，发现了"边界层表面效应"，即流体速度加快时，物体与流体接触的界面上的压力会减小，反之压力会增加。为纪念这位科学家的贡献，这一发现被称为伯努利效应。伯努利效应适用于包括液体和气体在内的一切理想流体，是流体进行稳定流动时的基本现象之一，反映出流体的压强与流速的关系，即流体的流速越大，压强越小；流体的流速越小，压强越大。船帆的角度距离船体舯线越远，着力点施加于正面的数量相对于施加于侧面的数量则越多，因而使水流的阻力越小。综上所述，当空气流经类似机翼的弧面时，产生向前向上的吸引力，因此帆船才有可能朝某角度的逆风方向前进；而正顺风航行时，伯努利效应消失，船反而不能达到最高速。

帆船是人类伟大的技术革新之一，在文明史上的地位可以比肩陶轮与印刷术。木制帆船在此后的 2 000 年里是地中海及其附近地区首选的海上交通工具。自从人类创造了帆船以后，帆船运载着人们在波澜壮阔的海洋上熙来攘往，直到 19 世纪，在海上航行的一些大型船只的主力军还是帆船。

中国的造船技术和航海技术历史悠久，而且技术发达，在古代处于世界领先地位。古代中国对外交通发达，从汉朝著名的海上丝绸之路开始，中国造船和海航技术得到不断发展。隋唐时期以及宋元时期是中国海上交通和贸易发展的重要时期，指南针已用于航海，元朝时期，海上丝绸之路进入鼎盛时期。

中国漫长的海岸线被几个主要的河口三角洲分隔开来，其中最长和最宽的河流是长江，这使得无数航海团体由此产生。到公元 1000 年末期，中国发展了各种用于近海和长途海上航行的船只，这一发展成果奠定了中国船舶的特点，这种海船通常被称为"帆船"，适合在远海和诸如长江等宽阔的大河里航行（见图 1 - 5）。

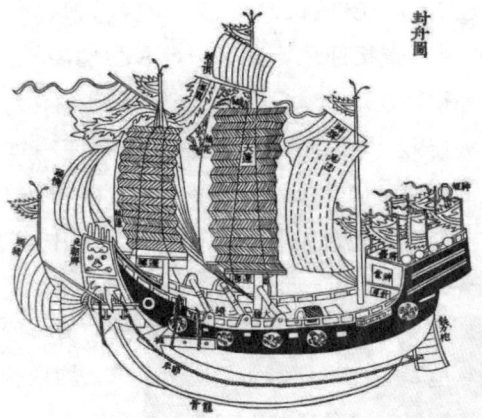

图 1-5 古代中国的帆船

中国宋、元、明、清时代使用过的帆船有平底沙船、尖底的福船、广船和快速小船鸟船，以及大型战船楼船和运粮的漕船。帆船通常为单体，也有抗风浪较强的双体船。帆船主要靠帆借助风力航行，靠桨、橹和篙作为无风时推进和靠泊与启航的手段。

我国的帆船，在世界上是相当有名的，早在秦代我国就能造出长达 30 米、宽 6～8 米、能载重 6 万千克的漂洋过海的大帆船——海船。到了汉代，就能制造百尺楼船，到宋代，已可制造载重 20 万千克以上的大船。

宋代，船普遍使用罗盘针（指南针），并有了避免触礁沉没的隔水舱。同时，还出现了 10 桅 10 帆的大型船舶。15 世纪，中国的帆船已成为世界上最大、最牢固、适航性最优越的船舶，不论在尺寸上还是在性能上都处于国际领先地位。

在中国，最早从船头到船尾都使用风帆的明确证据可以追溯至公元 3 世纪，但在此之前风帆已经用于船舶航行，2 000 多年前中国古代已有了靠帆航行的船舶。中国汉朝帆船当时设计有4个风帆，但并不直接迎风，而是横向且稍倾斜地面对迎风面。这样，船舶即使在逆风的情况下仍然能够高速前行，无须像西方帆船那样需要降帆。在帆的材质方面，则是使用竹竿加强的硬篷。当时最大的船长达20米，宽10米，可容纳700人左右或运载260吨以上货物。经过宋朝与元朝改进后，中国帆船于15世纪至17世纪中叶大量用于近海航行。

据记载，秦代已有帆船东渡，三国时期东吴帆船曾访问今柬埔寨和越南等地，唐代与日本文化交流频繁，均依赖帆船。当时中国帆船已能侧风、逆风行驶，有较好的耐波性，宋代帆船已能载500～600人，并使用指南针，航程远及波斯湾和东非沿岸。1974年福建泉州出土的宋代海船残骸，船体瘦削，具有良好的速航性和耐波性，船内有12道水密舱壁，船侧外板由3层杉木板组成，结构坚固，船长约35米，载重达200吨以上。

明朝初期，中国的造船和海航技术也处于世界领先地位，最著名的就是郑和下西洋，展示了大明王朝的航海力量。明朝继承并发展了前朝的造船技术。郑和7次远航，船队最多时有船200多艘，人数最多时有27 800人，其中最大的船称为"宝船"，当时的中国帆船长约151米，宽度约61米，锚重都有几千斤①，桅数为9，每艘可乘坐千人，吨位约为5 000吨，相当于英国曾经的一级风帆战列舰，是当时世界上最大、最先进的海船。郑和船队7次下西洋，遍历东南亚、印度洋各地，远达非洲东海岸，郑和的成功展示出我国当时优良的船舶建造技艺和过硬的远航能力。

① 市制重量单位，1斤＝0.5千克。

　　中国帆船构造与欧洲不同，欧洲帆船两端尖而上翘，而中国帆船两端用木板横向封闭形成平底的长方形盒子，舵位于船尾部中线上，船尾有楼形高台以防上浪，船内有多道水密舱壁，结构坚固。中国帆船的帆是横向用竹竿加强的硬篷，这种平衡纵帆，操作灵便，能承受各个方向的风力。

　　中国是世界上造船历史最悠久的国家之一，中国木船船型丰富多彩。在史学界、造船界一致认可在中国明代有三大著名船型，由北至南分别为黄海的平底沙船，福建的尖底福船，广东的两翼广船。

一、　黄海的平底沙船

　　据《上海沙船》一书介绍：沙船是中国最古老的母型船种，不少船种由此派生。在中国海洋船舶史上地位相当之高。对于沙船，明代茅元仪在《武备志》中是这样描述的："沙船能调戗，使斗风，然惟便于北洋，而不便于南洋；北洋浅，南洋深也。沙船底平，不能破深水之大浪也。北洋有滚涂浪，福船、苍山船底尖，最畏此浪，沙船却不畏此，北洋可抛铁猫，南洋水深，惟可下木碇。"

　　沙船的北洋适航性、地域性强，是其他型船所不能替代的。沙船是一种经长期发展而成型的船型，已自成体系。沙船在宋代称为"防沙平底船"，在元代称为"平底船"，到明代才通称为"沙船"。沙船在唐代出现于上海崇明，它的前身可以上溯到春秋时期。

　　沙船特点：沙船底平能坐滩，不怕搁浅，特别是风向潮向不同时，因底平吃水浅，受潮水影响比较小，比较安全；沙船能调戗使斗风，顺风逆风都能航行，甚至逆风顶水也能航行，适航性能好；船宽初稳性大，又有各项保持稳性的设备，稳性好；多桅多帆，帆高利于使风，吃水浅，阻力小，快航性好。

沙船方头方尾，俗称"方艄"，甲板面宽敞，型深小，干舷低，采用大梁拱，使甲板能迅速排浪；有"出艄"便于安装升降舵，有"虚艄"便于操纵艄篷；多桅多帆，航速比较快；舵面积大又能升降，出海时部分舵叶降到船底以下，能增加舵的效应，减少横漂，遇浅水可以把舵升上。沙船采用平板龙骨，比较弱，宽厚是同级缯船的百分之四五十，而大橹特别多，川口特别强，因此结构强度仍比其他同级航海帆船大。沙船采用多水密隔舱以提高船的抗沉性。七级风时能航行无碍，又能耐浪，所以沙船航程可远达非洲。

沙船的载重量，一般记载说是 500～800 吨，另有一说是250～400 吨。元代海运大船载重量在 1 200 吨以上。清道光年间上海有沙船 5 000 艘，估计当时全国沙船总数在万艘以上。沙船运用范围非常广泛，沿江沿海都有沙船踪迹。早在宋代以前公元10 世纪初，就有中国沙船到爪哇国的记载，在印度和印度尼西亚都有沙船类型的壁画。

沙船——历史最为悠久的一种船型，平底方艄方舥。在唐宋时期，它已成型，成为航行于我国北方海区的主要海船。

清康熙帝乘坐的帆船适于在水浅多沙滩的航道上航行，所以在明清时期始称作沙船，也叫作"防沙平底船"。此船江河湖海皆可航行，适航性特别强。宽、大、扁、浅是其最突出的特点。沙船的纵向结构采用平板龙骨，又称龙筋或底舥；正舥之外两边又有成株帮舥，使船身坚厚劲直；横向结构则是采用水密隔舱的工艺。这样，沙船纵横一体，抗沉性较好。同时，为提高抗沉性，沙船上还有"太平篮"。当风浪大时，从船上适当位置放下用竹编的装有石块的竹篮，悬于水中，可使船减少摇摆。

二、　福建的尖底福船

福船是福建各地所造海船的总称，是中国海船中最适宜远洋航行的优秀船型，亦称"大福船"。其在两宋时期已很出名，北宋奉使高丽皆在福建造巨型神舟。

当代船史学专家多钟情于福船，认为福船是"远洋航行的优秀船型"，是"三全其美""性能最佳"的海船。这不仅仅是因为郑和宝船被认为是福船，更有深海沉船都被认为是福船，如"南海Ⅰ号""南澳Ⅰ号""光华礁Ⅰ号"。

福船是一种尖底海船，以行驶于南洋和远海著称。宋人说："海舟以福建为上。"明代我国水师以福船为主要战船。

古代福船高大如楼，底尖上阔，艏艉高昂，两侧有护板。全船分四层：下层装土石压舱；二层住兵士；三层是主要操作场所；上层是作战场所，居高临下，弓箭火炮向下发，往往能克敌制胜。福船艏部高昂，又有坚强的冲击装置，乘风下压可沉敌船，多用船力取胜。福船吃水4米，是深海优良战舰。

郑和下西洋船队的主要船舶叫宝船，它采用的就是明代福船这种适于远海航行的优秀船型。《明史·兵志四》记载："大福船亦然，能容百人。底尖上阔，首昂尾高，柁楼三重，帆桅二，傍护以板，上设木女墙及炮床。中为四层：最下实土石；次寝息所；次左右六门，中置水柜，扬帆炊爨皆在是，最上如露台，穴梯而登，傍设翼板，可凭以战。矢石火器皆俯发，可顺风行。"

三、 广东的两翼广船

广船是广东地区所造海船的总称，有众多船种，著名的有潮州白艚、东莞的乌艚和米艇、新会的横江及海南船等。它的基本特点是艏尖体长，吃水较深，艉楼高耸，梁拱小，脊弧不高，耐波性好，适于深水航行，耐大浪；其制下窄上阔，状若两翼，它是一种典型的尖底船，其"底腹尖瘠"，故而"底尖不稳，见风即斜"，操驾不便；船体的横向结构用紧密的肋骨和隔舱板构成，纵向强度依靠龙骨维持，结构坚固，有较好的适航性能和续航能力。历史上最著名的广船为"耆英"号，因其曾到英国访问而闻名。

金行德先生在《中国古船史研究》一书中介绍道："广船视福船尤大，其坚致亦远过之。盖广船乃铁力木所造，福船不过松杉之类而已。二船在海若相冲击，福船即碎，不能挡铁力木之坚也。倭夷造船亦用松杉之类，不敢与广船相冲。广船若坏须用铁力木修理，难乎其继。且其制下窄上宽，状若两翼，在里海则稳，在外洋则动摇，此广船之利弊也。广船今总名乌艚，又有横江船各数号。"

在历史上，广船率先实行了"民改军"的先河。据史料记载，广船原系民船，由于明代东南沿海抗倭的需要，将其中东莞的乌艚、新会的横江两种大船增加战斗设施改装成战船。装为战船后的广船，形制略似福船而大，用铁力木建造，较福船坚而巨，特别是火力配备更强，既可释放火炮，又可抛掷火球，是一种攻击力很强的战舰。

广东水师亦着力添造赶缯船、艍船。至乾隆中期，该省额设赶缯船 84 艘、艍船 60 艘。从尺寸来看，赶缯船长 7 丈①6 尺②9 寸③1 分④、宽 1 丈 8 尺 9 寸，艍船长 5 丈 8 尺 5 寸、宽 1 丈8 尺 5 寸。相对于清初，此时广东水师的船型明显增大。清代会典中虽然将赶缯船与艍船列入"外海战船"名目，但正如康熙朝广东南澳镇总兵陈良弼所言："大者亦如赶缯船之式，小者亦如艍船之式，然终不敢深入大洋，每见多有误事，只宜用内海。"及至乾嘉之交，东南海疆秩序急遽恶化，水师不得不裁撤额设的赶缯船、艍船，建造新型战船，这也证明了陈良弼所说并非虚言。

米艇出现于乾隆晚期，是一种专用于广东海域运输稻米的商船，共分 3 种型号：大号米艇长 9 丈，宽 2 丈；中号米艇长 7 丈6 尺 5 寸，宽 1 丈 8 尺 8 寸；小号米艇长 6 丈 4 尺 8 寸，宽 1 丈6 尺 4 寸。该船以运载的货物来命名，可见米艇是一种相当专业化的船型，这也反映了 18 世纪后半叶广东省米粮商品化水平的提高。米艇因载重大、航速快，逐渐在从事广东沿海贸易的商贩中普遍使用。广东水师为何会选择米艇作为仿造对象呢？考察这一时期广东海盗装备的战船便能窥得其缘由。嘉庆年间的广东海盗在官员奏折中经常被称作"艇匪"，"劫驾广东可装三四千石之大号艇船，配用数千斛之大炮，在洋恣肆劫掠。"所谓"艇船"就是指米艇，而"艇匪"就是驾驶米艇的盗匪。两广总督吉庆也注意到"贼匪贪图米艇快捷……是以至洋盐船间有被盗抢夺之事。"广东海盗以米艇为主力船型，水师因此仿造，以对抗海盗，适应新形势下的捕盗职能，在某种程度上讲，这也是一种"师敌

---

① 市制中的长度单位。1 丈＝10 尺＝（10/3）米。
② 市制中的长度单位。1 尺＝0.1 丈＝10 寸＝（1/3）米。
③ 市制中的长度单位。1 寸＝0.1 尺＝（1/30）米。
④ 旧的长度单位。1 分＝0.1 寸。

长技"。

中国的帆船船型除了显赫黄海的平底沙船、福建的尖底福船、广东的两翼广船外，还有许多船型，在世界帆船史上都留下了浓墨重彩的一笔，例如老闸船、鸟船等。

老闸船，又称鸭屁股，是大约于 1550 年葡萄牙殖民主义者在中国发展出来的一种帆船，有传统中式帆装和流线型的西式船身，航速比传统的中式帆船要快，操驾时比西式帆船需要的人手要少，建造维修也较简易，引发第二次鸦片战争的"亚罗"号即是一艘老闸船。

16 世纪时，葡萄牙人来到中国后，很快就将中国式硬帆与西方瘦削的船型结合起来，发明了一种新的船型即老闸船。后来，中国人也自行制造这种船，并广泛地用于从宁波到日本的贸易中，以及在中国沿海一带运送货物。由于其优越的适航性，清朝政府就把它用作巡逻船。

鸟船是浙江沿海一带的海船，其特点是船首形似鸟嘴，故称鸟船。古代浙江人认为是鸟衔来了稻谷种子，才造就了浙江的鱼米之乡，所以把船头做成鸟嘴状。由于鸟船船头眼上方有条绿色眉，故它又得名"绿眉毛"。

据造船史研究者考证，在郑和船队中就有鸟船这种古船型。当时，浙江新造的一艘鸟船"绿眉毛"号，船长 31 米，宽 6.8 米，吃水深 2.2 米，排水量为 230 吨；采用古老的木制舵，舵长 11 米，宽 2.3 米；有 3 桅 5 帆，其中主桅高 24.5 米，主帆 3 面，使用风力航速最高可达每小时 9 海里[①]。

---

① 用于航海的长度单位，1 海里＝1.852 千米。

四、　欧洲的帆船

从公元前 2000 年起，北欧和西欧沿海地区之间航行的帆船是将风帆和船桨相结合使用的。

此后几个世纪里，欧洲造船技术的主要进步体现在增加船只吨位和提高航行速度方面，帆船越造越大，船面越来越光滑，桅杆和风帆也越来越多，以便尽量有效地利用风力。16 世纪后期，排水量几百吨的船舶比较多见，千吨以上排水量的船舶也能建造，满足了长途运输大宗货物的需要。为了安全地运输大量货物，西班牙发明了最著名的"大帆船"。同时，地中海地区建造的操纵方便的"三桅帆船"已风靡欧洲，在造船史上留下了不朽的船型记录。

五、　走向成熟的"大帆船"

"大帆船"是一种大型、配备轻型武器的木制运输工具，它无法进行炮击，但是可以运送很多部队。15 世纪的欧洲，随着大航海时代的到来，对船舶的使用和要求不断提升，对帆船的改良和发展到达了一个顶峰。方形帆船都只有一张帆，同欧洲北部的帆船一样。这些改良船中是有船楼的，在船头和船尾分别建造了两个船楼。在海战中，这些船楼被用来进行进攻或者防御。船楼同样增加了船的容量。船尾的部分也成了船长室的所在地。

巨大的主桅系在帆桁上以便于升降，使用吊带和拴在桁末端的绳子，通过直接转动底梁和滑环可以使帆绕着桅杆旋转。虽然方帆在顺风时能提供很好的动力，但在逆风时，方帆不但没用，反而会带来麻烦。为了提高帆的可操作性，帆缘—帆的侧面—帆脚索链接到前船楼向外伸出的艏斜桅上。在桅杆顶端，有个叫"乌鸦窝"的东西，是地中海船舶的古老特点。但是在之后的几个世纪，"乌鸦窝"作为瞭望台或者战斗中弓箭手和狙击手的战斗平台，这个位置得到了充分的利用。

在公元15世纪晚期，用木桨驱动的舰船几乎已从世界的海洋中消失，取而代之的是各种欧洲类型的帆船。"大帆船"是其中的一种帆船，为三根或四根船桅的舰船，前甲板和船尾都造得很高。发展到15—16世纪，这些多用途的舰船主要是用来当作货船，有时候也会被改装成轻型战船，但是"大帆船"体型庞大，不易操作。比如，1588年西班牙无敌舰队的"大帆船"就因为这些缺点被英军打败，一直到公元18世纪为止，这类舰船在欧洲各地仍善尽其职。

随着哥伦布发现新大陆及西班牙和葡萄牙的远洋贸易与殖民需求的增长，旧有的船型已经难以满足需要，当时欧洲的两大海洋强国急需一种新的改良船型，西班牙首先造出了一种由卡拉克船改良而来的大帆船，就是我们熟知的西班牙"大帆船"，它在原船型的基础上降低了艏艉楼，用方形的艉代替原来圆形的艉，这样的新设计，船型变得相对狭长，航速较快，在逆风中操纵性极佳。

六、 风靡欧洲的"三桅帆船"

中世纪以来，欧洲地中海地区一种叫巴尔卡的轻木帆船被用于航海。这是一种用一些低级木料造的小帆船，大多只作为沿海的渔船。随着阿拉伯先进航海技术的引进和航海事业发展的需要，葡萄牙人对帆船进行了改良。当时，阿拉伯的航海技术远比欧洲的先进，他们的船舶使用一种优于传统四角横帆的船帆，那是一种三角斜帆，也就是欧洲人所说的拉丁帆。在航行上，三角斜帆能更好地利用风力，葡萄牙人在此基础上建造了有着两桅的小型快速帆船，这就是卡拉维尔船。卡拉维尔船受到了众多航海者的欢迎。它转向灵活并且易于操作，加上轻快的船身和三角斜帆的搭配航行，能更好地对抗瞬息万变的海象。遗憾的是，作为远航船舶来说，卡拉维尔船的载重量明显不足。

15—16 世纪载着欧洲水手航行于世界各海域的船舶综合了来自地中海、印度洋和北欧的船舶设计建造传统。15 世纪，葡萄牙人喜欢的轻快帆船都有直接的、横梁式方向舵的船尾。它们都是用平铺法建造的，即木板与木板平铺连接，而不是像北欧那样用木板叠木板拼接起来。它们既可以悬挂方形帆，也可以悬挂大三角帆，正如瓦斯科·达·伽马史诗般的首航印度的船队那样，在大西洋航行时使用以前的风帆，但是在印度洋航行则换成了大三角帆。

帆船史上最迅速的发展时代始于 14 世纪中期，也是横向的方帆再次出现在地中海的时候。1 000 年前，地中海船舶上的横帆就被三角形的从船头向船尾衍生（纵向）的斜帆取代了。在欧洲北部诸如齿轮之类的工艺传入之后，十字军将方形帆船带到了地中海，这促使地中海开始制造相似的船。

欧洲北部和地中海船之间主要的区别是船身的制作方法。欧洲北部的船是鳞状搭造的，船体的外壳一层搭着一层，船体的表面是锯齿状的，而地中海的船身是以平铺法制造的，使用的是齐平的、光滑的衬板。15 世纪时期，船舶的体形增大后，鳞状搭造法就不再适用了，因为用这种方法制造的船不够结实。

16世纪晚期，欧洲南、北方帆船帆装的不同风格开始相互融合。在地中海，原来全部挂三角帆的船舶，后来特别是一些由地中海出发远航的大型帆船，此时开始在前桅和主桅上采用典型的北方船上的横帆。而北方帆船（包括瑞典、荷兰、法国和英国帆船），则在艉桅和辅助艉桅上采用三角帆装，这一帆装在风中较之横帆有更大的调节余地，可以用其抵消风对船之组合桥楼的影响，以免船舶陷于下风。但一旦风向发生变化，这一长而斜的三角帆帆桁在转向时将绕着桅杆升降，这就需要在舱面甲板上增加大量的船员，因为要把帆桁从一边转到另一边，操作十分困难，葡萄牙人称这种操作为调桁，中国则称之为调索。

古代帆船做这个动作，一说是通过风眼转帆，另一说是用船尾受风顺风调戗。但前说要在风眼里转帆，是很危险的，船舶亦很难控制，故一般是采用顺风调戗法。调戗时先将船尾三角帆降下，全体船员各就各位，而见习水手则操纵耐风雨的左右支桅索，由于下风支桅索会妨碍风帆鼓风，故其中一组支索必须弃置，另一组就在船舶抢风时随时支起。水手们分别操纵帆角索（连接帆桁下端的绳索）、帆脚索（连接帆下角的绳索）和稳索（连接帆桁上端的绳索），舵手掌住舵柄。当船在风前压向下风时，水手放松稳索，把帆角索往后拉紧，重的帆桁就会处于中纵剖面上，在桅前部上下摆动，一到关键时刻，三四个身强力壮的水手就迅速把主帆脚索抓在手中绕主桁快跑，其他健壮水手则转移帆角索使尽全身力气把帆桁下端（又称卡罗）推到向风的一边（如果是横帆的主帆桁则可以推向任何一端向风）。当两组桅支索已松开，桅柱就只靠主升降索支撑，这时水手们要迅速把主帆脚索临时接到下风扶手上，把帆角索紧拉在上风艏舷上，再把稳索拉紧，把桅杆上风处左右耐风雨支索支起来，然后还要升起船尾三角帆，于是，舵手驾驶帆船可重新抢风前进。

正是由于操纵很长的三角帆桁的困难，遂使北方帆船以斜桁帆取而代之。斜桁是用来将横帆沿对角线方向引到桅杆底部的一根长木杆，这类横帆称为对角斜桁帆，大约在16世纪中叶，荷兰人首先将之用于吃水浅的小船上，这是由于在浅水航道中航行，需要有比三角帆更能抢风航行的斜桁帆。与三角帆相比，其主要优点是在逆风航行时，帆桁转向无须绕桅杆升降，操帆时明显较操三角帆省力。后来荷兰人又将其改成上缘斜桁帆，即在帆的顶部和底部用两根小斜杠代替一根对角斜着横贯帆面的大斜桁。在使用这类帆型后的50年里，斜桁帆装仅使用于50吨的沿海小船上，到了17世纪晚期，大多数北欧的大型帆船在后桅上已采用操作省力的荷兰式上缘斜桁帆来代替操纵极为费力的三角帆，这是西方纵帆的一大革新。可是西班牙、葡萄牙和法国的一些船舶，主要是卡拉克船和卡拉维尔船，仍保持着古代地中海帆船的传统，在后桅上仍保留三角帆。好在卡拉克船造得很大，舱室中可容纳更多的船员来操纵这类笨重的帆，也许这种帆装更适合地中海的情况，而且该地区的船员长年累月操纵着这类笨重的帆已习以为常了。17世纪，艉桅三角帆也曾演变成一种带4个木对称边的艉桅纵帆，后来此类帆的桅杆前面部分干脆完全消失，到1750年，这类帆就用线缠结于艉桅上，于是其上帆桁就用单边斜杠，一端用卡钳夹紧于桅杆处，且可绕桅杆回转，至1780年这类帆已普遍使用。后来，帆的下端也索结于用长段松木制成的水平斜杠上作为下帆桁，这就是荷兰人早就使用的上缘斜桁帆。

为了适应新的世界贸易的需要，船舶愈造愈大。为了提高推进力，人们试着把3根桅杆加高，取消了辅助后桅，在桅上又装上了更高的上桅帆，使 3 根高桅上所伸展的帆面积要比 4 根短桅上的显得更大，而且第 4 根辅助后桅的取消更有利于水手们方便地进行舵面操作及操舵。航海实践表明，具有这类帆装的船舶的航行效果较原先的要好得多。而在较高的后桅上，可以在上缘斜桁帆的上方再挂一块横帆，而三角帆的帆桁太高，其上不宜再挂横帆，随着横帆高悬，取消艉桅三角帆更是顺理成章的了。到了 18 世纪中叶，西班牙式卡拉克船已在海上消失，远洋帆船的帆装在欧洲大致形成了一种标准，所谓的欧洲全装备帆船，都在所有 3 根桅杆上挂横帆，在后桅下方则挂有上缘斜桁帆。"三桅帆船"的出现使得 1492 年哥伦布发现美洲大陆成为可能。三桅帆船的出现，彻底改变了西方在造船技术上落后于东方的历史，也使西方渐渐地在世界贸易中占据了主要的地位，随后进行的地理大发现都和这种帆船的出现及航海新技术的应用密不可分。

第四节　古代西方名船

一、 维京船

维京船出现于公元 8 世纪至 11 世纪时期，那个时代是北欧斯堪的那维亚的日耳曼民族分支维京（viking）人兴起的时代。viking 一词是挪威语，后译为海盗。作为海上游人，维京人在欧洲地区四处劫掠，并持续了两个多世纪。但是他们同时也是商人和殖民者，并影响着许多国家人民的生活方式。维京人借助于航海和探险活动，到处劫掠，但也发现不少新的陆地。北欧人特别是挪威人改进了他们的造船技术，使之发展到较高的水平。维京船一般修长，世称维京长船，使用搭接法造船，长度为 10～30米，平均排水量为 50 吨。维京船操船时使用右舷的操纵桨，常以左舷靠码头，高高的曲线型两端及较深的船中吃水使其具有良好的船舶操纵性。它以桨作为主动力，但也悬挂有一面大横帆；船身色彩鲜明，在舷侧常用五颜六色的盾牌防御敌船弓箭的射击，这是一类颇具特色的古船型。

二、 柯克船

11 世纪开始，北欧地区兴起制造一种有别于传统维京长船的船舶，那是一种有着两层船舱、单桅的方形帆船——柯克船。该船因建造过程中利用胶水和填充物来将船身接缝处的空隙填满的防水方法而得名。垄断波罗的海贸易的商业联盟汉萨同盟，就是以柯克船作为主力船舶，赚取了巨大的财富。柯克船是单桅的四角横帆船，采用搭接方法建造的柯克船船身短宽，比较适合作为商船，但搭接的工艺让船体不能保证有足够的强度，在货品的载重量和战争的应用上，也不能让人满意，最后逐渐被西班牙改良后的卡拉克船所取代。

柯克船原是维京船队中区别于维京长船的、以帆作为主动力的一类圆船，船身短宽，适于做货船。它大的宽度和深度大大提高了稳性和客舱的舒适度，统长的甲板在坏天气时有效地保护了舱内货物。后来，柯克船成为由日耳曼民族组成的汉萨（商业）同盟使用的主要船种。这种船原来使用北欧传统的搭接结构，但这种建造方法使其吨位受到严重制约，常不足 200 吨，后来受地中海光滑海船船体的启发，也改成平接结构，致使其吨位有所增加。受中国帆船使用平板舵的影响，欧洲船匠首先在艉部平直的柯克船上，装上了艉柱舵，从而大大改善了它的驶帆能力，舵、帆及航海指南针的联合使用，使柯克船具备了远洋航行的能力。由于其航行时间长，后期柯克船也被用作海上护航，警戒海上武力袭击，因此常需用弓箭、投石器及弹射器自卫，从而加高了艏、艉楼。

三、 卡拉克船

15 世纪中期，人们在完善的帆船出现以前对帆船发展进行了小小的研究，到了卡拉克船，才真正迈出了第一步。该船不仅第一次把船楼结构并入船体，还同样拥有了帆船所有的基本要素，这些要素在接下来的几个世纪里一直得到沿用。

卡拉克船是欧洲在 1300—1525 年的主要船种，原为货船，后用作战船。一般认为卡拉克船是在柯克船基础上改良的多桅横帆船，由 1 桅发展到 4 桅，有着弧形的船尾。该船的艏艉楼由最初的高大逐渐演变得矮小，乃至消失。1501 年，舷侧炮门的发明允许较大的炮座可以安装在主甲板上，卡拉克船开始成为有几层炮甲板的大型帆船，致使最大的卡拉克船可以达到 2 000 吨。虽然后期卡拉克船仅参加了几次主要海战，但对战船的发展却起了很大的作用。它的出现可以说是船舶发展中由单桅船发展到全装备三桅船以及由弓弩为主的战船发展到真正的炮船的重要转折点。

因为增加了前斜桅和后桅，又在前桅和中桅装配了数张横帆，后桅则是一张三角帆，加上更加宽大的船身，这让卡拉克船无论是在速度上，还是在载重量和火力上，都成为当时欧洲最优秀的帆船。卡拉克船是欧洲第一款正式用作远航的船舶，以满足他们从东方运输大批香料、瓷器和值钱货物远销欧洲的商业需求，它揭开了大航海时代波澜壮阔的帷幕，也是西班牙成为海洋霸主的起端。大航海家哥伦布的旗舰"圣玛莉亚"号正是一艘卡拉克船。

四、　盖伦船

盖伦船（见图1-6）作为西班牙宝船而久负盛名，当时它常装载黄金在大西洋中穿梭于各国之间。16世纪初，西班牙和葡萄牙使用的主要海船船型是拿屋船（与卡拉克船为同一类）和卡拉维尔船，后来西班牙在美洲建立了殖民地，这时这两种船已不能胜任横渡大西洋运输大量货物或士兵的繁重任务了。于是西班牙人将这两种船型的一些优良特色糅合在一起，建造了盖伦船。这种船一般有4桅，前面两桅挂横帆，后两桅挂三角帆。它的标准长度为46～55米，排水量为300～1000吨，有几层统长甲板，艉楼很高。大型盖伦船的船尾甲板有7层，排水量有2000吨，吃水达8米。它适合运载货物通过很长的海道，续航时间较长，是当时世界上最大的船。16世纪中叶，英国造船家开始发展轻型盖伦船，为了使之更适合于远距离炮战，改善其操作性，他们把艏部上层建筑降低，移到船体之内，甚至置于艏柱之内。轻型盖伦船的标准长度为50～60米，排水量为500～600吨。新型盖伦船的快速性、可操作性明显优于西班牙盖伦船，由于它在英国伊丽莎白女王执政时期创制，故又称为"女王船"。

16世纪开始创建的西班牙珍宝船队就是以盖伦船为主的船队。盖伦船有着粗犷的舰体、多层甲板和3根以上的主桅杆，巨大的艉楼宛如城堡，这也是盖伦船得名的原因。盖伦船宽大的舰

图 1-6　盖伦船

体让其航行平稳，并且载货量大，防护性能和续航能力也比其他船型更加优秀，它可以乘坐 150～300 名船员，配备数十门火炮，这个巨无霸的出现，让欧洲所有的海船都黯然失色。

西班牙以数十艘盖伦船组成的庞大的珍宝船队，载着满船的黄金横渡大西洋，让那些加勒比海海盗和其他欧洲国家的私掠军人既垂涎又惧怕。对美洲大陆的掠夺，让西班牙迅速成为欧洲最富有的海上帝国，而盖伦船配备的强大火力，也成就了西班牙无敌舰队的名声。

五、 罗马商船考贝塔

公元 1—2 世纪，罗马进入全盛时期，海上贸易繁盛，罗马商船考贝塔型船因此问世，当时罗马所需的大宗进口商品均由它

从世界各国运来。考贝塔一般长约 30 米，宽约 10 米，长宽比为
3∶1，这一比例为后来的造船家世袭了 1 000 多年。该船船体坚
固，从侧面看，是圆形而不是方形或平底，其结构是一种西方传
统形式，一直流传至今。它采用船板平接构造法，其船尾甚高，
可以消散尾随浪，艉柱上常刻着面向船尾的天鹅颈和头，船重约
120 吨，船底用铝保护以防蚀船虫蛀蚀，在船中设 1 根桅杆，上
下直横帆衡悬起方形主帆。罗马船匠发明了一种简易的卷帆系
统，垂直的绳索穿过缝在帆上的环节，可以从底部卷起或缩短
帆，有点像活动百叶窗那样卷动。中桅主帆上悬挂的三角帆也是
一种创新，可在主桅帆卷起后借小帆助推船舶前行。另外，该船
在艏部设有一斜杠帆，有助于乘风行进，其转向作用往往大于推
进作用。主帆和三角帆面积为 150～180 平方米，而斜杠帆面积
为 18 平方米。船尾两边各置一对操纵桨，与埃及船无异。罗马
横帆船虽不能逆风航行，但较之以往的横帆船它更能向某一侧转
向；在稍有横风或稍有微偏向艏部的横侧风时，罗马横帆船皆可
调戗行驶。考贝塔型商用货船使用范围较广，是当时罗马商船的
一种标准船型。

六、谢贝尔船

在欧洲远洋航海技术迅速发展起来后，伊斯兰国家之前优于
欧洲的航海技术，就显出了颓势，以传统的加莱排桨战船为主力
的奥斯曼帝国，在 1571 年与威尼斯、西班牙联合海军在勒班陀
战役中遭到了重创。奥斯曼帝国在重建海军时，对传统的阿拉伯
单桅帆船进行了改良，开始大量建造一种有两三桅的小型战船，
这种战船便是谢贝尔船。和以前的排桨战船相比，谢贝尔船船体

更宽，不使用桨手，因而可以放置侧舷重炮，船体的稳定性也得
到了增加，动力方面则由 3 个大型三角帆来提供。谢贝尔船船身
狭长，造型优美，加上灵巧易控的三角船帆，在逆风情况下也有
不错的航行性能，无论袭击还是逃跑，都具有很好的性能。谢贝
尔船是巴巴利海盗标志性的船舶。巴巴利海盗中我们最熟悉的就
是红胡子巴巴罗萨·海雷丁。

第五节　现代船舶时代

　　18 世纪下半叶，英国人吹响了世界第一次工业革命的号角，
给整个世界带来了翻天覆地的变化，其中最重要的成果是发明了
蒸汽机。用蒸汽动力代替人力，解放了劳动者的双手。第一次工
业革命成果中的另一个比较重要的发明是创造了蒸汽机船。它是
在蒸汽机的原理上进一步的创造和利用。它作为蒸汽机的衍生
品，给世界带来的影响丝毫不亚于蒸汽机。将工业革命的标志蒸
汽机用于驱动船舶，当世界上第一艘钢铁船问世后，人类大踏步
迈进了以钢铁船为主的现代船舶时代，这是造船技术上的一次质
的飞跃。

　　那时，随着资本主义商品经济的发展和西欧主要国家日益繁
忙的航海贸易对船舶的功能、建造质量、数量要求与日俱增（集
中表现在对船舶动力、船舶材料的要求上），人们更需要完善建
造和船舶在海上定位、避碰等安全航行技术。"经济上的需要曾
经是，而且愈来愈是对自然界的认识进展的主要动力。"有识之
士指出，社会一旦有技术的需要，则这种需要就会比十所大学更
能把科学推向前进；航海是一种方法，更是一种技术，它不是单

纯的科学或单纯的艺术，而是科学与艺术的有机结合。

一、 船舶动力革命

　　船舶从史前刳木为舟起，经历了木板船时代、帆船时代，1879 年世界上第一艘钢铁船问世后，又开始了以钢铁船为主的时代。船舶的推进也由 19 世纪之前的依靠人力、风力，即靠撑篙、划桨、摇橹、拉纤和风帆驱动前行，发展到使用机器驱动。

　　自从人类发明船舶以来，船舶动力历经多次发展，从发展顺序上来看，基本上经历了如图 1-7 所示的过程。

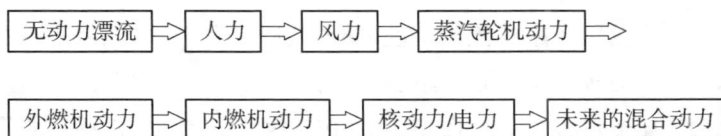

无动力漂流 ⇒ 人力 ⇒ 风力 ⇒ 蒸汽轮机动力 ⇒

外燃机动力 ⇒ 内燃机动力 ⇒ 核动力/电力 ⇒ 未来的混合动力 ⇒

图 1-7　船舶动力发展顺序

　　最早的船舶是简单的浮木，那时的动力基本上是基于漂流，属于无动力状态。在 5000 多年以前的河姆渡文化的新石器时代，与独木舟出现同时，桨也应运而生，并且迅速成型。桨的出现改变了船舶一直以来的无动力状态，使船舶的行进状态首次变成可控的，随后出现的橹，也是基于人力的动力。再后来出现了风帆，帆船起源于欧洲，其历史可以追溯到远古时代。风帆的出现使船舶的动力不再单纯依赖于人力，让远洋航行成为可能。刚开始出现的是横帆，即横向安置的方形帆，船舶的行进比较依赖风向，无法逆风航行，接着出现了纵帆，即纵向安置的帆，纵帆的出现使逆风航行成为可能。但风帆也不是十全十美的，在无风的情况下，以风帆动力为主的船舶便寸步难行，而风力过大时若不及时收帆则容易发生桅杆断裂、船舶倾覆的危险。

二、 蒸汽机动力

历史总是那样善良，危难之际蒸汽机出现了。蒸汽机是将蒸汽的能量转换为机械功的往复式动力机械。蒸汽机的出现曾引起了18世纪的工业革命。英国人瓦特经过多年研究，广泛吸取前人的经验，制成了使用可靠的蒸汽机并投入使用，蒸汽机的出现将轮船的使用推上了历史舞台，而轮船的成功应用也经历了长期的探索。

蒸汽轮机全称叫蒸汽涡轮发动机，是一种将水加热后形成的水蒸气动能转换为涡轮转动的动能的机械。蒸汽轮机首次应用是在明轮船上，随后出现了螺旋桨，由于螺旋桨在动力效率上的优势，迅速取代了明轮而成为现代船舶最普遍的推进方式。蒸汽轮机相较于风帆动力，船舶的动力不再依赖于自然，有着更好的可控性。

1765年，瓦特在修理纽科门机的基础上，对当时已出现的原始蒸汽机作了一系列重大改进和发明，使冷凝器与汽缸分离，发明了曲轴和齿轮传动以及离心调速器等，使蒸汽机实现了现代化，大大提高了蒸汽机的效率和工作的可靠性。瓦特的这些发明，至今仍使用在现代蒸汽机中。为纪念瓦特的贡献，功率的单位名称以其姓氏命名。

1776年，人们开始在船舶上采用蒸汽机进行推进动力的试验。

18世纪末，法国人乔弗莱将蒸汽机装到一艘木船上，建造了第一艘蒸汽轮船，并将该船命名为"皮洛斯卡菲"号。蒸汽机带动明轮，推动船航行，但不幸的是，在 1783 年 7 月 15 日的航行中，船爆炸沉没了。

在地球的另一边，美国人约翰·菲奇痴迷于蒸汽机船的研究。1783 年，他成功制作了"实验"号蒸汽机船。这艘船利用蒸汽机的活塞推动一根铁杆做水平运动，再用铁杆带动 6 支船桨划水推动船舶前进。试航时该船搭载了 33 名旅客。在 1792 年的异常暴风雨中，船被毁坏。但是，菲奇没有停止研究，1796 年他试验了世界上最早的螺旋桨推进器。遗憾的是，天妒英才，1798 年他离开人世，去找万能的上帝探讨他那精妙的构思。

与此同时，英国的威廉·赛明顿制造成了"夏洛特·邓达斯"号船，1788 年试航成功，但却遭到了拖船业的威胁，备受冷落，引来不少争议。

美国人富尔顿觉得用桨划船会很累，而且效率不高，于是他就想用明轮来代替船桨。14 岁的富尔顿在珠宝店当学徒，并从一位造枪工匠那里学到了造气枪的技术和枪支的试验方法。17 岁的他先在工厂从事机械制图工作，后又专门学习绘画，然而正是画画改变了他的一生。

1787 年，22 岁的富尔顿在伦敦学绘画，遇到了蒸汽机的改良者瓦特，瓦特请他去画一张肖像，从此他结识了瓦特和其他机械发明家，慢慢地了解了蒸汽机的原理和作用并对机械产生了兴趣，随后富尔顿放弃了成为画家的梦想转型做一名工程师。

1803 年，蒸汽机船第一次试航，但被暴风雨几分钟就搞垮了。此后，富尔顿克服令人难以想象的困难继续对试验船进行了改进，1807 年制造出了"克莱蒙特"号。在人们的猜疑中，1807 年"克莱蒙特"号在美国哈得孙河上试航成功，它以每小时 6.4 千米的速度航行了 91.4 千米。从此，美国哈得孙河上开辟了定期航班，这标志了蒸汽机轮船正式投入使用。1815 年 2 月 23 日，年仅 50 岁的富尔顿因病永远离开了人世。

富尔顿建成的第一艘采用明轮推进的蒸汽机船"克莱蒙特"号，时速约为 8 千米；1839 年，他的第一艘装有螺旋桨推进器的蒸汽机船"阿基米德"号问世，主机功率为 58.8 千瓦。这种推进器充分显示出了优越性，因而被迅速推广，富尔顿被誉为轮船之父。

1835 年，英国人史密斯造了一艘装有螺旋桨的模型船，引起了造船专家的注意。经研究发现，螺旋桨作为船的推进器比明轮力量大，于是装明轮的轮船逐渐退出使用，但为了称呼方便，装螺旋桨的船还是叫轮船。

1894 年，英国的帕森斯用他发明的反动式汽轮机作为主机，安装在快艇"透平尼亚"号上，在泰晤士河上试航成功，航速超过了每小时 60 千米。

现代蒸汽机的最大的优点是它几乎可以利用所有的燃料将热能转化为机械能，不像内燃机那样，它对燃料不挑剔。

自 1807 年美国人富尔顿发明了由明轮推进的蒸汽机船之后，人类开始了用机器推进代替人力推进船舶的新时代。一开始，船舶推进器采用装在船舷两侧的大型蹼轮，因其明显可见，故称明轮，其外观实为中国 1 000 多年前已经发明的车船的变种，所不同的是其动力机用的是 1765 年英国人瓦特发明的往复式蒸汽机。该蒸汽机中的冷水通过带有烧火的火管锅炉，以火热水，产生大量蒸汽，以蒸汽推动蒸汽机活塞杆做往复运动，再通过曲柄连杆机构推动明轮做回转运动，故又有轮船、轮舟、车轮船、火轮船、火轮、汽船等别称。虽说 1830 年英国东印度公司轮船"福士"号是进入中国海域的第一艘西方火轮船，但中国人对西方火轮船却早有所闻。嘉庆二十五年，即 1820 年，有杨炳南者，在澳门遇曾充外国商船海员、行迹遍历世界各地、后因双目失明而流寓澳门的广东梅县人谢清高，遂由谢口述、杨笔录成《海录》一书，书中对火轮船有记载。

中国的蒸汽机船——"黄鹄"号。华蘅芳在 1861 年同徐寿在安庆军械所造出中国最早的轮船"安庆"号，试航轰动一时，但由于各种原因，该船最终未能投入正式使用。1864 年清军攻占了太平天国的南京，曾国藩把军械所从安庆迁到了南京，轮船的研制也随之移到南京继续进行。徐寿、华蘅芳等人根据小火轮船的制造经验，采用明轮推进大船，将低压蒸汽机改成高压蒸汽机，于一年后的 1865 年研制出我国第三艘机动轮船，并在扬子江（长江）成功试航。曾国藩长子曾季泽去北方看望其父亲时乘坐过此船，对该轮船性能十分满意，于是曾国藩将该船命名为"黄鹄"号。可以说"黄鹄"号的试造成功标志着中国近代轮船时代的到来。1868 年，中国第一艘载重 600 吨、功率为 288 千瓦的蒸汽机兵船"惠吉"号建造成功。

早期汽轮机船的汽轮机与螺旋桨是同转速的。约在 1910 年，出现了齿轮减速、电力传动减速和液力传动减速装置。在这以后，船舶汽轮机都开始采用减速传动方式。

蒸汽机的弱点如下：离不开锅炉，整个装置既笨重又庞大；蒸汽的压力和温度不能过高，排气压力不能过低，热效率难以提高；它是一种往复式机器，惯性限制了转速的提高；工作过程是不连续的，蒸汽的流量受到限制，也就限制了功率的提高。直到 20 世纪初，它仍然是世界上最重要的原动机，后来才逐渐让位于内燃机和汽轮机等。因此，抛弃了笨重锅炉的内燃机，最终以其重量轻、体积小、热效率高和操作灵活等优点，在船舶和机车上逐渐取代了蒸汽机。汽轮机则以其热效率高、单机功率大、转速高、单位功率重量轻和运行平稳等优点，代替了蒸汽机在船舶动力装备中的应用。

三、 内燃机动力

1902—1903 年在法国建造了一艘以柴油机为动力的跨海峡航行的小船；1903 年，俄国建造的柴油机动力船"万达尔"号下水。20 世纪中叶，柴油机动力装置遂成为运输船舶的主要动力装置。

随着工业技术的发展，20 世纪初的轮船已经不再用帆来辅助航行，船舶动力装置不再使用会严重污染环境且效率低的蒸汽机，改用了柴油发动机。这是船舶发展史上一个重要的里程碑。现代的轮船不仅装上了高效的柴油发动机，而且还装上了雷达、声呐、无线电等先进设备，使船舶远洋航行变得更加安全。

英国在 1947 年首先将航空用的燃气轮机改型，然后安装在海岸快艇"加特利克"号上，以代替原来的汽油机，其主机功率为 1 837 千瓦，转速为 3 600 转/分，经齿轮减速箱和轴系驱动螺旋桨。这种装置的单位重量仅为 2.08 千克，远比其他装置轻巧。20 世纪 60 年代前后，又出现了用燃气轮机和蒸汽轮机联合动力装置驱动的大、中型水面军舰。

当代海军力量较强的国家，在大、中型舰船中，除功率很大的采用汽轮机动力装置外，其余几乎都采用燃气轮机动力装置。在民用船舶中，燃气轮机因效率比柴油机低，用得很少。现代舰船多采用燃气轮机，这种发动机的工作特点是燃烧产生高压燃气，利用燃气的高压推动燃气轮机的叶片旋转，从而输出动力。燃气轮机使用范围很广，多适用于作军舰及大型船舶的动力装置。

四、　核动力推进

更先进的技术是利用核能。目前最先进的动力当数核动力。核动力是利用可控核反应来获取能量，从而得到动力、热量和电能。核动力的优势在于其强大的持久性，一般的核动力航母的动力可以维持 10～20 年，这是任何动力所不能比拟的，但核动力高昂的价格，使其推广受到很大的限制，现多用于军事船舶。

原子能的发现和利用又为船舶动力开辟了一个新的途径。1954 年，美国建造的核潜艇"鹦鹉螺"号下水，功率为 11 025 千瓦，航速为 33 千米/小时；1959 年，苏联建成了核动力破冰船"列宁"号，功率为 32 340 千瓦；同年，美国核动力商船"萨瓦纳"号下水，功率为 14 700 千瓦。

现有的核动力装置都是采用压水型核反应堆汽轮机，主要用在潜艇和航空母舰上，而在民用船舶中，由于经济上的原因没有得到应用。20 世纪 70—80 年代，为了节约能源，有些国家吸收机帆船的优点，研制了一种以机为主、以帆助航为辅的船舶，用电子计算机进行联合控制，日本建造的"新爱德丸"号便是这种节能船的代表。

五、　电力推进

另一种现代动力设备是电动机。电动机是把电能转换成机械能的一种设备。它利用通电线圈（也就是定子绕组）产生旋转磁场并作用于转子（如鼠笼式闭合铝框）形成磁电动力旋转扭矩。

电动机的优点是安静，无污染，不过电动机也有其弱点，电动机依赖电能，电能是一种能量而不是传统的物质，电能的获取和储存一直以来都成为限制电动机发展的瓶颈。电能的储存一直以来都是依赖电池，能储存一定电能的电池体积一般都很庞大，价格昂贵。电能的获取方式有很多种，可以使用太阳能、风能等自然能，但是目前风能和太阳能的能源转换效率不高，容易受到天气影响，所以一直都是作为辅助手段来利用，更多的是采用内燃机或者燃气轮机驱动发电机来获取电能，不过这样一来也就失去了纯电力推进的优势。

六、 推进装置

现代船舶动力装置包括：推进装置——主机经减速装置、传动轴系以驱动推进器（螺旋桨是主要的型式）；为推进装置的运行服务的辅助机械设备和系统有：燃油泵、滑油泵、冷却水水泵、加热器、过滤器、冷却器等；船舶电站，它为船舶的甲板机械、机舱内的辅助机械和船上照明设备等提供电力；其他辅助机械和设备有锅炉、压气机、船舶各系统的泵、起重机械设备、维修机床等。通常把主机（及锅炉）以外的机械统称为辅机。

七、 新能源动力

现代船舶特别是远洋船舶因功率大等原因，船舶污染问题突出，采用传统的化石燃料，柴油机船舶在行驶过程中造成的大气污染及水污染十分惊人，一吨柴油燃烧后产生的二氧化碳、一氧化碳、碳氢化合物的量都非常大。船舶污染的问题，在倡导清洁、绿色的今天显得非常突出，船舶新能源化势在必行。随着科学技术的不断进步，以风能、太阳能、核能、电动能、生物质能和潮汐能等为典型代表的新能源在节能减排方面所具有的独特优势和所能产生的效益已经越来越显著，其在船舶交通运输行业的应用和推广已呈潮涌之势（见图1-8）。

图 1-8　新能源船舶

新能源可以发电，在船舶上可用作航行的动力源，还可以在船舶上用于航行的控制系统、警戒防务系统、照明系统和多形式清洁化。船舶新能源被称为船舶的"绿色心脏"。

（一）风能的应用

源于地球表面大量空气流动所产生的动能——风能，是一种无污染且无限可再生资源。人类社会对于风帆助航的理解和认识有着悠久的历史，工业科技水平的不断提升对于风帆技术的应用起到了巨大的推动作用，根据风帆的形式及其对风力利用性质的不同，衍生出了普通翼帆、特种翼帆（包括单转子-翼帆组合体帆、转柱帆、转带帆、Walker型风帆）、三角帆、天帆、马格努斯效应帆（涡轮帆、转筒帆）和仿生帆等众多船舶风帆结构。其中以三角帆和普通翼帆技术应用水平较高，其他帆型形式在船舶上的应用多是带有试验性质的技术探索。但是，风能利用存在着间歇性、噪音大、受地形影响和干扰雷达信号等难以彻底消除的缺点。当前，风能利用主要以风能作动力（风帆助航）和风力发电两种形式为主，在船舶上的应用形式偏重作为航行的主动力或辅助动力，只在少数船舶上应用风力发电技术。

（二）太阳能的应用

太阳能资源丰富、低污染、低成本，但能量密度低、利用率低。太阳能的利用主要有两个方面的技术，即光热技术和光伏技术。光热技术是利用太阳光的热辐射，其应用最为成功的领域是太阳能热水器。该项技术的进一步延伸是太阳能热发电，即利用集热器把太阳辐射热能集中起来给水加热产生蒸汽，再通过汽轮机、发电机来发电。光伏技术是对太阳光中的短波辐射能照射于硅质半导体上所产生的电能进行调制后加以利用，亦称为光生伏打效应。随着太阳能光伏技术的不断深入发展，其效率、可靠性和稳定性均有了很大的提升，因而从最初的单纯技术研究逐渐转向实际应用领域。太阳能光伏发电应用于船舶是目前绿色船舶发展的一个重要方向。

（三）核能的应用

核能作为一种能源，特别是一种动力能源，其优越性相当明显。核动力反应堆可以用来发电、供热和推动舰船。在作为船舶动力源方面，核动力装置首先是被应用于潜艇和航空母舰等军用舰艇，而后建造核动力舰艇的一些国家也将船用核动力堆用于推动民用水面船舶，如核动力客船、散货船和破冰船等。纵观世界船舶发展历史，已经有若干国家在此方面迈出了第一步，美国的

"萨娃娜"号于1962年建成，在其商务部海运局的支持下进行商业运营。至2019年俄罗斯共建成了9艘核动力破冰船，正在服役的有4艘，另外5艘已退役，计划建造的核动力破冰船有3艘，即"北极"号破冰船（破冰能力在3米）、"西伯利亚"号破冰船和"乌拉尔"号破冰船。

（四）生物质能的应用

生物质能的应用主要有直接燃烧、热化学转换和生物化学转换三种途径。船舶属于一个相对独立且空间区域较为有限的结构体，机舱内电、气、热设备和系统高度集成，考虑在船舶内附加安装生物质能转换装置有着不可避免的局限性，故而可行性不高。就船舶现有设备条件出发，直接或间接使用由生物质能转换而成的替代燃料（例如生物柴油等）是主要的应用模式。如2010年3月马士基与英国劳氏船级社开展为期两年的船用发动机生物柴油燃料试验。在试验初期，燃料中将使用5%～7%的生物柴油混合，然后比例逐步增加，测试第一代生物燃料在船舶上应用的可行性。2010年4月美国海军与美国农业部签署一项备忘录，合作开发生物燃料和其他可再生能源，旨在大规模使用生物燃料替代石油以实现控制全球气候变化、减少石油消耗和环境污染。

（五）海洋能的应用

海洋能是一种蕴藏丰富、分布广、清洁无污染，但能量密度低、地域性强的能源形式，通常指蕴藏于海洋中的可再生能源，主要包括潮汐能、波浪能、海流能、海水温差能、海水盐差能等。目前，利用海洋能的主要发展方向是将海浪、海流等短周期波所具有的动能和势能转换为电能。在船舶上进行海洋能的利用受到多方面条件的制约：其一，海水能量密度不高造成机械能转换为电能的设备过于庞大；其二，船舶在运营中是一个移动平台，在其自身运动过程中同时利用海洋能，会对其自身造成不可避免的负面影响，如船舶流阻增大和动力性降低等问题。故而直接在航运船舶上应用海洋能不是首推的研究方向。但是根据波浪能和海流能的特点，波浪能发电可应用于航标或者小型灯船，海流能可在趸船和航标船上得到应用。

（六）动力电池的应用

与新能源汽车一样，动力电池的性能指标、安全性、充电速度、充电设施分布情况也是影响电动船舶发展的主要因素。电动船舶具有低能耗、零污染、低成本等优点，成为整治船舶污染、实现节能减排的重要路径。在海湾或有潮汐的河口建筑一座拦水堤坝，形成水库，并在坝中或坝旁放置水轮发电机组，利用潮汐涨落时海水水位的升降，使海水通过水轮机时推动水轮发电机组发电。潮汐涨落所产生的能量，其时间可预知、能量规模庞大且稳定，是不可多得的高质量能源。世界首艘千吨级内河新能源电动船——"河豚"号，搭载重达 26 吨的超级电容和超大功率锂电池双电管理系统，整船电池能量约为 2 400 千瓦时，电池容量相当于 30～50 台电动汽车的电池容量，船舶在满载条件下，航速最高可达 12.8 千米/小时，续航能力可达 80 千米。在船舶吨级不断提高、续航里程不断提升等情况下，传统的铅蓄电池将难以支撑、超级电容、动力锂离子电池等或是未来的首选。

第六节 船舶海上航行安全

15 世纪，随着西欧主要国家商品经济的发展和资本主义的萌芽，航海贸易的发展已成必然，而发展航海贸易，首先急切需要解决船舶在海上定位、避碰等安全航行技术难题。指南针的发明是中国古代劳动人民在长期的实践中对磁石磁性认识的结果，作为中国古代四大发明之一，它的出现对人类的科学技术和文明发展起了不可估量的作用。在中国古代，指南针起先应用于祭祀、礼仪、军事和占卜与看风水时确定方位，后常用于航海、旅行和行军。可以说指南针的应用大大提高了海上航行的准确性和安全性。

航海科学技术是主要研究船舶如何在一条理想的航线上，从某一地点安全而经济地航行到另一个地点的理论、方法和艺术。航海技术是具有悠久历史、内容丰富且有很强的实践性的综合性应用科学。现代科学技术的发展，使航海技术取得了长足的进步，信息科学、计算机技术、电子技术、通信技术及空间卫星技术等在航海上得到了成功的应用。航海技术主要包括船舶航行与导航定位、船舶操纵与避让、船舶种类与性能结构、船舶设备与属具、助航仪器及设施、海洋水文地理与气象、港口与航道工程等内容。

"经济上的需要曾经是，而且愈来愈是对自然界的认识进展的主要动力。""社会一旦有技术的需要，则这种需要就会比十所大学更能把科学推向前进。"航海技术的发展也是如此。

一、 早期海上航行指南

早期航海人通过自己的聪明才智和丰富的想象去弥补旧时代落后的航海技术。其中，早期的北欧海盗在航行时，船长十分熟悉海面情况和海中的自然物，如鸟类、鱼类、水流、浮木、海草、水色、冰原反光、云层、风势等。9 世纪时，北欧著名航海家弗勒基出海时总是在船上装一笼乌鸦，当觉得船即将靠近陆地的时候，他就会放飞笼中的乌鸦，如果乌鸦在船的周围漫无目的地飞翔，说明此时他的船离陆地还远；如果乌鸦朝某个特定的方向飞去，他就会开船追随乌鸦飞去的方向，而这往往是驶向陆地的方向。当然，这种方法仅仅在距离陆地比较近的情况下才起作用。那时航海人在海上总是保持与岸边比较近的距离航行，这样才能够看清陆地特征以便判断航向是否正确。通常他们白天进行航行，晚上就停泊在港内或抛锚在海面上。中世纪盛期欧洲各城市的商船大多采用沿岸航行，他们宁愿沿着西班牙、法国和意大利的地中海海岸作迂回航行，也不肯通过直布罗陀海峡向东直航，担心迷失方向。在远洋航行中，确定船舶的方位是第一位的。

指南针的发明源于中国古人如何定向的研究，也表明古人对如何定向问题的重视，指南针在航海上的应用对地理大发现和海上贸易有着极大的促进作用。

古代中国人将指南针用于军事和航海活动。唐宋时期是中国航海事业繁荣和发展的历史时期。此前，除在前方到港具有绵长陆岸条件时可以进行离岸跨海航行外，大部分船舶还是依赖岸上物标沿岸航行的。约在公元 9 至 10 世纪，中国首先把指南针应用在海船上，开创了使用仪器导航的先河，从而产生了一系列以定向航程来推算海上船位的航海技术，使航船真正摆脱了对岸上物标的依赖，即使在阴晦的黑夜也可以保持船舶正常航行，使航海技术进入了定量航行的历史新时期。指南针约在 12 世纪由中国辗转传入欧洲，在欧洲的航海活动和地理大发现中同样发挥了不可替代的重要作用。

英国的 W. E. May 所著的《航海史》中说："航海是引导船舶安全地从地球水面的一地到另一地的艺术。"日本高等学校《航海教科书》上说："所谓航海术就是确定船只在海上的位置，驾驶船只安全而经济地驶到目的地的技术。"雍成学所著《实用航海学》上说："航海是一种方法，它不是单纯的科学或单纯的艺术，而是科学与艺术之混合体。"以上的说法多少都疏忽了一点，就是"船舶操驾技术"不是一个物质实体，而是人的一种能力，是人通过对船舶实际驾驶操作的经验而获得的能力和技巧。

二、 惨痛的教训

伴随着造船事业的发展航海事故日益增加。由于海洋气象和海况恶劣，航行环境复杂与船舶条件受限，加上海员疏忽和失误，海难事故频繁发生，往往造成海上人命和财产重大损失以及海洋环境严重污染。海难事故通常分为碰撞、浪损、触礁、搁浅、火灾、爆炸、沉没、失踪等。20 世纪发生的特大海难事，如 1912 年 4 月 15 日英国"泰坦尼克"号豪华客轮在北大西洋撞上冰山后沉没，1 500 多人遇难。同年 9 月 28 日，日本"Kicker Maru"号客轮在日本沿岸遭遇风暴沉没，也造成 1 000 多人遇难。

在 20 世纪，导致 1 000 人以上丧生的海难事故还有十余起。1987 年 12 月 20 日菲律宾"Dona Paz"号海上渡轮因台风在马林杜克岛附近与"Vector"号油轮相撞而爆炸起火，20 分钟后两船沉没，4 386 人遇难。2021 年 3 月 23 日大型集装箱船"长赐"号在苏伊士运河新航道搁浅，造成苏伊士运河航道堵塞数天，数百艘计划通过运河的船只受阻，导致国际海运价格短短数日内急剧上涨。

一位资深的船长曾说，每次过苏伊士运河他都提心吊胆，最担心遇到恶劣的天气，如突发的沙漠风暴。航行过程中一旦叠加了各种不利因素，就很容易出现船长无法控制的局面。

由此可见，航海风险如此巨大，航海安全何等重要。

三、 影响船舶航行安全的因素

影响船舶航行安全的因素主要有人为因素、船舶因素和环境因素三个方面。

（一）人为因素

人为因素主要指船员的误操作、责任心不强或者人员素质不高等因素。国际海事组织（International Maritime Organization，IMO）在《国际船舶安全营运和防止污染管理规则》（ISM 规则）中指出，海上事故的发生约有 80％是人为因素引起的。因此，研究人为因素，客观分析航运中人员操作行为的风险并采取相应的预防措施显得至关重要。

笔者认为，人为因素主要表现为人的心理、生理、行为能力等方面存在缺陷或问题，从而导致事故的发生。当驾驶员在船舶航行中处于不良的心理状态，如紧张、激动、孤独，就很容易造成感知错误，继而引起判断错误，再就是操作失误。生理因素主要包括船员身体健康程度和疲劳两方面。船舶长期在海上航行，船员不仅要长时间持续工作，还要承受不同航区气候变化带来的压力和影响。因此，船员的身体健康与否会对船舶航行安全构成直接影响。同时，驾驶员的大脑疲劳在生理上表现为感应迟钝，动作不准确且灵敏度降低，在心理上表现为注意力不集中，思维迟缓，反应慢，心情烦躁等，因此，疲劳会使不安全因素增加，船舶操纵质量下降，避碰反应速度变慢，导致船舶安全事故或潜在安全事故增加。

人的行为能力则较集中地体现在船员的专业技能上，它不仅与船员的知识储量有关，而且与船员的经验、工作岗位和语言能力有关，如对航路不熟悉，错误使用仪器等，容易给航行带来潜在危险。随着船舶本身导航仪器以及通信方式、通信工具的不断复杂化，航运业对航海人员的知识要求越来越高，而且，船员需要理解避碰规则等法规。很多海难事故的发生仅仅是因为船员对避碰规则的不理解造成的。船舶驾驶员还必须具备一定的航行经验，《1978 年海员培训、发证和值班标准国际公约》（STCW 公约）明确指出给船员发证时要求其必须具备一定的海上服务资历。

（二）船舶因素

船舶因素包括船舶本身和船舶管理两方面。船舶质量、船舶适航性是船舶安全航行的前提。当然，船舶自身因素还包括机舱各种消防和救生设备、机械电气设备的性能和质量以及安全措施、驾驶室的导航设备及各种自动化系统是否正常运行等。

前面已经提到，海上事故约有 80% 是与人为因素有关的，而人为因素中约有 80% 是可以通过有效的管理加以控制的，即可以通过强化公司的内部管理和船舶的安全管理加以控制的。海事检查发现，地方和民营船公司所属船舶的安全缺陷明显多于国家骨干航运企业所属船舶，只有有效的管理，才能使公司的各个部门、船上各个环节和不同的个体有机地联系起来，减少事故的发生。

(三) 环境因素

环境因素是指天气、海况、水域等，也包括船舶自身环境。影响海运安全的气象海况条件包括能见度、风（浪）、洋流和潮汐等。海上是自由选择航路的水域，但海域航道宽度、航道深度、航道弯曲角度、航道交叉状况等对海运安全有一定的影响。海域交通环境因素也非常重要，海域船舶交通流量、海域通航秩序是衡量海域交通环境的重要指标。大量数据表明，离岸 10 海里左右的海域最易发生海事，原因除了由于航道条件不好及绝大部分的浅滩、暗礁、沉船等碍航物都分布在沿海区域，造成船舶操纵困难易发生事故外，另一个重要的原因是沿岸海域船舶通航密度大，船舶发生碰撞事故的概率随之增大。

船舶自身环境包括工作环境和生活环境。长航线的航行中有时在短期内经历不同的季节变化，以及各种油类、化学品挥发产生的污染，都加重了船员的生理、心理负担等。由于船上生活空间狭小，人群单一，角色固定，加上较长时间与社会、家庭分离，使得船员的生活单调、枯燥。因此，创造一个安全、舒适的生活环境对提高工效、减少疲劳和消除人的不安全行为、杜绝或减少事故发生非常重要。

第七节　未来船舶的发展方向

20 世纪下半叶，伴随着整个科学技术的迅猛发展，航海科学技术的进步日新月异，第二次世界大战之后，工业化国家的经济得到恢复和发展，中东等地石油的大量开采和外运，更加促进了船舶事业的发展。近现代世界海运船舶向大型化、专业化、多用途化、高速化和智能化发展，其重要标志如下。

一、 船舶大型化

在 20 世纪 60 年代，1 万载重吨的船就可称为"万吨巨轮"，2000 年末世界上拥有 10 万载重吨的超大型油轮数百艘，其中包括 3 艘 50 万载重吨的特大型油轮。目前，最大的散货船为 40 万载重吨。集装箱船近年来也越来越大，8 000 TEU[①]、9 000 TEU、18 000 TEU、23 000 TEU 的集装箱船相继投入使用，30 000 TEU 的集装箱船正在研制开发中。

现在的大型船舶令人叹为观止，世界上最大的游轮"海洋和谐"号拥有 18 个甲板，长约 362 米，高约 64 米，载客量达 6 000 人，重达 227 000 吨，共计花费 8 亿英镑打造。"海洋和谐"号比历史上著名的"泰坦尼克"号还要长约 100 米，比此前世界上最大的两艘游轮"海洋魅力"号和"海洋绿洲"号大约还要宽 1 米。

"普雷路德"号长 488 米，宽 74 米，高 110 米，这个体积比号称世界上最大的游轮"海洋和谐"号的体积还要大上约一圈，原本海上巨无霸的"海洋和谐"号碰见了"普雷路德"号瞬间成了小娃娃。"普雷路德"号拥有超过 60 万吨的排水量，这艘船的排水吨位直接比"福特"号航空母舰大了 6 倍。它的出现，让那些曾经是世界上最大的游轮、航空母舰都变成了一艘艘小船，甚至这艘船比陆地上的摩天大楼还要大，以世界闻名的美国纽约帝

---

① 是以长度为 20 英尺（6.096 米）的集装箱为国际计量单位，也称国际标准箱单位。

国大厦为例，若是将帝国大厦放平，这座摩天大厦比"普雷路德"号还短了 107 米。

　　"泰坦尼克"号、"海洋绿洲"号、"福特"号航空母舰，这些庞然大物是不是已经让你觉得这是海洋中最大的船舶？然而人类的创造力是无穷的，对于"最"这个字来说，没有什么是绝对的，"普雷路德"号的出现就让那些号称最大、最重的船舶变成了一艘艘小巧玲珑的小舟。

　　世界最大的航空母舰是美国的"福特"级核动力航空母舰，标准排水量为 101 600 吨，满载排水量为 112 000 吨。"福特"级首艘核动力航空母舰已经服役，美国规划在 2058 年之前建造 10 艘同级舰，取代"尼米兹"级航空母舰，成为美国海军舰队的新骨干。"尼米兹"级航空母舰为现役核动力大型航空母舰，满载排水量为 91 000 吨以上。"尼米兹"级第 5 艘"林肯"号由于在建造时额外加装了 6 000 吨重的装甲板，因而它的满载排水量骤增到 102 000 吨，成为当时世界上最大的一艘航空母舰。"尼米兹"级航空母舰（见图 1 - 9）的尺寸也相当惊人，舰长约 330

图 1-9　美国"尼米兹"级航空母舰

米，宽 76 米，甲板面积比 3 个足球场面积还要大；舰体高 70 多米，总功率 28 万马力①，最大航速 33 节②，加一次核燃料可使用 13 年，续航力达 80 万海里至 100 万海里。

"尼米兹"级航空母舰每艘上面通常都相对固定地配属了一支舰载机联队，联队有 80 余架飞机，由多种机型混合组成，其中较典型的有：F－14"雄猫"战斗机 20 架、F/A－18"大黄蜂"战斗/攻击机 20 架、A－6E"入侵者"攻击机 20 架、E－2C"鹰眼"预警机 4 架、S－3A"海盗"反潜机 8 架、EA－6B"徘徊者"电子战飞机 6 架，以及直升机多架。

"尼米兹"级航母采用核动力推进，装备 4 座升降机、4 台蒸汽弹射器和 4 条拦阻索，可以每 20 秒弹射一架作战飞机。舰载作战机联队中的机型配备根据作战任务和性质的不同，搭载不同用途的舰载机以便对敌方飞机、舰船、潜艇和陆地目标发动攻击，并保护海上舰队。以该舰为核心的战斗群通常由 4～6 艘巡洋舰、驱逐舰、潜艇和补给舰构成。

世界上最大的船并不是航空母舰，航空母舰最大也只能装载几十架战斗机，而世界上最大的船可以放下一座城市。

二、船舶专业化

随着经济的发展、贸易的需要，人们对船舶的需求更加多元化。过去的海洋运输船舶主要是客船、货船。近 30 年来，大型油轮、超级集装箱船、豪华游轮、各式各样的滚装船、安全可靠

---

① 功率的非法定计量单位，1 马力约合 735 瓦。
② 国际通用的航海速度单位，1 节＝1 海里/小时。

的液化气船［液化天然气船（LNG）、液化石油气船（LPG）］、酷似航空母舰的半潜船等专业化特种船舶像雨后春笋般地迅速生长，让人眼花缭乱。

早期的石油是用桶装由普通干货船运输的。1886 年英国建造的"好运"号机帆船，将货舱分隔成若干长方格舱，可装石油 2 307 吨，用泵和管道系统装卸，是第一艘具有现代油船特征的散装油船。到 1914 年，世界油船吨位已占世界商船总吨位的 3%。第一次世界大战以后，随着石油产量和运输量的迅速增长，油船向专业化、大型化发展，逐渐成为一种重要的专用运输船舶。随着石油化学工业的发展，原油和成品油的运输趋向专业化，出现专用的原油运输船和成品油船。在原油运输方面，为了克服单向运输经济效益差的弱点，20 世纪 50 年代后期出现能兼运石油和其他大宗散货的多种兼用船。随着港口单点系泊技术的发展，原油运输船在航道条件许可下必须尽可能地大型化，以取得更高的经济效益。1967—1975 年苏伊士运河关闭时期，波斯湾到欧美的原油运输须绕道好望角，也推动了原油船的大型化。1980 年，世界油船船队构成中超大型油船（载重 20 万吨以上）和特大型油船（载重 30 万吨以上）的吨位已超过半数。20 世纪 70 年代末，出现了 50 万吨以上的大油船，如法国 1976—1977 年建成的 55 万吨级姊妹船"巴提留斯"号和"贝拉美亚"号。日本 1980 年将一艘 42 万吨的油船改建成为"海上巨人"号，该船总长 458.54 米，船宽 68.8 米，型深 29.8 米，吃水 24.6 米，载重量 56 万吨，成为当时世界上最大的船舶。随着苏伊士运河的重开和各国采取节能措施，巨型油船大量过剩，原油船大型化的过程已经终止。成品油船因受货物批量以及港口、炼油厂设备条件的限制，载重量一般为 2 万～4 万吨，最大为 7 万吨。由于成品油品种较多，不宜混装，成品油船上有较多独立的装卸油泵和管系。

油船种类很多，从不同的角度，可以分为不同的种类。按有无自航能力可分为：自航油船、非自航油船、浮式生产储油卸油船；按油船用途可分为：专用油船、多用途油船；按所装油品可分为：原油油船、成品油油船、原油/成品油兼运船、油/化学品兼运船、非石油的油类运输船；按载重吨位大小可分为：小型油船（0.6万载重吨以下，以运载轻质油为主）、中型油船（0.6万～3.5万载重吨，以运载成品油为主）、大型油船（3.5万～16万载重吨，以运载原油为主，偶尔载运重油）、巨型、超级油船（16万载重吨及以上大型油船、30万载重吨及以上超大型油船，专用载运原油）。

集装箱船（见图1-10）是以载运集装箱为主的运输船舶。其运货能力以吨位计算，或以装载的20英尺①标准箱（TEU）

图1-10 集装箱船

① 1英尺＝0.305米。

或 40 英尺标准箱（FEU）的箱数表示。第一艘集装箱船是美国于 1957 年用一艘货船改装而成的。它的装卸效率比常规杂货船大 10 倍，使得停港时间大为缩短，并减少了运货装卸中的货损量。从此，集装箱船得到迅速发展，到 20 世纪 70 年代已成熟定型。集装箱船可分为部分集装箱船、全集装箱船和可变换集装箱船 3 种。

按照集装箱船的发展情况可分为第一、第二、第三、第四、第五、第六代集装箱船。第一代集装箱船出现于 20 世纪 60 年代，横穿太平洋、大西洋的 17000 总吨至 20000 总吨的集装箱船可装载 700～1 000 TEU。第二代集装箱船出现于 20 世纪 70 年代，40 000 总吨至 50 000 总吨的集装箱船可装载集装箱数增加到 1 800～2 000 TEU，航速也由第一代的 23 节提高至 26～27 节。第三代集装箱船出现于 1973 年石油危机以后，虽然这代船的航速降低至 20～22 节，但由于增大了船体尺寸，运输效率大大提高，集装箱的装载数也达到了 3 000 TEU，因此，第三代集装箱船是高效节能型船。第四代集装箱船出现于 20 世纪 80 年代后期，集装箱船的航速进一步得到提高，集装箱船大型化的限度则以能通过巴拿马运河为准绳，集装箱装载总数增加到 4 400 TEU。由于采用了高强度钢，第四代集装箱船的船舶重量减轻了 25%；大功率柴油机的研制，大大降低了燃料费；又由于船舶自动化程度的提高，减少了船员人数，集装箱船的经济性进一步提高。第五代集装箱船可以说是第六代集装箱船的先锋，其中由德国船厂建造的 5 艘 APLC-10 型集装箱船可装载 4 800 TEU，这种集装箱船的船长与船宽之比为 7～8，使船舶的复原力增大。1996 年春季竣工的 "Rehina Maersk" 号集装箱船拉开了第六代集装箱船的序幕，该型船已建造了 6 艘，最多可装载 8 000 TEU。随后，

10 000 TEU 的超大型集装箱船在韩国、中国纷纷建造而成，标志着集装箱船进入了万箱时代。

近几年来，中国集装箱船产业发展迅速，国产集装箱船也航行于世界各地的海域与大洋之中。我国从集装箱装卸机械、集装箱船舶的制造和出口到大吨位集装箱码头的建造、集装箱远洋船队的建立以及国际集装箱枢纽港的建设中所展现的成果，都标志着我国的集装箱运输系统已经进入世界先进行列。

滚装船（见图1-11）是指通过跳板采用滚装方式装卸载货车辆的"船舶"。滚装船是在汽车轮渡的基础上发展演变而来的。滚装船的概念起源于军用坦克或车辆登陆艇，第二次世界大战后，英国曾用退役的登陆艇开辟一条通往德国汉堡的定期航线，从此装载货物的车辆可直接登上陆岸。尽管用登陆艇运输经济性差，没有推广价值，但这在海洋运输方式中开创了滚装运输的新形式，于交通运输史具有划时代的意义。

图 1-11　滚装船

世界上第一艘滚装船是 1958 年美国建造的"慧星"号。由于北欧地区海岸的潮差较小，公路运输网稠密，利用滚装船可构成海上运输和公路运输的集成运输系统，因此滚装船在北欧迅速发展。自 1958 年美国建造第一艘滚装船后，滚装船在北欧发展应用较多，其他世界海运发达国家也在使用。直到 1966 年，丹麦才建成了北欧第一艘滚装船"苏墨赛特"号。

滚装船造型特殊，其船身高大，有好几层甲板。船首部大都装有球鼻，中部线型平直，船尾采用方尾，设有大门或跳板，船靠码头后，放下跳板，装有集装箱的运货车辆从主甲板尾部开进来，进行集装箱装卸作业。滚装船上没有货舱口，也没有吊杆和起重设备。船首部是居住舱室，尾部是机舱，中部是个大货舱；在大货舱内有多层甲板，甲板之间由斜坡或大型升降平台互相连通，用于车辆通行。为了运输安全，滚装船设有专门的防摇水舱和其他防摇设备，以减少船舶摇摆；为了操纵方便，滚装船艏部设有侧向推进器，可向任意方向转动，便于船的回旋。滚装船和其他运输船舶相比，无论是船的外形、内部结构、舱室布置及装置设备都独具一格。由于滚装船的货舱容积利用率比一般货船低，要装运一定量的货物，就得增加船的长度、宽度和高度，因此，滚装船要比同吨位的一般货船高大。滚装船与集装箱船一样，装卸效率高，通过车辆活动装卸集装箱，每小时为 1 000～2 000 吨，能节省大量装卸劳动力，减少船舶停靠时间，提高船舶利用率。此外，其船舶周转快，水陆直达联运方便，实现了从发货单位到收货单位的"门-门"直接运输，减少了运输过程中的货损和差错。

滚装船正向着速度更高、装载量更大、性能更完善的方向发展。滚装船一般用柴油机作动力，航速在 20 节左右，快的可超过 25 节。未来的滚装船可采用新的动力装置，速度更快。未来的滚装船除了装载集装箱，还可装载石油、矿砂等多种货物，用途将更广泛。

液化气船专门装运液化气的液货船，又可分为液化天然气船和液化石油气船。

液化天然气是天然气经压缩、冷却至其凝点温度后变成的液体。其主要成分为甲烷，用专用船或油罐车运输，使用时重新气化。液化天然气船的液舱具有严格的隔热结构与材料，能保证液舱恒定低温。常见的液舱形状有球形和矩形两种，也有将液舱设计成棱柱形或圆筒形的。1958 年，美国用普通旧油船改建成货舱容积为 5 100 立方米的"甲烷先锋"号。20 世纪 60 年代初期，英、法等国陆续建造了一些液化天然气船，货舱容积为 25 000～27 000 立方米。经过试验运输后，20 世纪 70 年代出现了大型液化天然气船。1978 年，法国建成货舱容积达 13 万立方米的巨型液化天然气船，其主尺度超过 10 万吨级油船。

天然气液化的临界温度在一个标准大气压时为 − 164℃。在这样低的温度下，一般船用碳素钢均呈脆性，为此液化天然气船的液货舱只能用昂贵的镍合金钢或铝合金制造。液货舱内的低温靠液化气本身蒸发带走热量来维持。蒸发出来的天然气极难再液化，通常只能作为船上锅炉的补充燃料。液货舱和船体构件之间有优良的绝热层，既可防止船体构件过冷，又可使液体货物（以下简称"液货"）的蒸发量维持在最低值。液货舱和船体外壳保持一定的距离，以防在船舶碰撞、搁浅等情况下受到破坏。

液化天然气船船型按液货舱的结构有独立贮罐式和膜式两种。早期的液化天然气船为独立贮罐式，是将柱形、筒形、球形等形状的贮罐置于船内。贮罐本身有一定的强度和刚度。船体构件对贮罐仅起支持和固定作用。20 世纪 60 年代后期，出现了膜式液化天然气船。这种船采用双壳结构，船体内壳就是液货舱的承载壳体。在液货舱里衬有一种由镍合金钢薄板制成的膜，它和低温液货直接接触，但仅起阻止液货泄漏的屏障作用，液货施于膜上的载荷均通过膜与船体内壳之间的绝热层直接传到主船体。同独立贮罐式相比，膜式的优点是容积利用率高，结构重量轻，因此目前新建液化天然气船，尤其是大型的，多数采用膜式结构。这种结构对材料和工艺的要求高。此外，日本还发展出一种构造介于两者之间的半膜式船。

液化天然气船设备复杂，技术要求高，体积与载重吨位相同的油船比较大，因此造价贵得多。液化天然气船一般都设有气体再液化装置，也可运送液化石油气。

石油气可以在常温下通过加压或在常压下冷冻而液化。液化石油气的主要成分为丙烷，运输方法有三种：第一种是"压力式"，将石油气加压液化，可在常温下进行装卸。这种船叫全加压式液化石油气船，其货舱常为球形或圆柱形罐。第二种是"半冷冻半压力式"，即加压又冷冻液化。这种船叫半加压半冷冻式液化石油气船，其货舱可制成矩形，货舱容积利用率高，但需设置良好的隔热层。第三种是"冷冻式"，即冷冻液化。这种船叫全冷冻式液化石油气船，该船为双壳结构，液货舱用耐低温的合金钢制造并衬以绝热材料，货舱容积大都在 1 万立方米以上。液化石油气船上设有气体再液化装置，可将蒸发出来的石油气再液化送回液货舱。液化石油气船不能运送液化天然气，所以这种船的大型化发展不如液化天然气船快，货舱容积一般不超过 10 万立方米。

三、 多用途船

　　自货运船舶诞生以来，干杂货船一直是海上货物运输的主力，在大型散货船与超大型油船（ULCC）出现之前，干杂货船在世界商船船队中长期占据着吨位总数的首位。进入 20 世纪后，随着国际海运市场货物运输专业性的提高，散货船、集装箱船、滚装船、大件运输船等更为专业的货船船队迅速壮大，并开始逐渐取代传统的干杂货船成为海上货运市场的主力。进入 21 世纪后，干杂货船在国际船队中所占的比例迅速减小。1 万载重吨以上的大型干杂货船正逐步淡出远洋航运市场。然而，1 万载重吨以下的中小型干杂货船依然在近海支线运输中占据着绝大部分的市场份额。伴随着国际货运理念的不断转变，传统型式的干杂货船正在逐步被多用途船这种新型船舶所取代。

　　多用途船（见图 1 - 12）是指具备多种用途功能的船舶。广义地说，凡能装运两类以上货物的船舶都可称为多用途船，一般所讲的多用途船是特指多用途干货船。干货的品种很多，按其对船舶性能及设备等的要求可归纳成五类，即件杂货、散货、集装

图 1 - 12　多用途船

箱、重大件货及滚装货。多用途船的目标，就是高效率地载运这五类货。在第二次世界大战期间，为适应后勤保障的要求，各海运国家都成批建造标准型干货船。

20世纪60年代以后，世界各主要造船国家竞相发展多用途船。目前，多用途船力求向广泛多用性方向发展，按其对货物的载运能力来分析，建造的多用途船主要可划分成以载运集装箱为主的多用途船，以运输重大件、特长件为主的多用途船，兼运集装箱及重件货的多用途船。兼运集装箱及重件货、滚装货的泛多用途船，旨在提高船的营运经济性，这种船一般为双甲板、舰机型，货舱口较大，可方便装卸；也可在其上甲板顶盖上堆装两层集装箱和木材。船上配大起重量、灵活高效的回转起重机，以自行装卸部分货物，提高装卸速度。装载采用数种货物混装，适应性强，运输效率高。相对散货船、集装箱船和重大件运输船等专用船型，多用途船在货物适应性、港口适应性与整体经济性方面具有无可比拟的优势，未来该型船的市场需求将非常可观。

多用途船的最基本要求是高效率载运多种货类。由此，构成多用途船相应的一些特点：一是大多数多用途船从载运多种类型货物的方便性出发，设置两层甲板或者多层甲板或活动甲板。二是多用途船的型宽常比普通货船要大。三是多用途船一般均设置舰边舱，且多作压载舱用，舰边舱主要设于甲板间、设于大舱内、设于整个舰侧。现代多用途货船的最大特点是对船体结构的调整。与传统的干杂货船不同，现代多用途船通常采用类似集装箱船的大开口设计，以便载运长大件。为提高船舶承揽重大件货物的能力，现代多用途船会尽可能地增加货舱的长度，以便承运大型成套机器设备。与集装箱船类似，现代多用途船的纵向强度与舱口抗扭转问题都非常突出。为提高船舶对于长大件货物的适应性，一些船舶设计师正考虑在大型货舱的舱口区域采用移动支撑梁来代替部分船体结构，以解决这些大舱口区域结构强度不足的问题。

四、气垫船

19 世纪初，已有人认识到把压缩空气打入船底下可以减少航行阻力，提高航速。1953 年，英国人 C. 库克雷尔创立气垫理论，经过大量试验后，于 1959 年建成世界上第一艘气垫船，横渡英吉利海峡取得成功。气垫船的缺点是耐波性较差，在风浪中航行失速较大。气垫船船身一般用铝合金、高强度钢或玻璃钢制造；动力装置用航空发动机、高速柴油机或燃气轮机；船底围裙用高强度尼龙橡胶布制成，磨损后可以更换。

气垫船按航行状态分为全垫升气垫船和侧壁式气垫船两种。

全垫升气垫船是利用垫升风扇将压缩空气注入船底，与支承面之间形成"空气垫"，使船体全部离开支承面的高性能船，英国制造的世界第一艘气垫船即为全垫升式。

全垫升气垫船采用空气螺旋桨推进，航行时船底离开水面，因此具有独特的两栖性和较好的快速登陆性。在军事上，气垫艇是最理想的登陆作战运输装备，它的高航速、两栖性大大提高了上陆抢滩速度，凸显了战术突然性，有利于上得去，突得破。全垫升式气垫船不但可在水上、冰雪、沼泽、礁滩上航行，也可在海滩等界面登陆，在无码头设施的沿海岛屿停靠，实施无码头组织不间断的后勤补给，有利于向纵深突击；同时也是猎雷艇、扫雷艇的理想艇型。另外，全垫升式气垫船还可用于在浅滩、滩涂、岛屿间担负巡逻警戒、交通运输、抢险救灾等任务。

目前，美国海军的新型全垫升气垫船 LCAC 最为先进。LCAC 气垫船服役后，与各种登陆舰先后进行了协同试验，它可依靠自身动力和操纵自由进出各种登陆舰船坞。海湾战争中，LCAC 参加了两栖佯动的"雷击临近"大型演习。目前，俄罗斯拥有世界上最庞大的气垫登陆艇编队。

侧壁式气垫船的船底两侧有刚性侧壁插入水中，艏艉有柔性围裙形成的气封装置，可以减少空气外逸。航行时，利用专门的升力风机向船底充气形成气腔，使船体飘行于水面。它常选用轻型柴油机或燃气轮机作为主动力装置，用水螺旋桨或喷水推进，航速可达 20～90 节；此船有较好的操纵性和航向稳定性，但不具备登陆性能。由于这种气垫船气腔中的空气不易流失，托力比全垫升式大，而且功率消耗小，适合建造大型船只，因而其军用价值颇受各国海军重视，认为它比全垫升气垫船更有发展前途，美国海军甚至称这是"水面舰艇发展史上的一次重大革命"。特别是近年来，随着气垫船的围裙寿命提高、造价下降和水下更换围裙技术的进展，以及气垫系统采用航行控制装置，它在波浪中的摇摆性能又大为改善。现代侧壁式气垫船的刚性侧壁已发展为细长的两个船体，兼有高速双体船的优点，又称气垫双体船或表面效应船，是一种发展非常迅速的船型。

1985 年，苏联海军建造了世界上第一艘用作导弹护卫舰的侧壁式气垫船"海狮"号。目前，除俄罗斯之外，挪威、西班牙分别研制了排水量为 370 吨的用作水雷对抗艇和反潜轻型护卫舰的表面效应船。美国海军在一系列试验成功的基础上，正在着手研制较大型的侧壁式气垫船，如 3 000 吨级的导弹驱逐舰等。

英国是最早研制气垫船的国家。20 世纪 60 年代初，英国海军就组建了气垫船试验分队，对不同类型的气垫船进行一系列的作战环境试验，如用于猎扫雷、两栖登陆、发射导弹、反潜等，并从中选出合适的艇型。法国有总重 27 吨、航速 60 节、能运载 120 名士兵的军用气垫艇。加拿大制造了总重 35 吨的"船夫"级气垫船，作为北极地区军用物资运输工具。还有芬兰、澳大利亚、印度尼西亚等许多国家也都在从事气垫船的军事应用开发工作。

　　从 20 世纪 50 年代后期起，中国即着手气垫技术的应用研究以及气垫船的开发。多年来，在气垫技术方面，通过原理研究、模型试验、中间试验和试用，已基本掌握了全垫升式和侧壁式气垫船技术，进入实用化型号的研制和应用阶段。气垫技术的开发和应用，适应了军民特种需要，为船舶在特定环境（如浅水急流、江河上游险滩、沼泽地带、浅海滩涂、河口近岸和冰雪地区）的航行以及两栖登陆等创造了条件。

　　气垫船在商业方面的应用非常广泛，主要应用领域有巡逻执勤、石油勘探、破冰防凌、林业管理、海岛气象、商业捕鱼、环保工作、野生动物保护、调查工作、黄金开采、生物研究、油污清理、海关缉私、农药喷洒、抗洪救灾、冰面运输、水文勘测、湿地保护、海岸科考、渔政执勤、林政执勤、风电检测、科学考古等等。

五、　水翼艇

　　水翼艇（图 1-13）是一种依靠水翼的上、下压强差来抬高船体，从而达到快速航行的船舶。水翼艇的特点是行驶在空气和海水的界面上，以尽量克服水的阻力。在流体中，流速越大的位置，压强越小。当船在水中高速航行时，水翼艇的水翼上表面凸起，其与船体间的水流速度大，压强小；下表面的水流速度小，压强大。因此在水翼的上、下表面存在向上的压力（压强）差，上方压强小于下方压强，产生一个合压强，从而产生一个向上的合力，船体被抬高了。

图 1-13　水翼艇

19世纪中期一个叫拉米斯的法国牧师最先想到水翼艇并进行研究。俄国血统的法国人德朗贝尔，开始用当时刚发明的汽油发动机为他的"水上飞机"提供动力。19世纪90年代，他在塞纳河上用模型水翼艇进行了试验，但是它不能从水里抬起头来。飞艇设计师意大利人福拉尼尼于1905年建造了一艘小水翼艇，并在专利说明书上阐明了水翼艇的科学技术原理。1911年，他用最新的模型水翼艇在马乔列湖为来访的美国贵宾贝尔做了表演。贝尔根据福拉尼尼的专利，开始建造他自己设计的水翼艇。这艘水翼艇于1918年创造了每小时114.3千米的航行纪录。这些水翼艇靠潜在水中的水翼支持而行。船底的薄片水翼在船停泊时完全没入水中，船开始运动时，水流经过弯曲的水翼，产生上举力，船走得越快，产生的升力越大，当水翼在水中升起时，把船体完全推离水面。由于阻碍消除，船的速度大大提高，行驶更为平稳。在第二次世界大战期间，一些德国发明家改进了水翼艇。战后，英国风琴师胡克又做了进一步的改进。意大利20世纪50年代开始大量建造水翼艇，美国和苏联设计出了自己的大型军用和客运水翼艇。苏联的航运线上有数百艘这种船，最大的可载旅客300人，速度达40节。美国海军已成功地在风浪水域试验了几艘水翼艇。其中一艘"平景"号1968年由洛克希德公司建成，在平静的水中速度超过40节，是当时世界上最大的水翼艇。

早期的水翼艇采用U型的水翼。这种水翼被称为"半浸式"或"割划式"水翼。因为在水翼飞航时，U型水翼会有一部分浸在水中，而部分则会割破水面露在空中。半浸式水翼的结构较为简单，推进一般用船尾浸在水中的螺旋桨及方向舵。

较新的水翼艇则是采用倒T型的水翼，这种水翼被称为"全浸式"，因为它经常保持在水下。全浸式的水翼受海浪的影响比半浸式小，因此全浸式水翼艇在大浪的海上航行时更为稳定，亦更为舒适。但是因为全浸式水翼设计不具备自我稳定的特性，故必须要由自动控制系统就海面情况、船身姿态、速度、加速度等参数不断改变水翼的攻角，以维持水翼飞航的状态。如果水翼艇突然失速（例如发动机严重故障，或者因碰撞而突然减速），飞航中的船身可能会突然掉回水中，造成意外。部分全浸式水翼艇的推进采用燃气涡轮引擎，配以喷水系统，避免了螺旋桨及方向舵带来的阻力。水翼艇喷射飞航如图1-14所示。

水翼艇需要的技术跟航空十分相似，因此美国的波音公司在

图 1- 14　水翼艇喷射飞航

20世纪60年代便开始研究水翼艇。1974年，波音公司建造了6艘131英尺长的PHM型全浸式水翼艇军舰。舰上装有反舰导弹、75毫米口径快速炮。该船航速超过45节，发动机为2台800匹（又称马力）柴油引擎（飞航前用）及2台17 000匹GE海事用燃气引擎（飞航时用），用喷水器推进。

同时，波音公司亦发展了民用的水翼艇渡轮，称为Jet Foil 929型。929型亦为全浸式水翼艇，水翼可以收起，以进入浅水域。船身长90英尺，以铝合金制造，净重约100吨，载客量可达250人，航速达45节。该船推进的动力，来自2台劳斯莱斯Allison 501k燃气引擎，用喷水器推进。

波音公司总共生产了26艘929型水翼水翼艇，买家有日本、英国、印度尼西亚等国的渡轮公司。

水翼艇的底部装有前后各一对水翼，船在高航速航行时，水翼产生的升力将船体托出水面，因而能减少水对船的阻力，并能减少波浪对船的作用。水翼艇有浮航和翼航两种航行状态，在速度很低时，水翼艇处于浮航状态，达到一定速度后，转为翼航状态。水翼艇具有速度快、航行平稳的优点。水翼艇的制造工艺复杂，且控制系统也很复杂。水翼艇一般不适合在浅水航道航行。

六、 双体船

顾名思义，将两个单船体横向固联在一起而构成的船称为双体船（见图1-15）。即双体船的船体由两个片体组成，片体具有瘦长的特点，减少了水对船的阻力；另因两个片体的距离较大，双体船具有较宽的船身，有很好的稳性，航行安全。由澳大利亚和瑞典等发达国家开发的铝合金高速双体船，具有吃水浅、速度快、航行平稳和操纵性好等优点，受到世界各国的注意，在与水翼艇和气垫船的竞争中具有相当的优势。

图1-15 双体船

双体船是一种古老的船型。人类最早使用双体船是由于发现将两艘船横向连接在一起，可以从内河到海上航行而不容易翻船，早期曾将这种方法用在帆船上，建造了双体帆船，这种帆船在海上可以承受较大的风浪。在此基础上，人们又发现双体船与同样吨位的单体船相比，具有更大的甲板面积和舱容，因此而被用于货船。20 世纪 60 年代后，随着海上高速客运的迅速发展，高速双体船由于有宽大的甲板面积、空间和便于豪华装饰而被普遍看好，成为近年来高性能船中发展最快、应用最广、建造数量最多的一种。

典型的高速双体船由两个瘦长的单体船（称为片体）组成，上部用甲板桥连接，体内设置动力装置、电站等设备，甲板桥上部安置上层建筑，内设客舱、生活设施等。高速双体船由于把单一船体分成两个片体，使每个片体更瘦长，从而减小了兴波阻力，使其具有较高的航速，其航速已普遍达到 35～40 节；由于高速双体船的宽度比单体船大得多，其稳定性明显优于单体船，且具有承受较大风浪的能力；高速双体船不仅具有良好的操纵性，而且具有阻力峰不明显、装载量大等特点，因而被世界各国广泛应用于军用和民用船舶。今天，越来越多的高速双体船占据了民用和军用船舶市场，它们新颖的外观、独特的综合性能受到世界各国的瞩目。

为进一步改善高速双体船的综合性能，人们在高速双体船的基础上派生了若干新型的双体船型，著名的主要有小水线面双体船和穿浪双体船等。

所谓小水线面双体船，是由潜没于水中的鱼雷状下体、高于水面的平台（上体）和穿越水面连接上下体的支柱三部分组成，其优点在于水线面面积较小，受波浪干扰力较小，在波浪中具有优越的耐波性。另外，小水线面双体船还具有宽阔的甲板面和充裕的使用空间。但也存在船体结构复杂，对重量分布较为敏感等问题。

　　穿浪双体船是在高速双体船的基础上发展起来的，是将小水线面和深 V 型船在波浪中的优良航行性能、双体船的结构形式及水翼艇弧形支柱等优点复合在一起的产物，具有良好的适航性，而且继承了双体船宽甲板的特点。

　　高速双体船为满足使用要求大都在逐步向大型化发展，并为改善快速性和耐波性尝试向复合船型发展。其中，小水线面船型将从双体演化成单体或三体、四体、五体等。为提高高速双体船在高海况下的航行能力，各国的研究方向大都集中在开发超细长体双体船的系统技术、优化线形设计和采用大功率喷水推进系统等方面。

　　1969 年，荷兰建成第一艘半潜小水线面双体船"道格拉斯"号，排水量 1 200 吨，航速 9 节。1973 年，美国建成"卡玛林诺"号小水线面试验工作船，排水量约为 200 吨，可携带直升机。

　　从 20 世纪 60 年代末至今，世界上已建成 10 余艘半潜小水线面双体船，用于水文调查、海洋工程作业、渔业或客运等，排水量由 20 余吨到 3 000 余吨，航速 9～30 节。不少国家正在积极研究或设计小水线面战斗舰艇，从数百吨的巡逻艇到数千吨的驱逐舰，乃至数万吨的航空母舰等。

　　和单体帆船相比，双体帆船的速度较快。帆船在各类体育赛事中普遍可见，用于家庭度假、休闲娱乐、商务交际的巡航双体帆船在欧美非常风靡盛行，这类双体船在中国也已开始流行起来，在各大主要游艇港口都到处可见。

　　这类双体船的设计通常考虑到家庭使用的方便性，装潢也体现出家庭氛围的温馨注重舒适性，适合于家庭出航休闲度假、放松身心的选择。装潢考究、豪华的双体船，也可以说是豪华游艇，一般被富商大贾或私人老板购买用于商务会议、公司聚会、小型派对等。

　　双体船设计的一个最新发展是动力双体船，动力型双体船集合了机动船的所有优点，并融合了多体船的很多特点。由于双体船的船体较长，在高速行驶时兴波阻力比单体船小，而且船宽较阔亦较为稳定。该船可用以运载低密度的货物，如作渡轮、观光船都十分合适。Leopard 47 Powercat 动力双体船如图 1－16 所示。

图 1－16　Leopard 47 Powercat　动力双体船

　　通常，动力双体船没有任何航海仪器。如图所示，动力双体船使用两个瘦长的船体，多数配合涡轮喷气发动机的推动，以喷射水流的方式，把水快速推向船后，根据牛顿第三定律，可获得巨大的向前推进力（反作用力），比采用普通的螺旋桨推动更快速，当船高速行驶时，瘦长船身的阻力也会大幅的降低。

　　高速双体船和双体帆船一样，拥有较为稳定，水阻少，较轻，不易翻船等优点，是发展较快的一种，经常被应用于渡轮及军事运输上。

七、 喷水推进船

喷水推进是有别于传统螺旋桨推进的一种特殊的船舶推进方式，它主要利用向后喷射水流产生推力的原理，使舰船按要求运动。喷水推进装置最早是在 1661 年由英国人发明，到 19 世纪中叶才真正成为实用的船舶推进装置。

典型的喷水推进装置结构主要由原动机及传动装置、推进水泵、管道系统、舵及倒舵组合操纵设备等组成。

（1）喷水推进装置最常见的原动机及传动装置配置有燃气轮机与减速齿轮箱驱动、柴油机与减速齿轮箱驱动、燃气轮机或柴油机直接驱动等形式。在采用全电力综合推进的舰船上则一般采用电动机直接驱动推进水泵的形式。

（2）推进水泵是喷水推进装置的核心部件。从推进水泵净功率和效率的要求、舰船布置的需要以及传动机构的合理、方便等方面出发，通常选用叶片泵中的轴流泵和导叶式混流泵，特殊情况下也可以采用离心泵。

（3）管道系统主要包括进水口、进水格栅、扩散管、推进水泵进流弯管和喷口等。管道系统的优劣在很大程度上决定了喷水推进系统效率的高低。

（4）采用喷水推进的船舶不能靠主机、推进水泵的逆转来实现倒航，一般是通过设法使喷射水流反折来实现。由于经喷口喷出的水流相对舵有较大的流速，所以一般采用使喷射水流偏转的方法来实现船舶的转向。常见的舵及倒舵综合操纵设备有外部导流倒放斗、外部转管放罩等。

随着泵理论水平、泵设计水平和喷水推进船应用的增多，喷水推进开始被人们接受，并逐渐发展成为中小排水量、高航速、高性能舰船（如滑行艇、穿浪艇、水翼艇、气垫船、高速船舶）设计所选用的极具竞争力的推进方式之一。现代喷水推进船可以通过操纵舵及倒航设备分配或者改变喷流方向来获取船舶推进或操纵所需要的推进力。喷水推进船上设有轴流泵和倒车戽转向装置等设备。航行时，轴流泵从船底或船侧下面的吸口吸水，再由设在船尾的喷出口向后方喷出，喷水产生的反作用力可推动船舶前进。倒车戽转向装置设在喷口后方，专用于改变水流的喷射方向以使船舶转向、倒退。喷水推进船适合航行于内河浅水区域和有漂木地段的水域，由于船速较高，也可用作海上高速客船。

在实际情况下，整个喷水推进系统受到多方面的影响，会有多方面的效率损失。实际推进器在实际管道系统和推进泵本身都有水力损失，而理想推进器都忽略了这些损失。实际喷水推进总效率＝推进泵效率×推进系统效率×水泵轴连接的效率。提高实际喷水推进总效率，主要是通过减少管道水力损失，推进泵的效率可以达到90％，管道效率可以达到70％，因此管道水力损失主要体现在泵管道入口、弯管、收缩管、喷水口等地方，由于管道损失受多方面的影响，因此提高管道效率变得极为困难，目前还没有一套对于管道设计的成熟理论。

国内外水下高速航行器的研究趋势是体积小型化、航行隐形化、进攻高速化、制导精确化。改变传统的轴流泵推进技术，采用系列模块化制造技术，以使用无轴式推进技术为主要趋势。具体来讲采用中高压容积式液压泵作为推进喷射泵符合当前推进技术的发展趋势，成为水下航行器无轴推进技术的最佳选择。主要的技术发展趋势如下：

（1）船体推进器一体化技术。喷水推进泵和船体的相互作用将使艇（船）板上产生较大升力，而对喷口和船体进行一体化设计可在一定程度上提高喷水推进器效率。

（2）无轴式推进技术。直接利用电动机驱动喷水推进泵可以避免轴系上的损失，对于提高效率和结构简化都有一定意义。

（3）矢量控制技术。矢量控制是喷水推进发展的重要趋势，传统的转向系统结构复杂、效率较低，而结构简单、高效的矢量控制技术越来越受到喷水推进研究者的重视。

由于高速渡船和高速货船对大功率的喷水推进器有很大的需求，喷水推进正朝着单机功率大型化方向发展。

八、快艇

快艇是小型高速船的总称，主要用途为执勤、水上救援、娱乐和体育活动等。快艇吨位小，航速高，机动灵活，排水量通常为数十吨至数百吨，最大航速可达 40～60 节，被誉为"海上轻骑兵"。有的快艇采用舷外挂机作为推进动力，快艇在航行时艏部明显翘起。根据其用途快艇也称为巡逻艇、救生艇、游艇及赛艇等；则按其装备的武器，又有鱼雷快艇、导弹快艇和鱼雷导弹快艇等。快艇虽然小，但它的威力不小，作用很大。快艇的速度快，艇体小，机动灵活，能隐蔽，对于突然侵入到近海范围内的大、中型敌舰，鱼雷快艇和导弹快艇可以单独编队出击，也可以与其他水面舰艇协同出击，消灭来犯的敌方舰艇。作战时，还可以派快艇去攻打敌方运输船队，破坏敌人的海上交通运输线。快艇中威力最大的要数导弹快艇，它继承了鱼雷快艇的优点，在海战中具有十分重要的地位。但与大、中型舰艇相比，它的自卫能力较弱，抗风浪性能较差，只能在近海作战。

现代快艇广泛应用导弹武器，配备先进的小型化电子设备、大功率燃气轮机和水翼及气垫，正朝着导弹化、大型化、高速化、电子化等方向发展。在未来的海战中，快艇将会发挥更大的作用，在军事上给人极大的帮助。下面主要介绍鱼雷快艇和导弹快艇。

鱼雷快艇是以鱼雷为主要武器的高速攻击艇。它可在近海依托岸、岛单独或与其他协同对敌大、中舰艇和运输船舶实施鱼雷攻击。它能够在夜间、低能见度的条件下，隐蔽地突然在海面对敌舰进行攻击。同时，鱼雷快艇在必要时还可担负反潜、布雷、遣送侦察组、爆破组上陆、施放烟幕等多种战斗任务。鱼雷快艇的船体采用合金钢、铝合金、木质和混合材料结构，动力装置多数采用高速柴油机，少数采用燃气轮机或燃气-柴油机联合动力装置。艇上装有2～6枚鱼雷和1～2门单管或双管舰炮，此外还有火箭、深水炸弹发射装置、声呐、指挥系统、通信导航设备等。

鱼雷快艇的雏形是诞生于美国南北战争（1861—1865年）时的水雷艇，当时还没有鱼雷。水雷艇艏部突出一根长长的撑杆，撑着水雷向敌舰猛烈撞击，将敌舰炸毁。1864年，北方军的水雷艇就用这种办法炸沉了南方军的"阿尔比马尔"号装甲舰。1866年在奥匈帝国工作的英国工程师怀特黑德发明了世界上第一枚能够自动航行的水雷。由于它能像鱼一样在水中运动，因而被称为鱼雷。

世界上第一艘真正意义上的鱼雷快艇是英国于1877年建造的"闪电"号，几乎与英国同时，俄国建造的"切什梅"号和"锡诺普"号水雷艇也可看作是最早的鱼雷快艇原型。1887年

1月13日，"切什梅"号和"锡诺普"号第一次用鱼雷击沉了土耳其海军的"国蒂巴赫"号通信船。此后，欧洲各国海军都相继制造和装备了鱼雷快艇，鱼雷快艇的性能也不断得到改善。1918年6月10日，2艘意大利鱼雷快艇用2枚鱼雷就击沉了奥匈帝国的万吨级战列舰"伊斯特万"号。在第一、第二次世界大战中，鱼雷快艇都取得了较大战果。第二次世界大战结束后，许多专家认为军用快艇的战斗使命已经结束，今后远海作战需要的是航空母舰、驱逐舰等大型舰艇。因此，美国大量的快艇被送进了匹兹堡的炼钢炉变成了制造福特汽车、好莱坞道具以及儿童乐园的材料。1950年朝鲜战争爆发，谁能料到，美国海军13 000吨的"芝加哥"号巡洋舰竟被朝鲜人民军的鱼雷快艇击沉，鱼雷快艇又重新进入人们的视野。20世纪50—60年代，中国人民解放军海军鱼雷快艇部队曾多次参加海战，取得了击沉国民党海军"太平"号护卫舰、"洞庭"号和"水昌"号炮舰以及"剑门"号、"章江"号猎潜舰和多艘运输舰的战绩。

　　现代鱼雷快艇的满载排水量一般在40～150吨，少数大型鱼雷快艇在200吨以上，航速为75～100千米/小时，续航能力为900～1 800千米；艇上装有2～6具鱼雷发射管。鱼雷快艇具有体积小，航速高，机动灵活，隐蔽性好，攻击威力大等特点，但适航性差，活动半径小，自卫能力弱。由于它的造价低廉，制造容易，使用方便，加之现代鱼雷的性能不断提高，因此它的发展仍受到当今世界各国的重视。

　　导弹快艇（见图1-17）是以反舰导弹为主要武器的小型高速战斗舰艇，可在近、中海域单独或与海军其他兵力协同作战，攻击敌方大、中型舰艇和运输船舶，同时还可担负巡逻、反潜、布雷、警戒、护航等任务。导弹快艇吨位小，航速高，机动灵活，排水量通常为数十吨至数百吨，航行速度为 30～40 节，有的可达到 50 节，续航能力在 500～3 000 海里。艇上装有反舰导弹 2～8 枚，有些快艇还加装 20～76 毫米口径舰炮，吨位较大的快艇还可能装备鱼雷、水雷、深水炸弹和舰对空导弹等。导弹快艇搭配的传感系统有搜索、探测、武器控制、通信导航、电子作战等。导弹快艇是目前世界上服役数量最多、分布最广的一类军用快艇。尽管发展的历史不长，但发展速度之快却是以往任何舰艇所无法相比的。

图 1-17 导弹快艇

20 世纪 50 年代末，苏联海军在 P-6 级鱼雷快艇上，拆除了原有的 2 具鱼雷发射管，首次装上 2 具 SS-N-2"冥河"飞航式舰对舰发射筒，使之成为世界上最早的导弹快艇——"蚊子"级导弹快艇。20 世纪 60 年代初，苏联又在"蚊子"级导弹快艇的基础上，开始研制吨位更大、火力更强的"黄蜂"级导弹快艇。"蚊子""黄蜂"级导弹快艇成为世界上第一批导弹快艇。

导弹快艇出现后，由于没有经过实战的考验，一些国家的海军对导弹快艇的作用持怀疑态度。然而，1967 年"巴以冲突"给了导弹快艇一个施展的机会。

反舰导弹在第二次世界大战后期出现，可以说是海战历史上划时代的发明了，要知道在此之前，海战的决胜关键就在双方的战舰火力大小。火力小的舰队为了增加优势，还会借助鱼雷和轰炸机对敌人进行打击，这种密集型的轰炸增加了击中敌方军舰的可能性，不过这种作战形式很快被反舰导弹的出现打破。这种导弹的飞行距离可以达到数百千米，它不仅可以自行追踪和攻击军舰，还具有一弹命中的特点，这大大提升了现代军舰在海上作战的能力。真正把反舰导弹能力发挥到极致的，当数 1967 年以色列与埃及在地中海进行的一场战争，当时埃及海军用"蚊子"级导弹快艇，零代价击沉了"埃拉特"号驱逐舰。

以色列处在亚洲西部的巴勒斯坦地区，西临地中海，有874.3 万人口（2017 年），自现代以色列建国起就处在一片强敌的包围之中，甚至有人戏称，以色列和阿拉伯国家唯一的交流方式就是战争。在这样极端危险的环境下，以色列反而发展出了一支与其国土和面积都不太符合的强大海军，海军装备了优良的海上作战装备——"埃拉特"号驱逐舰（见图 1-18）。

图 1-18 "埃拉特"号驱逐舰

自从有了"埃拉特"号驱逐舰后，以色列海军也有了更多底气，随即建立了以驱逐舰为主要力量的海上突击队。按理说，这么一支实力强大的军队在海上作战应该是很有优势的，可它还是败给了埃及海军的"蚊子"级导弹快艇。这是怎么一回事呢？原因之一就在于当时埃及装备了SS-N-2"冥河"反舰导弹。SS-N-2"冥河"反舰导弹适应性良好，由于它体积狭小，极其适用于"蚊子"级导弹快艇；同时其威力大，几乎可以做到对敌舰一发击中的程度。此外，"冥河"反舰导弹的射程也十分惊艳，远远超过当时西方驱逐舰的主炮射程，对于射击目标也能自行寻找并且施以攻击。比如苏联在"冥河"反舰导弹研制成功后，就用"冥河"及发射架替代鱼雷成功改装了几艘鱼雷快艇。

由此看来，想要在与以色列的海战中取得胜利，SS-N-2"冥河"反舰导弹对海军实力相对弱小的埃及来说，是一个非常不错的选择。

大战前夕，以色列将"埃拉特"号和"雅法"号部署在塞得港外，计划以此攻击敌方出港的海军舰艇，埃及当时出于以色列空军威胁的考虑，将舰艇大多部署在港口防空导弹的庇护之下，出港作战的鱼雷快艇大多采用声东击西的埋伏战。而以色列海军将计就计，往往以驱逐舰为诱饵吸引埃及海军的鱼雷快艇出港攻击，再用自己的鱼雷快艇配合驱逐舰将其歼灭，埃及海军连连吃亏，先后损失了3艘鱼雷快艇，还有2艘舰艇被以色列飞机击沉。埃及海军逐步停止了过去那种冒失的攻击行动，转而在苏联技术人员的指导下加紧训练"蚊子"级导弹快艇，以反击以色列海军。战中被导弹击中的舰艇如图1-19所示。

1967年10月21日黄昏，这个机会终于到来。这一天以色列

图 1－19 战中被导弹击中的舰艇

"埃拉特"号驱逐舰奉命前往西奈半岛进行海上巡逻，在巡逻过程中被埃及海军发现。本来西奈半岛就是以色列从埃及手上"抢"过去的，这下新仇旧恨一起算，埃及海军雷达站找到"埃拉特"号的确切位置后很快瞄准了它，然后发射了 SS－N－2"冥河"反舰导弹。当时，"埃拉特"号驱逐舰的舰长其实已经从望远镜中看到了埃及的导弹快艇，但他和舰队人员一致认为这只是一艘普通的鱼雷舰，且距离还在"埃拉特"号的射程范围之内，因此没有给予太多的关注。直到埃及的第一枚 SS－N－2"冥河"反舰导弹打在"埃拉特"号舰尾的时候众人才反应过来，但是已经来不及了，舰上的水兵一顿扫射但没有命中埃及海军的"蚊子"级导弹快艇，反而"埃拉特"号的甲板全碎了，全舰笼罩在一片火光之中。很快，埃及舰队的第二枚反舰导弹也向"埃拉特"号发射过来，由于已经受到第一枚导弹的猛烈冲击，第二枚导弹的发射更让以色列海军猝不及防，这次"埃拉特"号的舯部受到冲击，并且舰上的电力设备也被摧毁，舰队人员有所伤亡。

遭受了两次打击的"埃拉特"号驱逐舰最终没有撑住，由于艉部和舯部的损伤，大量海水涌入船体，无奈之下，舰上人员努力控制住舰艇沉没的速度，并在浅滩上暂时抛锚。但是很快，埃及海军的第三、第四枚反舰导弹又来了，第三枚导弹和第一枚导弹一样命中了舰艇的尾部，"埃拉特"号再也承受不住打击，舰上人员也纷纷准备弃舰逃生。他们从解体的"埃拉特"号上跳入海中，企图寻找浅滩。由于此时"埃拉特"号已经沉没了，因此发射的第四枚 SS-N-2"冥河"反舰导弹在水面爆炸，致使以色列海军 47 人死亡，将近一百人受伤。

经过 3 个小时的激战和 4 枚反舰导弹的打击，这艘 1944 年就服役的以色列驱逐舰终于沉没，埃及海军用"蚊子"级导弹快艇以零代价打败了"埃拉特"号。等到几艘以色列鱼雷舰赶来救场的时候，水面上只有漂浮的舰员了。

这场海战让人们开始重视外表胖胖的 SS-N-2"冥河"反舰导弹，对传统的海战形式更是有了新的认识。以色列方面则吸取了这次沉痛的教训，开始研制"伽伯列"反舰导弹，也开始了以高速弹艇为主攻力量的战略转变。就此，海战也正式进入反舰导弹时代，反舰导弹成为世界各国海军装备中必不可少的武器之一。

国外典型的导弹快艇有美国"飞马座"级导弹快艇，俄罗斯"蚊子"级、"黄蜂"级、"纳努契卡"级导弹快艇以及"毒蜘蛛"级大型导弹快艇，法国"女勇士"级导弹快艇，德国 143 级导弹快艇，意大利"鹗鹰"级、"塞蒂亚"级导弹快艇，以色列"萨尔"级导弹快艇。

中国 022 型隐形导弹快艇（见图 1-20）是一种以反舰导弹为主的新式隐身快艇，吨位在 500 吨以下，具有高速灵活、隐形持久、火力强大等突出优点。结合解放军信息化指控系统，能成为一种灵活的武器发射载台。在卫星、飞机以及其他水面舰艇的辅助下，022型隐形导弹快艇完全可以遂行远程攻击，以"鹰击"系列反舰导弹攻击水面目标，甚至搭载巡航导弹实施对陆火力支援，对敌作战实力突出。

图1-20 022型隐形导弹快艇

九、 船舶智能化

20世纪70年代计算机在船上得到广泛应用，从在船舶机舱设置集中控制室到设置无人值班机舱和驾驶台对主机进行遥控遥测，船舶机舱自动化成为发展趋势。1970年，日本"星光丸"号竣工，开创了驾机合一的新时代。这类船在当时被称为"超自动化船"。船舶自动化使船舶定员大约减半，降低了营运成本，近十年来建造的新型船舶基本上都可称之为自动化船舶，其中一部分自动化程度高的船舶被称为"高技术船舶"。船舶自动化从机舱自动化走向了驾驶自动化。

(一) 导航定位电子化

当前, 传统的陆标定位、天文定位方法已成为特殊情况下的补充手段, 无线电导航定位方法经过了无线电测向仪、雷达、罗兰 A、台卡、罗兰 C、卫星导航系统、全球定位系统 (GPS) 的发展历程, 现在已经进入了高精度卫星导航定位时代。美国开发的全球定位系统可在全球范围内全天候为海上、陆上、空中和空间用户提供连续的、高精度的三维定位、速度和时间信息, 使船舶、飞机和汽车等运载工具的导航与定位发生了划时代的变革。采取差分技术的 GPS 技术可把定位精度提高到几米。GPS 现已普遍装在船上, 成为最主要、最常用、最简便、最准确的导航定位手段。为摆脱对美国 GPS 的依赖, 俄罗斯开发了 GLONASS 全球卫星导航系统, 中国开发了北斗卫星定位系统, 欧盟开发了伽利略卫星导航系统。

(二) 避碰自动化

为在能见度不良情况下发现来船而进行避碰, 船用雷达发挥着巨大作用, 而船用雷达最初用于海上避碰时, 却因对雷达提供的信息解释和运用不当反而促成了船舶碰撞。20 世纪 70 年代研制出来的自动雷达标绘仪 (automatic radar plotting aids, ARPA) 较好地解决了这一问题, 因而 ARPA 和雷达的结合被称为自动避碰系统。该系统可自动采集和跟踪目标以及自动显示来船的位置、航向、航速、相对运动和碰撞危险数据, 并可用图像方式自动显示相遇船舶运动矢量线、可能碰撞点、预测危险区等信息, 还可以进行避碰试操作。避碰自动化进一步得到发展是在 20 世纪末开发了船舶自动识别系统 (automatic identification system, AIS) 后, 该系统可连续向其他船舶传送船舶自身数据, 并可连续接收其他船舶的数据, 如船名、船舶种类、船舶尺度, 装载情况、航行状态和航行计划等，这有利于减少因船舶识别和避碰决策失误引起的船舶碰撞事故。

（三）海图电子化

传统的载明静态、固定航海资料的纸质印刷海图已不适应船舶自动化和航海智能化的发展要求，电子海图显示与信息系统在近十几年研发成功并不断完善。该系统不但能很好地提供纸质印刷海图的有用信息，而且取代了传统的手工海图作业，综合了GPS、ARPA、AIS等各种现代化导航设备所获得的信息，成为一种集成式的导航信息系统。电子海图显示与信息系统（ECDIS）具有海图显示、计划航线设计、航路监视、危险事件报警、航行记录、海图自动改正等功能，大大提高了航行安全和效率，被称为航海领域的一场技术革命。

（四）航海资料数字化

航海所需的各种资料原都采用纸质印刷形式。随着计算机技术和互联网技术的发展，航海通告潮汐表、灯标表等出现了电子版和网络版，海员可购买光盘或在网上查询与下载，这有利于航海资料内容的迅速更新，避免了海员对纸质图书资料的手工更正，使用也更加方便。

（五）通信自动化

无线电报、无线电话、电传和传真在船上的使用，相比较采用手旗、灯光进行通信已是很大的进步了。1957年第一颗人造卫星升空，拉开了卫星通信的序幕。1979年国际海事卫星组织（International Maritime Satellite Organization，IMSO）宣告成立，1982年开始提供全球海事卫星通信服务，1985年IMSO开发航空卫星移动通信业务（INMARSAT），1987年又将业务从海空扩展到陆地。INMARSAT可以为海陆空提供电话、电传、传真、数据、国际互联网以及多媒体通信业务。船舶通信自动化的另一重要标志是船舶使用了全球海上遇险与安全系统（global maritime distress and safety system，GMDSS），该系统使用 INMARSAT 和 COAPAS‐SARSAT 两种卫星通信系统，它使船与船、船与岸全方位和全天候即时沟通信息，一旦发生海上事故，岸上搜救组织及遇难船只或在其附近的船舶就能够迅速地获得报警，使他们能以最短的时间参与协调搜救行动。GMDSS 还能提供紧急与安全通信业务和海上安全信息的播发，以及进行常规通信。GDMSS 在船上的使用实现了驾驶与通信合一，传统的船舶报务员已被取消。

（六）航行记录自动化

为了在船舶发生海上事故后查明事故原因，从中吸取教训，采取针对性的防范措施，原来由海员手工记录的航海日志、车钟记录簿等，现正被俗称为船舶"黑匣子"的船载航行记录仪（voyage data recorde，VDR）和回放再现系统等替代。船上有了 VDR，就有利于避免无法收集事故数据或当事人作伪证的情况发生。

当"新航海时代"即将来临之时，一个全新的名称"极地船舶"将展现在我们的面前，新的造船科学技术孕育着一批新型的特种船在那片陌生的海域航行，世界造船技术迎来了一场新的革命。

第二章

极地船舶：人类船舶技术的跨越式发展

····································· **第一节　引子** ·····························

　　从古代船只到现代船舶，船舶技术大体经历了三次飞跃性的发展。一次是船用材料，用钢质材料替代了木质船体材料；二次是推进方式，用螺旋桨代替了传统的篙、桨、橹、帆等人力或借助自然风力的推进方式，改用机器推进；三次是导航技术，用卫星导航等现代化导航系统取代了由海岸观察、天文导航、指南针、无线电等过去的导航设备。经过三次技术飞跃后的船舶可以在江河、海洋等常态水域航行。

　　面对"新航海时代"，造船工业迎来新的挑战和发展机遇，新的造船科学技术孕育出一批新型的特种船加入船舶的大家庭，世界造船技术面临着一场新的革命。建造出满足极地航行要求的极地船舶是传统造船技术的一次跨越式发展。

　　由于极地特殊的海况，传统的船舶无法适应极地非常态水域，在那里无法正常航行。因此对航行极地的船舶提出了新的特殊要求。与传统的船舶相比，极地船舶要求有高强度的船体，以承受冰压力的冲击载荷；要求有强劲的动力设备、可靠的推进装置，确保船舶具有强大的破冰能力和自救能力；要求能防寒抗冻，在极端低温条件下确保航行安全。

　　极地船舶以及海上装备体系涉及海、陆、空多个技术领域，集中了当今世界高新前沿科学技术和先进的船舶制造技术。极地船舶是技术密集、知识密集和人才密集的集中体现，它展现了一个国家工业水平和科技水平以及经济水平等综合实力。

船舶作为一个综合大系统，结构及设备复杂，涉及的专业门类多，如船舶类型、船舶建造、船舶载荷、结构布置、货物装卸设备、锚及系泊设备、机舱、推进和操舵设备、电气装置、通信导航系统、材料和维护保养、安全和稳性系统、人员生活设施建设，等等。在这种多学科、多层次、多方位的相互综合的过程中，极地船舶技术呈现出前沿性、战略性、高效性、渗透性、风险性、群体性等特点。

极地的地理和环境特点决定了极地船舶生存的特殊性、风险性，致使适应极地水域航行的特种船舶质量从立项、设计、科研、试验、制造、使用、综合保障全系统和全过程都面临着全新的选择。

船舶安全的目标包括识别风险、化解风险、规避风险，因此，对极地船舶安全技术的要求是设计零隐患、制造零缺陷、使用零差错、保障零遗漏。

全球气候变暖，海冰加速融化，极地将成为真正意义上的无限航区，对具有一定破冰能力的各种特种船舶建造需求将会越来越多，对极地船舶的研究已迫在眉睫。

目前，世界上 80% 的海运都集中在北纬 30°以上的国家，随着北极航道的逐渐开通，这些国家的海运将彻底放弃走传统绕大圈的大西洋、印度洋、太平洋航道，都要改道直接走北极航道，这极大地缩短了运输距离和时间，节省了成本。北极航道将会是世界上最繁忙的航道，成为"国际海运新命脉"。破冰船、科学考察船、重载甲板运输船、水面无人艇、智能船舶等，这些新型的特种船正是"新航海时代"的标志。

第二节 极地航道上的开路先锋：破冰船

北极地区蕴藏着丰富的石油、天然气、矿物、渔业等资源，由于全球变暖，北极冰层开始融化，有的地方已经开始了资源开采，大规模的开发迫在眉睫。世界各国纷纷把目光投向北极，争夺日趋激烈，不仅要抢夺北极航道，还要进行自然资源的争夺。

南极已经发现的矿物有煤、石油、天然气、金、银、镍、钼、锰、铀等，主要分布在南极半岛及沿海岛屿地区。

破冰船作为极地航道开辟、破冰护航、极地科考、自然资源开采的必要装备，在政治、经济、军事、科考等诸方面都有着重要的战略地位，是各国推进极地战略的重要抓手。因此，对破冰船的研究和开发意义非同小可。

破冰船是用于破碎水面冰层，开辟航道，保障舰船进出冰封港口、锚地或引导船舶在冰区航行的勤务船。作为极地资源开发的必要工具，随着各国对极地资源考察力度的不断加大，破冰船的重要性也越来越凸显出来了。破冰船的功能主要包括破冰护航、科学考察和海上支援等。

（一）破冰护航

破冰护航是破冰船的基本功能。目前，世界上大多数的破冰船主要还是用作极地破冰和护航，为开发资源提供必要条件。除了俄罗斯沿海北部的东北航道，大部分国家的航线主要位于加拿大北极群岛的西北航道。随着各国对破冰船投入力度的加大，破冰船破冰护航的能力得到了很大的提高，因此破冰航行又增加了一条穿越北极点的"跨极航线"。该条航线的冰十分密集且厚实，只有少数破冰性能强的极地破冰船才可以通过，这一小部分破冰船也只能在夏季提供几个星期的科考时间。因此，目前破冰船工作的主要航线还是在东北航道和西北航道。但随着环境破坏越来越严重，全球气候变暖，航道上的海冰有所减少，加上破冰技术的进步，实现北极航道的全年通航将指日可待。

（二）科学考察

由于极地巨大的经济、战略价值不断展现在世人面前，以及极地在全球气候变化中的重要性日益显现，越来越多的国家加入了极地科考队伍，而极地破冰船作为极地科考的平台得到了大力发展。在破冰船中，多数是以破冰为主，兼顾科考功能，还有一部分破冰船是专用极地科考船，如美国"希利"号极地科考破冰船、瑞典"奥登"号极地科考破冰船，其极地科考能力与其设计用途、破冰能力和搭载设备有着很大的关系。"希利"号是美国最具代表性的极地科考破冰船，主要服务于北极海域，在役期间主要承担了北极水下潜航器测试、燃料运输、北冰洋和白令海大陆架观察、气候变化数据收集等项目。一般来说，破冰船最基本的功能是进行破冰护航，但随着各国对极地科考、资源开发需求的增加，破冰船作为平台承担着科学考察、海上支援等多种任务。

（三）海上支援

破冰船在为往来极地的船舶开辟航路、保驾护航的同时，也承担着支援、救助、补给的任务。大多数破冰船都配备了搜救雷达和救生艇，可在紧急情况下承担救援任务，部分还配备有直升机，可独立执行海上支援或救援任务。此外，一些破冰船上还配备了拖曳设备及起重设备，以便对附近受困的船舶提供及时的救援、补给。目前，部分先进的破冰船更是配备了溢油回收装置，例如 2014 年投入使用的芬兰建造的侧向破冰船"波罗的海"号，该船设计用于破冰护航、拖曳船舶或漂浮设施、灭火及各种救援活动。该船最显著的特点就是其非对称的斜侧结构，该设计使其不但可以侧向行驶破冰，开辟更宽的航路，而且在原油泄漏时，不对称船体的垂直侧可以用作清扫臂，当船舶倾斜地通过油膜时，该清扫臂将浮在表面上的油引导到内置的撇渣器内，从而进行溢油回收作业。

　　由于北极地区特殊的气候和自然条件，破冰船对于北极地区资源开发、军事活动和北方航线运行具有特殊意义。近年来，随着极地开发的热潮不断掀起，破冰船和在冰区航行的船舶由极圈国家的特种装备变成了船舶技术领域的发展热点。破冰船是人类实现冰区航行和探索极地的重要船舶装备，发展至今已形成了集破冰船型和特种动力系统设计于一身的高新技术船舶类型，是"新航海时代"最具特点的船舶。

一、　破冰船的工作原理

　　破冰船的工作原理：船体露出水面的部分不存在水的浮力，因此那部分的重量等于船体本身在陆地的重量。破冰船是借船体重力和动能或其他方法去破碎冰层，以适用于在冰区开道及航行的专用船，其船体结构坚固，尤其是水线下壳板用特种钢材加厚，舱壁分隔间距小，破舱稳性好。这里我们需要区别切冰船和破冰船，切冰船是通过船首的压力来切割冰层，不过也只能切割一些很薄的冰层，例如 20 世纪 30 年代著名的"里特克"号。

　　破冰船是靠船上强大的动力机器在开动的时候，把自身的船首移到冰面上去，此时船首完全脱离水，船首重量与在陆地上时等同，而这个极大的重力就能把冰压碎。破冰船船首的水下部分呈斜角型，便于破冰，同时为了加强作用力，有时候会在船首的贮水舱里盛满水——"液体压舱物"。当在遇到冰块的厚度超过半米的时候就要用船的撞击作用来破冰，这时候破冰船会向后退，然后加速直接用船体撞击冰层。这时候起作用的已经不是重力，而是运动着的船的动能，此时的破冰船更像是一枚运动中的炮弹，变成了一个撞锤。若是遇到几米高的冰山，破冰船得用它坚固的船首猛烈地撞击几次，才能把它们撞碎，这个重量一般能有 1 000 吨左右。不太坚固的冰层，在破冰船的压力之下马上就被压碎了；如果冰层较坚固，破冰船往往要后退一段距离，然后猛冲过去，有时要反复冲几次，才能把冰层冲破。遇到很厚的冰层，一下子冲不开，破冰船就开动功率很大的水泵，把船尾的水舱灌满，使船的重心后移，船头抬高，随后用摇摆的方法把破冰船从冰的包围中解脱出来。为了使破冰船能够自己摇摆，在船中部沿着两舷设置了摇摆水舱，一来可储藏锅炉用水和食用淡水，二来在舷部受损伤时，可以保护船体不至于漏水而下沉，三来就是帮助破冰船摆脱困境。当破冰船被冰层夹住时，只要很快地将一舷的水舱灌满，船就会侧向一边，然后又将水注入另一舷的水舱，船又侧向相反的一边。这样来回抽水，破冰船就左右摇摆，再开足马力，船就不难退出冰面了。

（一）破冰原理及设计依据

传统破冰船作业原理是通过自身船体线型设计及大功率推进系统使其冲上冰层，再利用破冰船自重将冰层压碎，实现破冰航行。根据此原理，传统破冰船主要依靠其船首线型设计及自身重量进行破冰作业。

破冰能力划定方面，各国对于冰级和破冰作业规范的定义略有区别。为了更好地统一标准，较好地指导破冰船的设计，国际船级社协会依据主要国家的冰级规范，于 2006 年制定了国际冰区航行船舶冰级规范，该规范以海冰形态和季节差异为参考，将破冰船抗冰能力划分为 7 个等级，如表 2-1 所示。

表 2-1 国际船级社协会关于冰级和破冰船抗冰能力的描述

冰级	破冰船抗冰能力的描述
PC1	所有水域可实现全年通航
PC2	中等厚度多年冰龄可全年通航
PC3	次年冰龄（包括多年夹冰）下全年通航
PC4	当年冰龄下全年通航
PC5	中等厚度当年冰龄下全年通航
PC6	中等厚度当年冰龄下夏秋季通航
PC7	当年薄冰下夏秋季通航

美国船级社适用于极地水域破冰船的冰级定义，如表 2-2 所示。

表 2-2 美国船级社极地水域破冰船冰级定义

冰级	极地多年冰水域			全年航行
	北极中心区域	北极近岸区域	南极海冰覆盖水域	于当年冰水域
A5	全年	全年	全年	极端严重冰况
A4	7月—11月	全年	全年	极端严重冰况
A3	7月—9月短期、短距离进入	7月—11月	2月—5月	极端严重冰况
A2	—	8月—10月	3月—4月	极端严重冰况

因此，破冰船通常依据此标准，结合其设计航行的海域环境特点及特殊设计要求，完成设计建造工作。

（二）船体设计

破冰船的性能很大程度上依赖于船体设计，其直接影响破冰船的破冰能力、破冰效率以及对螺旋桨等重要部件的保护能力。当前，破冰船船体设计的重点是保护船体的重要结构及部件。

（1）船体结构。

破冰能力、破冰效率以及对螺旋桨等重要部件的保护能力是破冰船设计时所要考虑的核心要素。因此，首先在总体结构设计上，破冰船与一般海船不同，相较于一般海船，其不仅拥有更大的自重，而且长宽比也更小，约为 5∶1，而一般海船远远大于这个比例，如"高月"级驱逐舰，长为 136 米，宽却只有 13.4 米。该设计使破冰船船身纵向短横向宽，具有更好的操纵性。其次，为减少破冰过程中碎冰对船体的损害，破冰船通常没有减摇装置和突出部分，并将船身设计为有利于保护舵和螺旋桨的结构，防止倒航时舵和桨叶被海冰撞坏。最后，为使破冰船更易冲上海冰进行破冰作业，破冰船的船首一般设计为"勺"型，底部具有平缓的角度（约为 15°），以提高破冰效率。

（2）船体材料。

为了防止低温对船体的损害，在船体结构设计中，一般选取特殊的耐低温的高性能钢材，并在船首、船尾和水线附近对其进行加厚。美国极地破冰船"极地星"号选取的钢材，可抗 −51.5℃ 的低温。瑞典极地科考破冰船"奥登"号对船体进行了加厚，最厚处钢材厚度达 6 厘米。

（3）防腐涂料。

为避免船体涂料因寒冷而受损，从而丧失对船体的保护能力，水线附近船壳一般使用特殊的防腐涂料，即抗冰漆。这种漆不仅有效地保护了船体，还有效地减少了船体与冰的摩擦，提高了破冰效率。

（三）推进动力

从动力系统发展来说，破冰船从蒸汽动力、柴电动力一直发展到核动力，其推进能力得到不断提高，其使用的电气传动装置，将原动机与推进器分离以减少击冰损伤，使得机舱设计更加灵活，且不再需要传动轴和减速齿轮。与此同时，在螺旋桨周围加装了喷嘴或导流管，这样，不仅更好地保护了暴露在外的螺旋桨，还改善了水体流动方向，增加了推力。此外，目前最先进的破冰船还采用了全向吊舱系统，该系统是一个悬挂于船体之下的封闭装置，其中含有与螺旋桨直接相连的电动机。全向吊舱可以做360°旋转，从而迅速地朝任何方向施加推进力。这种可旋转推进器与船首的侧向推进器互相配合，可以实现对船舶的动态定位，大大提高了破冰船在冰区和开阔水域的机动性。

（四）破冰能力

毋庸置疑，破冰能力是破冰船最重要的参数之一，这种能力可分为连续航行破冰能力和反复冲压破冰能力。目前，从动力系统角度来看，大多数柴电破冰船的连续航行破冰能力在1.2米以上，较为先进的可破开1.8米厚的冰层，而核动力破冰船可连续破开2～3米的冰层（俄罗斯"泰梅尔"级破冰船连续航行下可破开2米厚的冰层，而动力更强劲的"五十年胜利"号破冰船则可破开3米厚的冰层），反复冲压可破开5米厚的冰层；美国的"极地星"号破冰船在3节的航速下连续破冰厚度为1.8米，反复冲压破冰厚度可达 6.4 米。

此外，常用的辅助破冰系统有冲水系统、气泡系统、船体加热设备系统和快速侧倾系统等。世界上最大的核动力破冰船"北极"号安装有瓦锡兰气泡系统和快速侧倾系统，气泡系统可以将压缩的空气从船体底部喷出，使船侧的冰块受到向上的浮力作用，随着气泡上升破裂，以此减少对船体的摩擦；快速侧倾系统则可通过强大的抽水系统改变船体的重量分布，从而在冰密条件下使船体发生摇摆，摆脱两侧冰雪对船身的束缚。此外，俄罗斯的"弗拉季斯拉夫·斯特里诺夫"号破冰船上安装有船体加热设备，可对低温船体进行加热，避免船体结冰，从而避免船体钢材因低温导致韧性降低，同时避免船侧碎冰再次冻结。

二、 破冰船的特点

（一）破冰船的特点

破冰船的长宽比例同一般海船大不一样，其纵向短，横向宽，这样可以劈开较宽的航道。一艘排水量在 37 000 吨、拥有 7.35×10^7 瓦的现代破冰船，长度为 194 米，而宽度则达 32.2 米。破冰船船头外壳用至少 5 厘米厚的钢板制成，里面用密集的型钢构件支撑，船身吃水线部位用抗撞击的合金钢加固。

破冰船同其他船比较，有自己的特点：它的船体结构特别坚实，船壳钢板比一般船舶厚得多；船宽体胖上身小，便于在冰层中开出较宽的航道；船身短，因而进退和变换方向灵活，操纵性好；吃水深，可以破碎较厚的冰层；功率大，航速高，向冰层猛冲时，产生的冲击力大。

破冰船的船头呈折线型，头部底线与水平线成 $20°\sim35°$ 的斜角，船头可以"爬"到冰面上；艏、艉和船腹两侧，都备有很大的水舱作为破冰设备。

归纳起来破冰船有以下特点：

（1）船体结构特别坚实，船壳钢板比一般船舶厚得多。

（2）船宽体胖上身小，便于在冰层中开出较宽的航道。

（3）船身短。普通运输船的长宽之比，大约是 7∶1 到 9∶1，而破冰船约是 4∶1 到 6∶1；破冰船进退和变换方向灵活，操纵性好。

（4）吃水深，可以破碎较厚的冰层。

（5）船首为折线型，使艏柱与水平线成 20°～35° 的斜角，船头可以"爬"到冰面上。

（6）水舱大，分布在船首、船尾和船腹两侧，若船被冰层困住就通过两侧水舱中水的驳运使船舶横摇压碎冰层。

（7）马力大。破冰船的装船功率并不是按照其航速来配置的，而是按照冰区规范的要求要有很大的冗余。

（二）破冰船的破冰方法

破冰船一般常用两种破冰方法，一是当冰层不超过 1.5 米厚时，多采用"连续式"破冰法，该方法主要靠螺旋桨的推力，用船头把冰层劈开撞碎，此时破冰船每小时能在冰海中航行 9.2 千米。如果冰层较厚，则采用"冲撞式"破冰法。破冰船船头冲撞部位吃水浅，会轻而易举地冲到冰面上去，依靠重力船体就会把下面厚厚的冰层压为碎块，然后破冰船倒退一段距离，再开足马力冲上前面的冰层，把船下的冰层压碎，如此反复，就开出了新的航道。用燃料油作为动力的破冰船多采用柴油机带动发动机发电，电动机驱动螺旋桨（组合机组驱动），驱动功率可达上百万瓦，可以满足较长时间破冰航行的需要。

三、 破冰船的工作形态

在相对厚的冰层内，破冰船势不可挡，那么冰到底是怎么被破的呢？

冰是水的固态形式，因密度小于水，通常会凝结于水面附近形成冰层。在两极等低温海区的海水表面均有厚厚冰层，根据凝结时间区分为当年冰和多年冰。由于其结晶分子结构特性，冰的垂向抗剪强度远小于水平抗压强度，也就是说冰层越厚，凝结年份越久，冰层结构越难以从水平方向破坏。因此，破冰船在设计时就是要想方设法从垂直方向破坏冰层结构。古往今来，破冰方式五花八门，要通过冰区航行，可谓"八仙过海各显神通"。目前主要有以下几种破冰方式。

（一）"连续式"破冰法

在较薄冰区连续航行，冰层的厚度不超过 1.5 米时，破冰船多采用"连续式"破冰法，即以船前进的冲力，由艏柱及船前段顶推挤碎冰层；破冰船主要靠螺旋桨的力量和船头把冰层劈开撞碎，这个力度一般约有 1 000 吨，不太坚固的冰层，在破冰船的压力之下马上就被压碎了。

破冰时先灌满艉压载水舱，使艏部翘起，滑上水面，然后用大型水泵把艉部压载水抽到艏压载水舱，在艏部形成大的压力，如果冰层较坚固，破冰船往往要后退一段距离，然后猛冲过去，有时需反复几次，才能把冰层冲破。遇到很厚的冰层，一下子冲不开，破冰船就开动功率很大的水泵，把艉部的水舱灌满，使船的重心后移，船头抬高，然后将船身稍向前推进，使船头搁在厚冰层上，再把艉压载水舱抽空，灌满艏压载水舱。这样，本来就很重的船头加上灌进艏压载水舱里的几百吨水的重量，即使很厚的冰层，也会被压碎。破冰船就这样慢慢地不断前进，在冰面上开出一条水道。

（二）"冲撞式"破冰法

这种破冰法适用于堆积冰、冰脊等厚冰区，需要开辟航路、救助或脱困时采用。破冰时利用艏部强结构，整船加速一次或多次冲撞，直至冰层结构碎裂。破冰船船头冲撞部位吃水浅，能轻而易举地冲到冰面上去。采用冲撞或破冰时，破冰船的航速要慢一些。

对超过 1.5 米厚的冰层，也会选用"冲撞式"破冰法，即船先后退，然后转为全速前进，撞碎冰层。调动两舷压载水舱的水，使船横摇，亦有助于破冰，有的破冰船还在艏部安装螺旋桨，协助快速倒行和破冰。

"冲撞式"破冰是几种破冰法中风险最大的，由于瞬时冲击大，除对船体结构有可能造成损伤外，也有可能造成设备和动力装置损伤从而影响航行安全。吊舱绞吸式破冰是吊舱推进技术应用后出现的一种新颖的破冰方法，该手法有效避免了结构硬冲撞，而且在理论上具有很大的破冰厚度范围，因此成为现代破冰船必备的一种破冰形式。

（三）"摇摆式"破冰法

破冰船破冰破到高潮时，被冰层卡住的情况也时有发生。据悉，欧洲的破冰船开到北冰洋，就曾因为冰层太厚，导致船升到了冰面之上，冰层并不破裂，只是往下沉陷，破冰船搁在冰上，两舷悬空，即使开足马力也不得动弹，这时就要靠酷炫的"摇摆式"破冰法了。为了使破冰船能够自己摇摆，在船中部沿着两舷设置了摇摆水舱，这水舱一方面可储藏锅炉用水和食用淡水，另一方面在舷部受损伤时，可以保护船体不至于漏水（即保证破冰船不沉）。而第三个作用就是帮助破冰船摆脱困境。当破冰船被冰夹住时，只要很快地将一舷的水舱充满，船就会侧向一边，随后又将水注入另一舷的水舱，船又侧向相反的一边。这样来回抽水，破冰船就左右摇摆，再开足马力，船就不难退出冰面了。

无论是哪种破冰方法都需要强大、持续的动力源，当破冰船深入两极时，低温对常规动力装置的效率和反应速度都有影响，这就是极为重视北极权益的美国和俄罗斯坚持发展核动力破冰船的原因。

第三节 一路行驶过来的破冰船

一部船舶发展史展示了船舶与人类文明发展的渊源，"工欲善其事，必先利其器"，破冰船以它独特的功能表现得更加多姿多彩。早在 4 000 多年前，在北极地区生存的因纽特人就开始制作加强结构的皮划艇用于碎冰区通行并延续至今，他们算是破冰船的开创者。当然，这些皮划艇只是具有一定的冰区通行能力而不能做到真正的"破冰"，当遇到连续冰层时，因纽特人会登上冰层，抬起皮划艇，然后走过去。公元 8—12 世纪，活跃在冰岛的维京人尝试了在帆船两舷加设木质外板并在船首安装金属楔板用于薄冰层破冰，公元 11 世纪进入白令海活动的斯拉夫人也继承和学习了类似破冰方法并一直沿用到 17 世纪。

早在 16 世纪，俄国的沿海地区就已经开始使用专门的破冰工具。这种破冰工具也是一种小船，靠人力或是牲畜拖到冰封的航道上，然后再往船上堆砌石头、冰块等重物，靠增加船重来压碎冰面，不过这种没有机械动力的小船破冰效果极为有限，只在冰封初期的薄冰上有些用处，而那些负责拖拽的人与牲畜，破冰时还得冒着和碎冰一块落水的风险。这种破冰工具可以说是最早的破冰船雏形了。

一、 破冰船已驶过 157 年

关于谁是世界上第一艘破冰船，一直以来都存在争议，有人认为是 1872 年在德国汉堡建造的"破冰船I"号，也有人认为是 1899 年英国为俄国建造完成的"叶尔马克"号。但船史学者们都不认可这两种说法，认为应该把这个头衔颁给"派洛特"号。

(一)"派洛特"号破冰船

准确来说，"派洛特"号是世界上第一艘改装型破冰船。俄国北部地处高纬度寒区，每年一到冬季，一些重要航道就会遭遇冰封，船运被迫停航。为了在严寒的季节依然保持运输畅通，俄国人很早就以一种原始的方法尝试航道破冰。虽然这种方法的破冰效果有限，但给了 19 世纪中后期的俄国发明家布利聂夫很大的启发。布利聂夫动手将一艘小货轮"派洛特"号改装成了专门的破冰船。"派洛特"号改装完毕后，作为世界上第一艘专业的破冰船开始在喀琅施塔得到奥兰宁鲍姆的航道上航行，成为冰封期间这条航道上的"开路先锋"，这是船舶发展史上值得纪念的时刻。之所以选择"派洛特"号做改装，不仅是因为小货轮"派洛特"号有着在当时堪称强劲的机械动力和结实厚重的钢制船体，还因为"派洛特"号在船体设计上有个独特的优势，就是它的艏部有着合适的倾斜角，让其更容易冲上冰面，而冲上冰面是破冰的关键。从世界上第一艘专业的破冰船"派洛特"号问世到

2021 年，破冰船已驶过了 157 年的岁月。

（二）世界上最大核动力破冰船——"北极"（Arktika）号

真正意义上的破冰船的出现是在人类进入工业文明时代以后，19 世纪初，在风帆与蒸汽的共同推进下给了船舶更充沛的动力，同时形成了"卵形艏"这样的破冰船专用设计思路，使木质船舶有可能航行到更深入的极地区域。挪威的"弗拉姆"号极地科考船就是兼具上述两个特点的典型代表，在挪威探险家南森公爵的指挥下，该船最北到达了北纬 85°57′，最南到达了南纬 78°41′，成为至今为止最接近两极的木质船舶。

到了 19 世纪末，高寒地区的国家都有了自己的破冰船。现在，俄罗斯拥有世界上最大的破冰船队，并且已经推出世界上最大的核动力破冰船"北极"号，它将成为最强大的双核反应堆破冰船，加入到 Rosatomflot 舰队航行于北极，用于维护国家安全和利益。这艘巨大的破冰船是斥资 19 亿美元的 22220 项目的一部分，它将能够处理近 150 吨的海水。该船由圣彼得堡波罗的海造船厂隆重推出，是俄罗斯 22220 型 "LK - 60" 级核动力破冰船的首船。

这条巨大的俄罗斯破冰船约有 585 英尺长，100 多英尺宽，并能够打破约 10 英尺厚的冰。俄罗斯联邦原子能机构负责人谢尔盖·基里延科表示，从任何意义上说，"北极"号的推出都是成功的。

"北极"号配备有两个蒸馏水器，每个蒸馏水器能够处理 70 余吨和转移 33 540 吨的水。据俄罗斯媒体报道，该船具有"可变浮力特征"，可以用来帮助其他船舶穿越冰冻的水域。"北极"号有两个 RITM - 200 核动力反应堆。据有关部门提供的信息，该级别的前两艘船已于 2019 年 12 月及 2020 年 12 月投入服务。俄罗斯联邦议会议长瓦莲京娜·马特维延科、俄罗斯原子能机构负责人谢尔盖·基里延科、俄罗斯联邦委员会成员、国家极地学院院长阿尔图尔·奇林加罗夫以及俄罗斯联合造船公司总裁阿列克谢·拉赫曼诺夫出席了船体落成仪式。

（三）芬兰破冰船技术的辉煌成就

同处高寒地区的芬兰，拥有最为丰富的破冰船设计和制造能力。

冬天的芬兰是一个被白色覆盖的梦幻般的国家。芬兰约有三分之一的国土处于北极圈内，芬兰是唯一一个在冬季时期所有港口都会结冰的国家。为了解决冬日航行的难题，芬兰人不断探索，所掌握的破冰技术一直处于世界顶端行列中。

1961年首次下水的破冰船"桑普"号（见图2-1），见证了芬兰人在北极破冰技术上取得的辉煌成就。至1988年，"桑普"号退役了，退役后的"桑普"号拥有了新的身份。它现在停泊在拉普兰地区凯米市附近的港湾里，成为对公众开放，供游人体验的破冰航行的冰上巨无霸。

图2-1　破冰船"桑普"号

"桑普"号可以轻松地打破连坦克都可以安全行驶的冰面，在冲破冰层时，它发出轰轰的巨响，威风地带领热爱冬季探险的游客们驶入海洋深处。这艘大船之所以能够轻松地将厚冰层撞碎在于它具有巨大的钢板船身，全船由超过 3 500 吨钢材打造而成，船身长达 75 米，乘客量可达 150 人。

每年的 12 月至次年的 4 月，"桑普"号都会航行在北波罗的海瑞典与芬兰之间的海域内。该钢铁巨人在冲破波的尼亚湾厚厚的冰层时会发出如雷般的巨响，即使是最老练的海员也会肃然起敬。

（四）常规动力破冰船的最新代表——"北极星"号

如果说核动力破冰船当数俄罗斯，那么当今常规动力破冰船的领军国家非芬兰莫属。芬兰常规动力破冰船最新代表作是"北极星"号，它不仅是常规动力破冰船中连续破冰的最强者，还是世界上第一艘双燃料破冰船，在常规动力破冰船领域树立起新的技术标杆。"北极星"号主要用于波罗的海海域破冰，具有船上环境舒适、破冰性能优良、设计理念先进、功能完善的鲜明特色。

芬兰设计制造的"北极星"号多功能破冰船于 2017 年 11 月 1 日正式开始服役。这是世界上第一艘液化天然气动力破冰船。芬兰的破冰船设计和建造水平在世界上处于领先水平，全球约一半现役破冰船是在芬兰设计建造的。2017 年恰逢芬兰建国 100 周年，"北极星"号为此在船头位置印上了"芬兰百年"的字样。

"北极星"号由芬兰阿克北极有限公司设计、赫尔辛基造船厂建造，船东公司是芬兰阿克蒂亚公司。从 2017 年 11 月 1 日起这艘船租借给芬兰运输局，在波罗的海执行任务。该船交付后将用于在冰区环境下支援其他船舶运营，同时还能全年进行油泄漏应对作业、紧急拖曳和救援作业等。

这艘船长 110 米，宽 24 米，配备有 5 台瓦锡兰双燃料发动机，总动力 22 兆瓦，还配备了 3 台 ABB Azipod（冰级加强型推进）装置，航速为 6 节时（1 节为每小时 1 海里，约合每小时 1.852 千米），破冰厚度为 1.2 米。与传统柴油动力破冰船相比，"北极星"号配备的是液化天然气和低硫柴油两用发动机，因而被称为世界上最环保的破冰船。

除了破冰装置，这艘船还配备了救援和回收油料装置，可以执行紧急搜救、清除海面油污等任务。芬兰气象研究所为"北极星"号提供卫星雷达观测到的即时海冰数据，有助于其选择最佳行进和破冰路线。

芬兰位于北纬 60°至 70°之间，是北欧五国之一，北界挪威，西南濒芬兰湾和波罗的海，陆疆西邻瑞典，东倚俄罗斯。芬兰国土面积 33.84 万平方千米，其中三分之一位于北极圈内，狭长的国土地貌拥有 1 100 多千米长的海岸线。

芬兰国民经济对海上运输和贸易的依赖性较强，但冬长夏短的气候特点使芬兰湾和波罗的海北部等主要港湾、航线均会受到冰封影响。因此，从建国开始芬兰就十分重视冰区航道维护和相关功能船舶的研制，1890 年，芬兰航管部订造了该国第一艘专用航道破冰船"破冰"号，并成立了芬兰国营破冰船公司，极大地改善了本国冬季冰封期间的海上航运。

1939 年，芬兰建造了世界上第一艘柴/电动力破冰船"坚毅"号，使芬兰破冰船队规模达到了 10 艘。第二次世界大战结束后根据苏芬停战协议，苏联掳走了其中 3 艘，为补充空缺，再加上正常的新旧更替，芬兰始终保持着持续的破冰船研制和建造能力，并在 1970 年全部实现了船舶柴/电动力，不仅满足了常规动力破冰船的自用和出口需要，还在 20 世纪 80 年代为苏联设计并联合建造了"泰梅尔"级核动力破冰船。

"北极星"号（见图 2-2）是一艘大型多用途双燃料常规动力破冰船，主要用于波罗的海航区。该船总体性能参数为排水量 10 800 吨，载重量为 3 000 吨，总长 110 米，宽 24 米，吃水 8 米（设计状态）/9 米（满载状态），冰级 PC-4，Icebreaker（+），航速 17 节（敞水航区），连续破冰能力为 1.8 米/4 节、1.2 米/6 节和 0.87 米/9.2 节（+20 厘米雪层），厚冰区破冰采用艉部吊舱双向绞吸式破冰，采用液化天然气为动力，自持力为 10 天，采用柴油，自持力为 20 天。"北极星"号的人员编制最少为 16 人，标准为 24 人，设计使用寿命 50 年。

图 2-2 "北极星"号出坞

"北极星"号是一艘颇具特色的新型破冰船，初步分析，主要包括以下特点：

（1）采用艉部吊舱双向破冰船型。在该船艉部设置一个具有破冰能力的推进吊舱，使破冰作业艉向迎冰时，不必回转船首即可进行绞吸破冰，在遭遇极端恶劣冰情时，这种设计进一步提高了船舶反应速度和抗冰困能力。

（2）双燃料能源装置首次在破冰船上应用。采用该种应用体现了保护极区环境的设计理念，有效降低了船舶全寿命周期污染物排放量和使用成本。据设计方估算，采用双燃料后，该船动力系统燃料效率明显提高，30 年连续运营较柴油燃料破冰船减少了 2 000 万～3 000 万欧元的燃油成本。

（3）功能多样化。基于极区实际运行经验，"北极星"号改变了以往单一的冬季运行概念，赋予了日常海事任务、油田溢油回收等新功能，为提高全年运行效能提供了更广阔的应用空间。

（4）全船取消了常规的冰情目视观察设施，如顶置观察间等，依托信息化通信手段，使用观测卫星网络、先进探冰雷达设备获取冰情气象数据，提高了冰区感知能力、简化了全船配置。

（五）世界上服役时间最长的破冰船——"叶尔马克"号

1897 年，俄海军参照"领航员"号线型向英国阿姆斯特朗·怀特沃斯船厂订造了一艘排水量为 5 000 吨的远洋破冰船"叶尔马克"号。该船采用蒸汽动力，总推力达 10 000 马力。该船一直使用到 1963 年，截至目前是世界上服役时间最长的破冰船。

此后，独特的破冰艏、浑圆的舭部几乎成了现代破冰船的识别特征，同时也开启了远洋破冰船发展的大门。

在两极不那么被关注以前，破冰船只是船舶大家族中一个很小的分支，但它们的建造技术发展一直引领着潮流。19 世纪 30 年代，破冰船是率先采用柴油机/电动机推进方式的船舶，50 年代又引领了民船核动力的潮流，直至今日，综合电推、吊舱推进等新技术也最先在破冰船上实现了实用化。

二、 破冰船的发展

第一艘极地破冰船是由俄国人设计、1899 年由英国人为俄国建造完成的"叶尔马克"号，其是用于破碎水面冰层，开辟航道，保障舰船进出冰封港口、锚地，或引导舰船在冰区航行的勤务船。破冰船作为开辟结冰水面航道的特种船舶，分为江河、湖泊、港湾或海洋四种类型。

（一）技术普遍成熟，正向高技术发展

经过 100 多年的发展，当今世界的破冰船技术已经相当完备和发达。破冰船的主要特点是船体宽（纵向短，横向宽）、船壳厚、马力大，且船体各区域设有不同的压水舱，动力多采用对称的多轴，多螺旋桨配置。破冰船的螺旋桨必须具有能长期工作、又能在较广泛的范围内调速的特点，而且当有冰块阻挡螺旋桨时，原动机就应被限制输出转矩，转速迅速降低，甚至于堵转，想要充分发挥主机的利用率并提高效率这一点只有电力推进才易做到。

为了适应极地的恶劣条件，极地破冰船的设计有不少特点。首先，为了保证船体结构的坚固，极地破冰船船首是钝圆形，船壳钢板比一般船舶要厚得多，通常使用抗撞击合金来加强，在水线等区域还需要额外加厚钢板，俄罗斯极地破冰船的船首外壳厚度超过 50 毫米。此外，破冰船船身肋骨都需要用型钢锻造，而且肋骨分布密集。

（二）北欧国家掌握着破冰船核心技术

在环北极国家中，除冰岛、丹麦外，俄罗斯、加拿大、美国、芬兰、瑞典、挪威都拥有强大的破冰船队，其中俄罗斯最

多，拥有 20 艘，含 7 艘核动力破冰船。目前也只有俄罗斯在破冰船上使用核动力。俄罗斯的 22220 型"LK-60"级核动力破冰船共建造 5 艘，每艘船都安装了 2 个核反应堆，全长 178 米，宽约 30 米，满载排水量 2.3 万吨，设计破冰厚度 2.8 米，可在北极圈内深水海域使用。

"泰梅尔"级共建造了 2 艘，全长 150.2 米，宽 29.2 米，满载排水量 2.35 万吨，设计破冰厚度 2 米以上，可持续破 2 米的厚冰。船上还装备有 1 架卡-32 直升机。在"北极"号服役之前，破冰船界的头号选手是俄罗斯的"五十年胜利"号，它从 1993 年开始建造，原本预计在第二次世界大战结束 50 周年纪念时下水，但由于资金短缺，2007 年才正式交付使用。此船全长 159 米，宽 30 米，满载排水量 2.5 万吨，动力系统包括 2 个核反应堆，设计破冰厚度为 2.8 米，如果采取连续冲撞法破冰，其破冰能力更高。引用美国海岸警卫队司令萨德·艾伦上将的说法："这艘（当时）世界上最大的破冰船可保障俄罗斯随时进入北极，开发那里的自然资源。"

许多高纬度国家都拥有破冰船，例如俄罗斯拥有多艘核动力大马力破冰船，用于开辟北极航道。

2015 年 3 月 25 日，最新一艘 21900M 型柴油动力破冰船"摩尔曼斯克"号在芬兰的赫尔辛基造船厂下水。"摩尔曼斯克"号属于 3 艘 21900M 型破冰船中的最后一艘，首艘"符拉迪沃斯托克"号已于 2014 年 4 月 29 日下水，并交付使用。

1957 年世界上第一艘核动力水面舰船——苏联破冰船"列宁"号下水，1959 年这艘超大功率的破冰船交付使用，比美国制造的第一艘核动力水面舰艇导弹巡洋舰"长滩"号早了 2 年多，被称为"红色极地巨兽"。"列宁"号服役时间，远远超过

了之前任何国家建造的破冰船。经过重建和改进后，该船拥有
2个更加先进的核反应堆，直到退役，其核燃料才被安全移除。
2009年5月俄罗斯宣布将这艘船移至历史博物馆，供游客
参观。

紧随"列宁"号之后，1975年以来，俄罗斯又建造了6艘
单船为23 500载重吨的核动力远洋破冰船。体积更大、动力更为
强劲的是"北极"号核动力破冰船，它成为世界上第一艘到达北
极点的水面舰船。"列宁"号声名鹊起后，作家江南在小说《龙
族3·黑月之潮》中也曾写到"列宁"号，书中虚构"列宁"号
在执行一次特殊任务，运送古龙的骨骼和胚胎时沉没在日本海
沟。苏联建造的"列宁"号破冰船，是世界上第一艘核动力破
冰船。

（三）中国破冰船技术迅速跟上

中国海域曾经出现过多次严重的冰情，1936年、1947年、
1969年是比较严重的三次，其中1969年的冰情最为严重。

笔者经历了1969年2—3月渤海湾出现的最大的冰封，盛冰
期比常年推迟1个月，冰期达到4个月，冰封严重时，冰外缘线
距渤海海峡仅35海里，整个渤海几乎全部被海冰覆盖，冰封状
态长达50天之久，小型冰丘堆积高达5米，123艘各型船舶被
困，7艘进水；海井2号平台被流冰推倒，损失严重。该情况引
起了国务院的高度重视，周恩来总理指示破冰，空军进行了轰炸
破冰，同时指示为海军建造破冰船。当时，上海造船厂在100天
内相继完成了"海冰722"号、"海冰721"号破冰船的建造，于
1969年12月26日下水。1970年起，国家组织力量对渤海及黄
海北部海冰冰情进行了连续调查，航测及岸边定点测量由国家海
洋局负责，海上调查由海军负责，双方配合进行。海冰调查的目

的在于获取冬季海上冰情、水文、气象资料，为防冻破冰、减灾防灾、保障舰艇冬季海上航行安全和海洋开发、支援地方经济建设，进行海冰生消规律和理化性质研究，为海上冰情预报工作提供实况依据。

三、 世界最强的十大破冰船

截至 2018 年底，全球破冰船队中，功率超过 1 万马力的破冰船有 78 艘，在建 4 艘，计划建造 13 艘，总计 95 艘。其中，俄罗斯的核动力破冰船 7 艘，常规动力科考破冰船 24 艘。作为世界头号强国，美国也拥有一支强大的破冰船队。中国除了有一艘从乌克兰购买的破冰船改建为"雪龙"号作为极地科考船以外，2019 年又自主建造了"雪龙 2"号，并已交付使用。关于"雪龙 2"号破冰船的情况将在第四章中详细介绍。破冰船模型如图 2-3 所示。

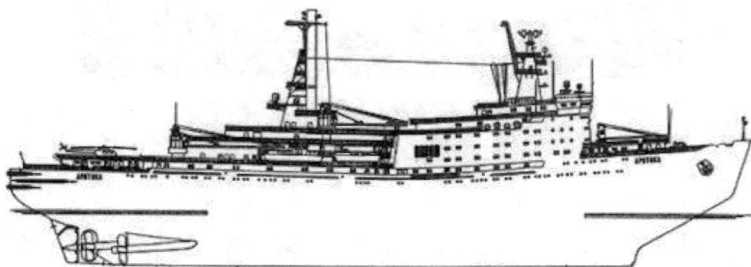

图 2-3 破冰船模型

笔者梳理了截止到 2019 年底世界最强的十大破冰船，下面分别进行介绍。

破冰船等级是根据破冰船破冰能力的强弱来分级的，不同国家的分级标准又各不相同。因为俄罗斯在破冰船的设计和建造方面拥有最悠久的历史和雄厚的技术，所以常以俄罗斯船舶登记局规定的破冰能力来分级，由高到低依次是 LL1、LL2、LL3、LL4、ULA、UL、L1、L2、L3 共 9 个级别。

（1）破冰船 1：苏联"列宁"号。

1957 年下水的苏联"列宁"号是世界第一艘核动力破冰船，其动力心脏是核反应堆，高压蒸汽推动汽轮机，带动螺旋桨推动船舶。"列宁"号（见图 2-4）主要执行北冰洋地区的考察和救援任务，除了在 1967 年靠港进行过维修外，几乎不间断地航行了 30 年。

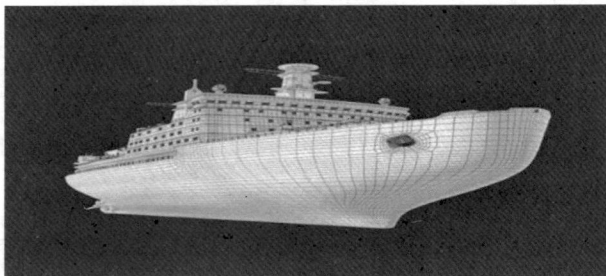

图 2-4 俄罗斯"列宁"号破冰船

（2）破冰船 2：俄罗斯"北极"号。

俄罗斯"北极"号核动力破冰船（见图 2-5），安装有 2 个核反应堆，是世界上最大的核动力破冰船。该船于 2020 年服役。该型舰船可在北极圈内深水海域使用，设计破冰厚度为 2.8 米。"北极"号破冰船的名称源自苏联时期的一艘破冰船，该船曾在 1977 年到达北极。

图 2-5　俄罗斯"北极"号核动力破冰船

（3）破冰船 3：俄罗斯"亚马尔"号。

"亚马尔"号破冰船（见图 2-6）一般常用两种破冰方法破冰，当冰层不超过 1.5 米时，多采用"连续式"破冰法，主要靠螺旋桨的力量和船头撞击把冰层劈开撞碎；如果冰层较厚，则采用"冲撞式"破冰法，破冰船船头冲撞部位吃水浅，会轻而易举地冲到冰面上去，船体就会把下面厚厚的冰层压为碎块，如此周而复始。

图 2-6　俄罗斯"亚马尔"号破冰船

（4）破冰船 4：俄罗斯"五十年胜利"号。

该船是世界上较大的核动力破冰船，于 2006 年建成下水试航，2007 年正式交付使用。"五十年胜利"号船长 159 米，宽 30 米，有船员 138 名，满载排水量 2.5 万吨，最大航速 21 节，航速为

18 节时最大破冰厚度为 2.8 米，总功率约为 55 000 千瓦，船上还载有 8 米直升机一架，用于侦察冰情和人员物资的运输（见图 2-7）。

图 2-7　俄罗斯"五十年胜利"号破冰船

（5）破冰船 5：俄罗斯"马卡罗夫元帅"号。

"马卡罗夫元帅"号破冰船长 135 米，功率大约为 4 万匹马力（见图 2-8）。2011 年 1 月，"马卡罗夫元帅"号在鄂霍次克海将一艘被困在冰层中长达 1 个月的大型鱼品加工船救出，这艘船从 2010 年底起就与其他几艘船被困在鄂霍次克海海域厚约 2 米的冰层中无法行动，不得不请求救援，而这次救援，耗费了大约 500 万美元。

图 2-8　俄罗斯"马卡罗夫元帅"号破冰船

（6）破冰船 6：美国"北极星"号。

美国"北极星"号（WAGB-10）（见图 2-9）是世界上最强的常规动力破冰船，满载排水量 1.3 万吨，隶属于美国海岸警卫队。"北极星"号破冰船共建造 2 艘，1976 年服役，全长121.6 米，装备 2 架直升机。"北极星"号能以 3 节航速连续破1.8 米厚的冰层，如果用倒行冲击法，可破开 6 米厚的冰层。

图 2-9 美国"北极星"号破冰船

（7）破冰船 7：美国"北极海"号。

"北极星"号的姊妹舰"北极海"号（WAGB-11）如图 2-10 所示。

图 2-10 美国"北极海"号破冰船

（8）破冰船 8：美国"希利"号。

美国现役最大的破冰船是"希利"号（见图 2 - 11），1997
年下水，1999 年服役。"希利"号破冰船长 128 米，宽 25 米，吃
水 9.8 米，最大航速 18 节，满载排水 16 700 吨，主要作为高纬
度科学研究平台和执行冰区护航任务。"北极星"号、"北极海"
号与"希利"号共同组成美国海岸警卫队的中型极地破冰船队。

图 2 - 11　美国"希利"号破冰船

（9）破冰船 9：中国"雪龙 2"号。

2016 年"雪龙 2"号开始建造，2018 年 9 月正式下水。2019
年 6 月 15 日，"雪龙 2"号历经 16 天的东海航行试验，按照计划
顺利完成了各项船舶性能、系统和设备功能测试。

"雪龙 2"号（见图 2 - 12）是全球第一艘采用艏艉双向破
冰技术的极地科考破冰船。它能够在 1.5 米厚冰环境中连续破
冰航行，交付使用后填补了我国在极地科考重大装备领域的
空白。

"雪龙 2"号是我国第四代极地科考破冰船。2018 年 9 月
10 日，中国首艘自主建造的极地科考破冰船"雪龙 2"号下水，
这标志着中国极地考察现场保障和支撑能力取得新的突破，开创

图 2-12 中国"雪龙 2"号破冰船

了新一代科考平台的设计研发和技术储备，在智能化、无人化、极地科考、海洋科考空间站等方面具备了较强的研究和探索能力。从立项到交付，"雪龙 2"号的建造工程历经 10 年，其科考与破冰能力均跻身世界最先进的极地科考船之列，是名副其实的"探极神器"。

2020 年 4 月 23 日，"雪龙 2"号和"雪龙"号完成了中国第 36 次南极科学考察，回到上海母港，这标志着中国第 36 次南极科学考察首次"双龙探极"圆满完成。"雪龙 2"号性能参数，如表 2-3 所示。

表 2-3 "雪龙 2"号性能参数

技术性能	参考数据	技术性能	参考数据
船长	122.5 米	航速	12～15 节
船宽	22.3 米	续航力	20 000 海里
吃水	7.85 米	自持力	60 天
排水量	13 990 吨	载员	90 人

（10）破冰船 10：俄罗斯"绍卡利斯基院士"号

1998 年经改造后，"绍卡利斯基院士"号（见图 2‑13）开始展开极地研究工作，该船属于俄罗斯远东水文气象研究所，2011 年曾从俄罗斯出发到达东南极洲。

图 2‑13　俄罗斯"绍卡利斯基院士"号破冰船

第四节　极地破冰船发展现状与趋势

自俄国 1864 年建造了"派洛特"号以来，破冰船历经 157 年的发展，在设计技术上不断改进。1959 年，苏联设计建造了第一艘核动力破冰船，将破冰船技术推向了一个新的高度。纵观近年来破冰船的发展，其技术特点主要体现在船体结构、新型材料、抗冰涂料、推进系统及辅助破冰系统等方面。

一、 极地破冰船的发展现状

世界上拥有极地破冰船技术的国家包括俄罗斯、加拿大、芬兰、美国、中国等 16 个国家，这些国家主要位于极地附近的区域。截至 2017 年，世界上主要国家在役极地破冰船共有约 74 艘，环北极国家共拥有极地破冰船 64 艘，占全世界在役极地破冰船总数的 86%，其余国家仅占约 14%。

（一）俄罗斯是全世界拥有极地破冰船数量最多的国家

在全世界 74 艘极地破冰船中，俄罗斯拥有 37 艘，占比为 50%，是全世界拥有极地破冰船最多的国家，也是世界上唯一拥有核动力极地破冰船的国家。目前，俄罗斯在役的 37 艘极地破冰船中，包括重型 4 艘，中型 17 艘，轻型 16 艘，其中常规动力破冰船 33 艘，核动力破冰船 4 艘。俄罗斯不仅拥有世界上近一半的破冰船，同时它的破冰船建造技术也处于世界领先地位。在俄罗斯拥有的极地破冰船中，重型破冰船拥有核动力装置；俄罗斯也是世界上唯一一个拥有此项技术的国家。

（二）欧美发达国家拥有强大的极地破冰船船队

美国曾拥有仅次于俄罗斯的极地破冰船船队，包括"北极星"号、"北极海"号、"希利"号、"帕尔默"号和"艾维克"号 5 艘极地破冰船。其中，"北极星"号更是全球破冰能力最强的常规动力破冰船之一，其最大破冰厚度达 6 米。然而美国在近 25 年并没有建造新的破冰船，如今随着旧破冰船的退役，即便加上超期服役的"北极星"号也仅有 4 艘，而该破冰船也即将面临退役或者进行改装翻新。

加拿大、瑞典、芬兰、丹麦近年也加大了对极地破冰船的建造力度。目前，拥有极地破冰船的国家中，加拿大有 6 艘，瑞典有 6 艘，芬兰有 6 艘，丹麦有 4 艘，合计拥有极地破冰船 22 艘，约占世界在役极地破冰船的 30%。这四国不仅拥有规模不小的极地破冰船队，而且均拥有自己的极地破冰船建造技术，芬兰更是拥有世界一流的破冰船建造技术，承担了大量其他国家破冰船的建造任务。

此外，挪威、中国、澳大利亚、日本、德国、爱沙尼亚、智利、韩国、南非、拉脱维亚等国共拥有在役极地破冰船 11 艘，合计不到世界在役破冰船的六分之一，其中爱沙尼亚拥有的 2 艘极地破冰船，均是从芬兰海事局购买的退役破冰船，经维修改造后再使用。除此之外，其他国家均只有 1 艘极地破冰船。

二、 破冰技术发展趋势

从传统的单一功能型破冰船到如今的核动力、多功能型破冰船，无论是在破冰性能还是其他功能上，破冰船的发展都显而易见。近几十年来，破冰船技术在多个领域发展得很快，从目前的发展趋势来看，破冰船的技术发展方向主要在船体设计、船体结构、船体材料、推进系统、辅助破冰能力等领域。

（一）船体设计

船体设计的改进主要是为了适应恶劣的海冰环境，同时拥有更强大的破冰能力。随着造船材料的不断创新，高强度、耐低温的新型钢材被广泛运用，对于破冰船功能的提高有一定的帮助。例如双向破冰，近年来极地破冰船技术领域中最具创新性的理念要属双向破冰设计。该设计使破冰船在前进时具有标准的适航特征，可以保持良好的航速，适合连续破冰作业，而在反向行驶时，又具有适合反复冲压破冰作业的船尾形态。这种设计赋予了受困破冰船从冰层脱困的能力，同时也大大提高了其破冰效率，在未来破冰船的设计建造中有着更好的发展前景。

破冰船在上百年的发展过程中，为了能适应更加恶劣的海冰环境，具有更强的破冰能力、更大的体积与排水量，一直是极地破冰船船体设计的追求目标，未来仍将是其在船体结构方面的主要发展趋势。同时，随着新型造船材料的不断涌现，高强度、高韧性、耐腐蚀和耐低温的新型钢材或其他复合型材料将会被广泛使用。

（二）船体结构

破冰船在主尺度、型线、舷侧结构等方面的技术设计日趋完善。在主尺度方面，随着推进能力的提升，现阶段破冰船在排水量设计上不断增大，从而能够更好地进行破冰作业；其次，破冰船长宽比更加优化，其比值通常保持在 3.5～5 之间，这样能够更好地提升破冰航行时的稳性，并且便于开辟更宽的航路。

型线方面，传统破冰船在设计上主要采用楔形艏，后来逐渐发展为怀特凹形艏，近年来又发展为梅尔维尔艏、绞刀型勺型艏、脊型半勺型艏等。

舷侧结构方面，为了更好地兼顾执行任务和破冰航行，近年来俄罗斯发展了新型非对称舷侧的侧向破冰船，该船除破冰航行外还能够利用其舷侧结构实现溢油回收等作业。

（三）船体材料

断裂韧度是表征材料抗低温能力的重要指标，也是影响船体在冰区作业能力的重要因素。此外，船体材料的摩擦系数及防腐特性对于破冰船设计寿命也有巨大影响。随着材料科学的不断进步，破冰船船体材料更多使用了特殊低温高性能钢材，并在艏艉、舷侧水线的位置进行了额外加厚及特殊处理。

抗冰涂料可有效避免壳体涂料由于寒冷的环境而受损，从而加强对破冰船的保护能力。破冰船通常在水线上下的船壳上使用特殊的抗冰漆，这样，在保护船体结构的同时还有效减少了壳体与浮冰之间的摩擦，避免破冰船被浮冰卡住。

（四）推进系统

破冰船在动力方面从蒸汽动力发展为柴电动力，俄罗斯先进的破冰船更是采用了核动力驱动。传动方式上，由传统的机械式传动演变为电气传动，从而避免了由于螺旋桨击打碎冰而发生的机械损伤。此外，俄罗斯多数破冰船均采用了辅助推进系统，利用全向吊舱技术，不但能够帮助破冰船获得更强的推进动力，还可以在二次结冰船体受困的情况下使船体进行横摇，实现舷侧碎冰作业。俄罗斯最先进的破冰船更是能够利用全向吊舱系统，配合艉型线设计，实现反向破冰作业。

推进装置的设置是促进破冰船动力提升的因素之一，目前破冰船新型推进装置主要有全向调舱系统，可以实现360°的全向推进，在辅助装置的配合下，可以实现船舶的动态定位。双向破冰设计是极地破冰船技术领域中最具创新性的概念，很大程度上可以提高船舶的破冰效率，实现连续破冰作业，在未来破冰船的设计中有很好的发展前景。

（五）辅助破冰能力

辅助破冰能力是为了提高极地破冰船的破冰能力而研发的辅助系统，目前这些先进系统只存在于较为高级的破冰船上，大多数的破冰船还没有配备这些系统。因此，今后需要进行船体加热系统、快速侧倾系统的研发，促进新型辅助系统的发展。

随着破冰技术的发展，更多的破冰船配备了喷水系统、气泡发生系统、快速倾侧系统、船体加热系统及舷侧绞刀系统。其中喷水系统和气泡发生系统用于清理船身周围的碎冰，同时利用水或空气形成物理隔离，避免船身被碎冰划伤；快速倾侧系统用于冰密条件下或冰面较厚时，利用船体的摇摆加强自身破冰能力；

船体加热系统用于对低温船体进行加热，从而提高船体韧度，避免碎冰二次冻结；舷侧绞刀系统则用于提高破冰效率，同时拓宽破冰航路。

三、 发展中的美俄极地破冰船技术

美国和俄罗斯作为世界上两个主要拥有极地破冰船的国家，其破冰船发展特点很大程度上代表着全球发展趋势。结合美俄近年来极地战略转变及极地破冰船技术的发展，未来极地破冰船已不仅仅是极地航路开辟、科学考察、资源开采的必要装备，而且也将更多地扮演极地军事扩张的重要抓手。

纵观近年来美俄极地破冰船的技术发展，以下特点明显：核动力技术优势显著、破冰船开始配备武器、破冰船建造中开始广泛使用模块化技术。

(一) 核动力技术

核动力技术优势显著，将成为未来发展的必然趋势。迄今为止，俄罗斯在核动力破冰船技术上遥遥领先，是世界上唯一拥有核动力破冰船的国家，发展有四代核动力破冰船，其中包括第一代核动力破冰船"列宁"号，第二代核动力破冰船"泰梅尔"级，第三代也是目前建成最新一代的核动力破冰船"LK-60"级，以及已经开始研发工作的第四代核动力破冰船"领袖"级。

由于破冰航行对船舶推进能力要求较高，核动力推进系统以其强劲的推进功率具有巨大优势。极地港口相对较少，燃料补给较为困难，核动力破冰船不必进行频繁的燃料补给，且节约了储备燃料所需的空间，便于配置更多的科考及作业装备。经济性方面，美国海军研究表明，核动力破冰船全寿命周期费用与常规动力破冰船基本相当，因此在其极地战略规划中也提及了核动力破冰船的相关计划。可见，核动力技术在破冰船领域的应用已成为未来发展的必然趋势。

（二）配备武器系统

破冰船开始配备武器，其功能走向军用化，俄罗斯最新建造或设计的极地破冰船均配备了先进的武器系统，如 23550 型"伊万·帕帕宁"号破冰船搭载了 1 门 AK－176MA 型单管 76 毫米口径舰炮，8 枚"NK"反舰导弹，可安装专为北极作战研制的"道尔-M2DT"防空导弹，且预留了集装箱式巡航导弹的安装阵位，甚至还计划加装功率为 30 千瓦～200 千瓦的高能激光器，从而反制空中优势和导弹攻击。美国则计划在新建的 6 艘极地破冰船上安装机枪、舰炮和导弹等武器装备。这标志着未来破冰船已不仅仅是用于破冰护航的民用船只，而且还是极地作战、资源争夺、战略部署的重要装备。

（三）模块化技术

破冰船建造中开始广泛使用模块化技术。俄罗斯"领袖"级破冰船作为世界最新型破冰船，其技术发展极具代表性，它采纳了"开放船尾"的新理念，将破冰船视作海上平台而并非传统意义上的专业化作业船。"领袖"级船尾是自由舱，可依据任务需要搭载不同的作业模块，其中包括反潜装置、导弹、火炮以及无线电或潜水设备等特种集装箱模块，以快速完成多种功能之间的转换。

俄罗斯拥有世界上规模最大的极地破冰船队，还在不断进行破冰船技术、装备和基础设施的升级改造，以进一步提高破冰船的各种能力。

完成第三代"LK‐60"级核动力破冰船设计研发后，2017年，俄罗斯克雷洛夫国家科学中心开始设计研发第四代核动力破冰船——（10510型）"领袖"级破冰船（见图2‐14）。该级船将超越第三代"LK‐60"级破冰船，成为世界上最大的核动力破冰船。该船长209米，宽47.7米，配备2个315兆瓦的RITM‐400反应堆，航速24节，破冰厚度近4.5米，各项参数与"LK‐60"级破冰船相比均有较大提升，预计将在2030年前建造3艘。

图2‐14　俄罗斯10510型"领袖"级核动力破冰船

"冰雪"级柴电动力破冰船已开始建造。俄罗斯于2017年4月在圣彼得堡海军上将造船厂开始了"冰雪"级（23550型）首船"伊万·帕帕宁"号破冰船的龙骨铺设，于2020年交付使用。该级船设计排水量近7000吨，全长110米，宽20米，吃水6米，最大航速16节，自持力长达60天，定位为破冰巡逻舰，计划建造2艘。

2017年6月16日，俄罗斯第三代核动力破冰船"LK‐60"级（22220型）首船"北极"号（见图2‐15）在圣彼得堡波罗的海造船厂正式下水。同年9月22日，2号船"西伯利亚"号也完成下水。与此同时，3号船"乌拉尔"号正在建造中。"LK‐

60"级核动力破冰船是目前全球最大、功率最强的破冰船，船长178米，宽约30米，排水量高达2.3万吨，标志着俄罗斯为北极开发取得重大技术突破。目前"北极"号已于2020年交付使用。

图2-15　俄罗斯（22220型）"北极"号破冰船

与此同时，目前美国仅有的1艘可以在北极长期航行的极地破冰船"北极星"号即将退役。原计划中也仅建造1艘极地破冰船，与美国北极战略发展严重不符，不过美国已经逐渐意识到极地破冰船的重要性，意欲加强极地能力建设。2017年10月，美国战略预算与评估中心发布了名为《保卫前线：美国极地海洋行动的挑战与解决方案》的长篇报告，指出美国对于极地地区的实力部署很大程度上依赖于冷战时期建立的平台和基础设施，近年来能力建设较少，相关技术和基础设施已经大幅度落后，在北极地区与俄罗斯等大国的竞争中面临着巨大压力。因此，美国海岸警卫队表示，新（极地）破冰船一定要在美国本土建造，借此加强基础设施建设，芬兰很有可能将向其提供技术转让和专业培训。

美国计划建造6艘（极地）破冰船，配备舰炮、导弹等武器装备。近年来，美国逐渐认识到极地能力建设的重要性，确立了包括加强北极行动和演习、提高海事领域意识、确保美国海岸警卫队军事能力、地面和空中相关平台基础设施建设等一系列极地战略任务，北极成了美国海洋战略研究的重点领域。2017 年，美国海岸警卫队决定在未来 10 年内建造 3 艘重型（极地）破冰船和 3 艘中型（极地）破冰船以弥补其破冰船队数量的不足，同时希望为这 6 艘破冰船配备机枪舰炮，甚至配备长距离反舰导弹和巡航导弹，以适应新时期的极地竞争。

第三章
极地航道上的旗舰：科学考察船

第一节 引子

认知海洋是进行海上资源开发、发展海洋经济、保护海洋生态环境、维护国家海洋权益的基础，是推进走向海洋强国战略顺利实施的前提。海洋科学考察船是人类认知海洋的重要工具之一，尤其是对中远海域以及极地的科考发挥着不可替代的作用。因此，一个国家的科学考察船的发展以及运行使用管理水平，体现出一个国家对海洋的认知程度。

科学考察船（以下简称"科考船"），特指执行对某特定海区的水文、气象、物理、化学、地质、声学、地球物理、断面等进行大面积调查，以及进行连续观测和辅助观测等特殊任务的船舶。

1872年12月，英国海军"挑战者"号开展的历时三年零五个月的大洋调查作为人类历史上首次综合性的海洋科学考察，为日后英国崛起奠定了根基。历经一个多世纪的发展，海洋调查作为一项专门的研究手段，正逐步形成自己的体系。

第二次世界大战之后，由战争走向和平，美国的战列舰进入了匹兹堡钢铁厂成了制作福特汽车的材料，世界进入相对稳定的时期，美国人集中力量率先开发海洋。当初使用的海洋调查船也只是利用其他旧船改装而成的，20世纪50年代末期开始出现专门设计建造的海洋调查船，为美国成为经济强国、海洋强国迈出坚实的一步。

2019年10月15日，中国"雪龙2"号从深圳蛇口邮轮母港2号码头出发，首先前往南极中山站，随后开展南大洋综合考察和长城站考察，与"雪龙"号一并开始极地考察，形成"双龙"阵势。不久，这种"双龙"极地科学考察活动成为常态。"雪龙2"号的投入使用标志着中国极地考察现场保障和支撑能力取得新的突破。

当今海洋科考船正处于更新换代的重要历史时期，开创新一代科考平台的设计研发和技术储备，在智能化、无人化、极地科考、海洋科考空间站等方面加强研究和探索成为有关国家的一项重要战略任务。

第二节　科考船的前世今生

在16世纪，世界上的"超级大国"不是美国，也不是后来殖民地遍布全球、号称"日不落"的大英帝国，而是西班牙。自从哥伦布远渡重洋发现美洲新大陆后，西班牙殖民主义者首先征服了墨西哥和秘鲁，使美洲的金、银矿等贵重金属源源不断地涌进西班牙的金库，接着西班牙殖民主义者肆无忌惮地横扫美洲大陆，很快便成为欧洲最强大的国家，一代海洋霸主。

最先从地中海冲入大洋的是南欧的葡萄牙人和西班牙人。哥伦布发现美洲大陆后，葡萄牙和西班牙先后踏上了征服美洲的道路，当时的南美洲基本上都是西班牙的殖民地，包括整个墨西哥加上今天的美国南部都是西班牙的海外殖民地。因此如今在南美洲国家中，除了巴西讲葡萄牙语外，其他国家基本上都讲西班牙语。

哥伦布对新大陆的发现是大航海时代的开端。15—18世纪史称大航海时代，新航路的开辟，它是地理学发展史上的重大事件。1492年，哥伦布开辟了跨越大西洋的新航路，为欧洲殖民者侵入美洲打开了方便之门，开始了持续数百年的殖民统治、殖民掠夺、殖民扩张、殖民侵略、奴役和屠杀，而夺得的财宝源源不断地流入欧洲转化为资本。1545—1560年间，西班牙海军从海外运回的黄金即达5 500千克，白银达24.6万千克，到16世纪末，世界贵重金属开采中的83%为西班牙所有。为了保障其海上交通线和海外的利益，西班牙建立了一支拥有100多艘战舰、3 000余门大炮、数以万计士兵的强大海上舰队，最盛时舰队有千余艘舰船。这支舰队横行于地中海和大西洋，骄傲地自称为"无敌舰队"。

这些变化必然要打乱旧世界的经济秩序。欧洲人把握住了大航海时代的到来这一历史机遇，开展了一场有实效的"军事锦标赛"。欧洲的西班牙、葡萄牙、英国、法国、德国、意大利、荷兰、奥匈帝国等国大力发展海军，进行海上军事角逐，并在之后的几个世纪中，成就海上霸业，一种全新的工业文明成为世界经济发展的主流。

一、 一场影响世界海洋霸主换位的海战

欧洲各海洋强国豪情壮志、摩拳擦掌地进入军事"锦标赛"的赛场。激烈的竞争促使欧洲军事力量以惊人的速度迅速增长，并使各国在火药、造船、航海技术、天文气象、海洋考察、水文地质测绘和其他军事技术方面取得了长足的进步，推动了社会的

发展。在这场"锦标赛"中，面对西班牙、葡萄牙强大的海上力量，英国人表现出咄咄逼人的态势。英国是一个岛国，特殊的地理位置使英国人很早以来就把海洋看成是上帝对他们的恩赐，同时也是对他们的一种威胁。那时英国的资本主义处于萌芽状态，工商业的发展，带动了航海业的发展，促进了海外贸易和殖民活动，英国很快成为世界海上商路的中心，经济的迅速发展，为英国向海外扩张打下了坚实的基础。到了英国女王伊丽莎白一世统治时期，英国的资本主义得到更进一步的发展，新兴的资产阶级迫切要求向海外扩张，特别是争夺海外的贸易权，再加之舰船制造和航海技术的革新，更加膨胀了英国夺取殖民地的勃勃野心，而西班牙对海洋和殖民地的独占却阻碍了英国对外扩张的道路。英国女王伊丽莎白为打击西班牙的西欧霸主地位，竟然纵容和支持英国海盗袭击西班牙的海上商船和海外殖民地。1577—1580年，英国著名的海洋大盗德雷克在其第一次环球航行中，竟然把西班牙殖民者存放在南美洲沿岸各港口堆积如山的金银财宝抢劫一空。西班牙政府闻讯后，强烈要求英国女王对德雷克处以海盗罪，可是伊丽莎白不但没有照此办理，反而册封德雷克为爵士，伊丽莎白的这一做法大大激怒了腓力二世，从而加深了英西两国之间早已存在的矛盾。

（一）大海战之前英国的准备

随着新航路的开辟，世界商路从地中海沿岸转移到大西洋沿岸，英国正处在大西洋航运的中心线上，依托该优势，英国的对外贸易大大发展，这一时期正值英国从封建主义向资本主义过渡时期。同时，英国展开了圈地运动、文艺复兴运动和宗教改革运动，尤其是圈地运动这一英国独有的社会现象，有力地促进了资本主义的发展。在十四五世纪农奴制解体过程中，英国新兴的资产阶级和新贵族通过暴力把农民从土地上赶走，强占农民份地及公有地，剥夺农民的土地使用权和所有权，限制或取消原有的共同耕地权和畜牧权，把强占的土地圈起来，变成私有的大牧场、大农场，这就是英国历史上的圈地运动。经过圈地，大大地加速了英国资本主义的原始积累进程。资本主义经济发展起来后，英国新兴的资产阶级和商人迫切地需要海外市场，为此英国需要建立一支比任何其他大西洋沿岸国家更加先进和更加强大的海军。

亨利国王在建造舰船的同时还研制了大型船用前装炮，取代了那些安装在舷墙和船楼里用来消灭或击退登上甲板的敌人的小型滑轨炮。在实战中这种火炮显示了巨大的威力，它不仅能杀死敌军，而且能摧毁敌舰，于是出现了一种新的海战方式，即"远距离作战"。随着舷侧火炮的采用，亨利国王决定把作战舰队从商船队中分离出来。英国人在设计战舰方面，当时走在所有国家的前面，但是在以后的一段时期里，其海军的发展很慢，伊丽莎白在位时已陷入停顿状态，直到英国面临西班牙袭击威胁时，伊丽莎白才不得不继续亨利所做的重新武装海军的工作，她反省道："要重新建设自己曾一度忽视的海军。"

这个时期，世界正处于第一次工业革命的早期阶段，英国无论是工业、经济、金融、贸易还是文化都非常发达，形成了有一定完整的工业体系的雏形。先进的科技、发达的工业、雄厚的财力以及来自世界各地的丰富资源为英国的强大提供了支撑。那时，英国的资本主义处于萌芽状态，轻工业的发展迫使它急于寻找海外商业市场，舰船制造和航海技术的革新更加膨胀了英国夺取殖民地的野心。自16世纪中叶起，英国资本主义得到了极大发展，其走私生意扩展到西班牙殖民地，不仅如此，为了攫取更大的利益，英国对西班牙货船以及殖民据点进行袭击劫掠。

（二）西班牙保卫自己的海上霸权

对于西班牙来说，绝对不允许其他国家分占它来自殖民地的利益。英国的海上抢劫以及对美洲的掠夺严重威胁着西班牙对殖民地的垄断地位，引起西班牙国王腓力二世的仇视。为了争夺海上霸权，西班牙和英国于1588年8月在英吉利海峡进行了一场举世瞩目、激烈壮观的大海战。

1588年5月底，腓力二世派出一支庞大的舰队从里斯本出海远征英国，这支舰队号称为"最幸运的无敌舰队"。西班牙国王对于这场战役的准备，以及其舰队规模之大可以说是前无古人的。舰队拥有134艘舰船，总载重吨57 868吨，装有2 431门火炮，舰队有船员8 766名，摇桨奴隶2 088名，还有21 855名士兵及300名教士。舰队中的巨型战舰如楼宇一样高耸于水面，外表巍峨壮观，但实际上体大笨重，航行迟缓，直到7月21日才驶进英吉利海峡。西班牙舰队中的大帆船如图3-1所示。

图3-1　西班牙舰队中的大帆船

（三）以英国舰队的胜利书写的世界海战历史

同西班牙的"无敌舰队"相比，英国舰队的准备略显不足，在把王室、各类船主、商人以及海盗的所有舰船集中起来之后，英国舰队共约有 140 艘舰船，但在大型战舰的数量和总吨位方面均逊于"无敌舰队"。然而同西班牙舰队相反，英国舰队的舰船小而狭长，去掉了船楼结构，加强了舰炮火力，具备快速轻便、长于攻击的特点。整个英国舰队共有作战人员 9 000 人，全部都是水兵，更为重要的是英国舰队拥有一位称职的司令——海军上将霍华德，出身于海盗的著名海军将领霍金斯和德雷克则担任舰队的副司令。

伊丽莎白女王对前线的视察极大地鼓舞了英军官兵，前线的将士士气大振，决心与"无敌舰队"一决高低。7 月 22 日，两国舰队开始接触，西班牙"无敌舰队"为发挥自己舰载步兵的作用，力图直面迎击英国舰队，展开短兵相接的搏斗。而英国舰队则发挥自己快速灵活，火力凶猛的特点，避免同西班牙舰队正面交锋，主要是在英吉利海峡的航路上跟踪西班牙舰队，用小规模的舰队发动袭击，双方虽未发生大的战斗，但西班牙的舰队却受到很大的损失。经过艰苦的航行和战斗，"无敌舰队"终于闯入多佛尔海峡，准备按原定计划与驻扎在尼德兰南部由帕尔马公爵率领的西班牙军队会师，然后将其运过多佛尔海峡，在英国登陆作战，但由于尼德兰海面已被英国舰队封锁，这一计划未能实现。7 月 29 日黎明，西班牙与英国两国舰队在加来和敦刻尔克之间的格雪夫兰斯附近海面展开了激战。英国舰队采取准确的远距离炮战，使射击技术低劣、主要依靠接舷肉搏战的西班牙"无敌舰队"丧失了还手的能力，战至该日下午，西军统帅西顿尼亚不得不率"无敌舰队"向佛兰德斯沿岸败退。英国舰队则乘胜追击，直到舰上弹药射尽后方才停止追击，调头返航。

在格雪夫兰斯海战中被打得焦头烂额的"无敌舰队"祸不单行，在 8 月初又遇上了暴风的袭击。不少舰船没顶于风流之中，还有一部分被风暴刮散，有的甚至漂流到挪威的海岸。西顿尼亚因舰队损失巨大，又见天气恶劣，不敢再战，于是率领残兵败将驶向北海，绕行苏格兰和爱尔兰折返西班牙。当 1588 年 10 月西顿尼亚率残部回到西班牙时，仅剩舰船 53 艘，葬身鱼腹者15 000 多人，"无敌舰队"几乎全军覆没。原先两军相比，众寡悬殊，西班牙明显占据绝对优势，但是出人意料的是这场海战的结局以西班牙惨遭毁灭性的失败而告终，"无敌舰队"几乎全军覆没。从此以后西班牙急剧衰落，其"海上霸主"的地位被英国取而代之。

17 世纪初期英国开始强盛，不断地向海外开拓殖民地，当时英国的力量相对薄弱，因此只能采用海盗方式拦抢西班牙运送货物的船只，骚扰西班牙的美洲殖民地。当时，英国与老霸主西班牙的矛盾愈演愈烈，海战的获胜者以本国命运做赌注，在海上制止了强大的敌国的侵略，对历史的转折起到了极大的作用。

整个风帆时代的海上战争，可以说都是规模宏大的，但是有一点不同的是，无论哪场战争，战争的结果完全由一方获得压倒性优势的却不多，充其量只是给对方造成巨大的损失，那个时候谁也没有那么多军舰去彻底击败对方。还需要说明的一点就是风帆时代，也就是 1650 年前后，世界上实力最强大的海军仍然是西班牙海军，但是这种实力已经无法进行横向的比较。1588 年夏天英国舰队大败西班牙"无敌舰队"的那次海战，与公元前480 年萨拉米斯海战、1805 年特拉法尔加海战，以及 1916 年日德兰海战一同被史学家称为世界历史上著名的四大海战。

　　英国人大败西班牙的这次海战，在世界海军发展史上具有划时代的意义，它是历史上首次风帆战舰之间的较量。在这之前虽然也有一些小型的帆船战斗，但它们没有提供足够的经验以作为经典战略战术的基础（但为现代海军的发展打下了基础）。风帆时代的海战史始于1652—1674年的英荷战争，这场战争是现代海军力量壮大的起点，标志着现代海军第一次走上历史舞台成为一种强大的威慑力量，使海权的性质、海军的组建、船舶设计、海军基地、武器和战术等诸方面得到了发展。现在我们知道，欧洲的海军征服了世界，那是因为工业化为欧洲称霸铺平了道路。工业革命始于欧洲，为欧洲人提供了从连发来复枪到蒸汽动力海军炮舰等武器装备，确保了他们的军事霸权。西班牙与英国海战情景如图3-2所示。

图3-2　西班牙与英国海战图

　　西班牙舰队的失败，像是一则耳语把帝国的秘密送入英国人的耳中，在那个商业时代，赢得海洋要比赢得陆地更为有利，只要控制了海洋，照样可以赢得和守住巨大的海外领土，谁首先掌握了科学技术，谁就赢得了胜利的主动权。战争胜负是军事力量较量的结果，核心是科技力量的较量。

"无敌舰队"的惨败标志着西班牙走向衰落，而英国人则乘胜去发展商业、进行探险和开拓殖民地方面的新冒险，英国进入了伊丽莎白时代。在1588年英国人击败西班牙"无敌舰队"的时候，英国全国的海军兵力不足1.6万人，但是到了1650年，英国海军人数就达到了33万之多。此后，英国人满怀必胜的信心和对海权的强烈渴求，走上了殖民扩张的道路。至17世纪上半叶，以海军为后盾的英国不断扩大海外贸易规模，积极向印度和美洲渗透，基本确立了其欧洲强国的地位和英帝国的雏形。

19世纪英国经济学家史丹莱·杰温斯曾这样形容当时的英国国际地位："北美和俄罗斯大平原是我们的谷物种植园；芝加哥和敖德萨是我们的粮仓；加拿大和波罗的海沿岸是我们的森林；在澳大利亚和新西兰放牧着我们的羊群；在阿根廷和北美的西部大草原则放养着我们的牛群；秘鲁运给我们白银；黄金则从南美和澳大利亚流入伦敦；中国为我们种植茶叶，而印度则把咖啡、茶叶和香料运到我们的海岸；西班牙和法国是我们的葡萄园；地中海沿岸各国是我们的果园；我们的棉田长期以来分布在美国南方，而现在差不多扩展到地球上各个热带地区了。"

自英国崛起后，全世界只有22个国家没有被英国"欺负"过，英国海军称霸世界海洋长达300年。

二、 西班牙出现"断崖式"下跌

西班牙为何出现"断崖式"下跌呢？大致有3个方面的原因：放弃了制造业和工商业贸易、放弃了对海军装备的建设、放弃了对海洋气象科学技术的研究。

西班牙有着不同的多元文化的起源背景。多少个世纪以来，外来文化逐渐在伊比利亚半岛扎根，并形成了独有的风格，其历史遗产由于文化的多样性和相互交融变得更加丰富多彩。西班牙的文化与艺术史充分展现了西班牙民族非凡的创造力及其在世界上享有的重要地位。

（一）放弃了制造业和工商业贸易

到 1588 年为止，西班牙人已经在政治、军事和文化领域享受了一个世纪的辉煌，其文学、音乐、舞蹈、绘画、建筑等进入繁荣发展期。那时的西班牙贵族、上层社会都沉浸在一片太平盛世、歌舞升平的环境中。那些曾建功显赫的舰船大多都按照废物处理，有的进了博物馆，讲解员会指着它们向游客喋喋不休地介绍哥伦布航行到达美洲大陆的光辉史。此时，西班牙人犯了一个致命错误，没有积极有效地参与欧洲的军事"锦标赛"，忽略了对海军的发展，海军装备建设依然停留在中世纪中期的冷兵器时代，而英国已触摸到工业革命早期的脉搏。在这场军事"锦标赛"中，英国、法国、荷兰的海军都有了长足发展，而西班牙无动于衷，依然躺在他"海上霸主"的安乐椅上做着黄粱美梦。

西班牙的强盛只是表面上暂时的虚假繁荣。西班牙国王腓力二世加强专制统治，搜刮民财，连年征战，专横残忍，挥霍无度，激起了广大人民的愤恨，国内危机四伏，这次与英国的战争根本是不得民心的。

西班牙从美洲获取了大量的真金白银，全球大半的贵金属开采权属于西班牙，但是这批金银并没能完成发展资本主义所需的资本原始积累，整个国家的体制没有因为贵金属的流入而发生任何推进，未能向资本主义国家方向发展，侵夺得到的财富完全流入了君主和贵族们的手中。西班牙从海外搜刮贵金属的行为，仅仅是资金的积累。而这种仍停留在封建经济积累模式的状况，导致的后果之一就是宫廷奢华成风、骄奢淫逸、纸醉金迷。

西班牙彻底放弃了工商业的发展，工商业日益萧条——有金子银子，缺什么就直接买了，何必造呢！于是，财富的增加不仅没能给西班牙带来任何真正的益处，大量的黄金白银反而腐化了它的王室，摧毁了它的产业，彻底地动摇了这个帝国的根基。因为执政者理念错位，16世纪时在大海上称霸蓝色疆土，在陆地上也有训练有素的方阵军队主宰战场的西班牙只有通过和德意志银行集团的合作以及从美洲掠夺的贵金属，才使得西班牙帝国的财政得以维持。天真烂漫的西班牙人把自己有限的国家资源投入到了无穷无尽的国际水泥坑当中，以至于不能自拔。

（二）放弃了对海军装备的建设

17世纪的西班牙变成了一股强大的守旧势力，其用来愚民的教权主义、腐败的官僚作风以及日渐衰败的经济，与荷兰共和国精简的政府机构、充满活力的经济、宽容的宗教形成了鲜明的对比。政府的财政窘境和日渐增多的税收压力，给西班牙带来了严重的困难，通货膨胀严重打击了西班牙的经济。这个曾经率先发现大西洋世界的国家逐渐撤回到地中海地区。经济停滞可能是西班牙贵族蔑视贸易导致的。委拉斯开兹的油画表现了西班牙宫廷的忧郁气质，而塞万提斯的小说《堂吉诃德》让西班牙的骑士精神显得可笑。

2017年的夏天，笔者游学西班牙，在马德里西班牙广场望着堂吉诃德的雕像（见图3-3），颇为感慨。《堂吉诃德》是西班牙作家塞万提斯的反骑士小说，是欧洲最早的长篇现实主义小说之一，享有盛名，使西班牙文学在文艺复兴时期达到了巅峰。小说表现了堂吉诃德的游侠冒险，描绘了 16 世纪末 17 世纪初西班牙社会广阔的生活画面。堂吉诃德是一位 50 多岁的穷乡绅，他要做骑士，到各处去行侠仗义，救苦济贫。在一片平原上，远远看见耸立着几架风车，堂吉诃德认定它们是凶恶的巨人，便挺着长矛冲上前去，转动的风车把堂吉诃德连人带马抛到空中。

图 3-3　堂吉诃德雕像

望着堂吉诃德的雕像，真是佩服作家塞万提斯的洞察力和丰富的想象力，堂吉诃德不就是当时西班牙的缩影吗？那转动的风车代表的正是日益崛起的英国。

（三）放弃对海洋气象科学技术的研究

西班牙"无敌舰队"失败的原因很多，虽说有战术和水手素质低的因素，但根本原因在于他们没有掌握制海权的能力，西班牙人不懂得在他们企图完全控制其分散在各地的殖民地之前，必须先控制海洋，而首要条件是发展本国的海洋科学技术。英国重视海洋，重视对海洋的控制权，重视对海军的发展，重视依靠海洋科学技术的发展实行海外扩张，并最终依靠海上霸权建立了一个"日不落"的殖民帝国。

现在，让我们复盘当时的情景。"无敌舰队"的统帅西顿尼亚本是个陆军将领，他不仅没有任何海战的经验，而且这个自信的外行甚至还晕船。他试图用陆军战术去应对海上战争，用冷兵器时代的武器去应对风帆时代的火炮，妄想登上敌舰展开肉搏战夺取胜利。1588 年 8 月 6 日，"无敌舰队"在西顿尼亚的率领下驶进了英吉利多佛尔海峡。人们从欧洲大陆遥望英国，最先看到的是陡峭壮观的白色悬崖，是英国最接近欧洲大陆的地方。英国多佛尔悬崖是一面笔直的白色悬崖，位于英国的英吉利海峡，长度大概有 5 千米，面向欧洲大陆，它见证了英国历史上许多戏剧性的时刻。这里，在历史上也是象征着英国本土的最后一道防线，在第二次世界大战时，德国轰炸英国，在悬崖边几乎每天都会发生激烈的空战，这个地方有着重大的战略价值。多佛尔悬崖被称为世界的尽头。这里有着特殊的地貌和十分复杂的水文现象，与直布罗陀齐名，是世界著名的大风浪区域。这个令人惊叹的海岸线仿佛在向穿越英吉利海峡的人们说"永别了"。多佛尔悬崖最高处高达 110 米，白崖是由细小的海洋微生物堆积而成的，至今已有上亿年的历史了。侵蚀作用被认为是多佛尔海峡的成因，这里以前曾经为陆地，由威尔德向东南伸延，海峡连接着现在的大不列颠岛及欧洲大陆。此外，威尔德的东面尽头可以被看成是法国加来海峡省的白垩区，此处山石至深层地壳主要是白垩石。虽然白垩有抗侵蚀的性质，但白垩的侵蚀现象仍然可以在多佛尔悬崖被看到。白垩亦为英法海底隧道的开挖提供了一个极佳的岩层。莱茵河在更新世时期是向北流入北海，但冰块形成的一个由斯堪的纳维亚至苏格兰的"水坝"阻止了它。后来莱茵河与泰晤士河及北欧主要河流融合，在"水坝"后产生了一个大湖，最终溢出威尔德到英吉利海峡，此溢满的通道渐渐扩大加深，成为现在的多佛尔海峡。其中一条在多佛尔海峡中间较深也较窄的通道便是莱茵河在上一个冰河时期的河床。在东多佛尔海峡的地质矿床上刻印有莱茵河在旧前冰河期的北方路线，这条与直布罗陀海峡有异曲同工的狭窄水道，夏季受副热带高气压带的控制，因此降水量小蒸发量大，地中海海水的盐度比大西洋高，密度大，但地中海海面低，使得水面以下至 400 米的海水向东流，而 400 米以下海水向西流，这就形成了密度流。此外这里还处于十分恶劣的季风环流带气象环境之中。

　　最近有学者论证，英吉利海峡不是由逐渐的侵蚀作用形成的，而是由两次主要的洪水侵蚀而形成的。第一次在 425 000 年前，当时北海南部的冰水坝溢出，引起大变动的侵蚀作用及洪水泛滥，冲破了威尔德至阿尔图瓦的白垩脊。在此后，泰晤士河及斯海尔德河流经山口到达英吉利海峡，但马士河与莱茵河流向仍然向北。第二次洪灾在 225 000 年前，马士河与莱茵河受冰水坝所阻形成湖泊，冰水坝较弱的堤防（可能是白垩或终碛，由大冰原留下）被破开。两次洪水均把巨大的行洪河道冲刷成英吉利海峡的干河床，这也是其地质形成。1588 年海战的失败很大部分归咎于西班牙人对海洋知识的无知，"无敌舰队"在季风时期远征犯了兵家大忌，他们首先遇到的对手是至今人类都无法战胜的大西洋的狂风巨浪。"无敌舰队"起航不久就遇到了大西洋风暴的袭击，"无敌舰队"的许多舰船被毁坏，淡水从仓促制成的木桶中漏出，食物大量腐烂变质，水手们疲惫不堪，大多数步兵也因为晕船而失去战斗力。"无敌舰队"还没有与英国交战就损兵折将，战斗力大大受到削弱，不得已西顿尼亚带着这样一支失去战斗力的舰队与英军开战，从而导致厄运的发生。返回时，舰队在苏格兰北部海域再次遇到大风暴，一些舰船又被海浪吞噬或者触礁沉没，西班牙人终于没有熬着渡过多佛尔海峡，就与这个世界"永别了"。至此"无敌舰队"几乎已全军覆没，虽然"不以成败论英雄"，但胜者为王，败者为寇，此后"无敌舰队"覆亡的原因，也引起了人们对海洋气象科学技术的深思。

世界气象灾难史册里是这样记录西班牙"无敌舰队"的覆灭的：英国舰队首先从西面攻击了"无敌舰队"，获得了战略上的主动权，接着又远距离攻击了西班牙，成功避免了与西班牙短兵相接。然而这并没有给西班牙人造成多少损失，西班牙人于8月6日抵达了多佛尔海峡，紧接着在加来附近登陆，而此时英国海军仍在加来的西面。越过佛兰德斯后，帕尔马（这是一个对"无敌舰队"的策略持怀疑态度的人）开始让他的军队登上准备入侵英国的战船，这花了6天时间，在这6天里"无敌舰队"找不到安全的港口，也没有办法护送帕尔马的小型战船穿过沿海的浅水域，因为那里有荷兰和英国的战船严阵以待。8月7至8日的午夜，英国人派出8艘火船冲进了西班牙人的舰队，西班牙人为了避免舰船着火，不得不割断绳索驶离海岸，于是西班牙舰队的队形被打乱了。8日破晓时分英国人在离格拉沃利讷不远的地方袭击了"无敌舰队"，此时西班牙战船上的重型大炮还没有准备就绪，结果有的船就被英军击沉了，有的船退回到岸边，还有的船受到重创，但是英国人由于弹药缺乏也不得不暂停作战，只远远地跟着。在一股西风的帮助下，西班牙人向北逃去，但随后风却和英国人的舰队一起，阻止了他们与帕尔马军队的汇合，因此"无敌舰队"只能通过苏格兰北部返回西班牙。秋季的大风摧毁了他们的许多战船，仅有53艘战船回到西班牙，约有15 000名西班牙士兵在战斗中丧生，而英国水手除了因疾病死去数千人外，几乎没有人在战斗中丧生。这是历史上第一次单凭火炮制胜的海战，西班牙人在战斗中自始至终未能钩住英舰，这标志着风帆火炮时代的到来。科学技术促进了船舶制造向多元化发展，如海洋气象科考船在这次海战中发挥了举足轻重的作用，在这场生死海战中，英国人准确地掌握了海上的气候变化，这预示着一种新型的海洋科考船已初见端倪。

三、 瓦特发明蒸汽机，工业革命开始

17—18 世纪，资本家为满足日益扩大的海内外市场的需要，改进生产技术，扩大生产规模，提高生产效率；工场内劳动分工较细，随着工人在技术操作上的日益熟练，劳动趋于简单化，生产工具也越来越专业化。18 世纪 60 年代起，英国棉纺织业开始发明和使用机器。棉纺织业投资少，利润高，资金周转快，受旧传统旧习惯的束缚比较少，行业中没有行会组织，不受行规的限制，比较容易采用新技术。1733 年，机械师凯伊发明飞梭，使织布速度大大提高。后来，纺织工人哈格里夫斯又创制了手摇"珍妮纺纱机"，同时可纺 16～18 根纱，但纺出的纱细而易断。1769 年，钟表匠阿克莱特制成水力纺纱机，纺出的纱结实，比较粗。

1779 年，工人克隆普顿发明了"骡机"，它可同时转动三四百个纱锭，纺出的纱细而结实。至 1785 年，卡特莱发明了水力织布机，织布效率提高了 40 倍。随后，机器的运转需要便宜、有效的动力，水力作为动力有很大的局限性，已满足不了生产的需要，动力革新成为急需解决的问题。

（一）瓦特发明蒸汽机

瓦特，英国著名的发明家，他的创造提高了蒸汽机的热效率

和运行稳定性。1690年，法国人巴比首先发明了第一台活塞式蒸汽机，被称为"矿山之友"，但受当时材料和技术限制无法推广，直到18世纪，纽科门才制成第一台能把热能转变为机械能的较原始的蒸汽机。这种机器综合了巴比机和塞莱斯机的优点，效率也有较大提高，但这种蒸汽机结构不合理，不能做旋转运动，因此热效能低下。瓦特对所得资料进行了系统的比较分析，自筹资金，租了一间地下室，买了必要的设备，反复试验，经历了无数次挫折和失败，最后在工人的帮助下，解决了制造精密汽缸、活塞的工艺问题，同时采用润滑活塞，制成了具有连杆、飞轮和离心调速器的双动作蒸汽机。

为了保持蒸汽机的匀速运转，他把一个离心调速器连接在进气活门上，使其自动调节进气量，这种装置是最早在技术上使用的自动控制器，使得主要汽缸能保持严密，汽缸温度不损失。这种高效的蒸汽机被各工业部门迅速采用，从此动力机、传动机和工作机组成了机器生产系统，成为近代化产业的核心。到19世纪30年代，蒸汽机的广泛应用给冶金、采矿、交通运输等部门很快带来了一场技术革命。可以说工业革命开始于18世纪60年代英国棉纺织部门中机器的发明和使用，并迅速推动冶金、采矿和交通运输业的变革，它既是一次技术革命，也是一场深刻的社会变革，为资本主义的发展奠定了坚实的基础。

（二）圈地运动提供了廉价劳动力

英国不断推行的圈地运动，使当地农民成为廉价雇佣劳动力的主要来源。对殖民地的疯狂掠夺和奴隶贸易，使英国积累了丰厚的资本。手工业的蓬勃发展，增加了产量，但仍无法满足不断扩大的市场需求，这一切促使生产手段发生了革命性的变革。1709—1720年间，英国议会通过法案，圈占农民土地600多万英亩①，迫使失地农民流入城市，成为廉价的雇佣劳动力。英国侵略军在占领印度孟加拉省后，洗劫了金库，殖民头子克莱武一人就净得 23.4 万英镑的巨额财富。1757—1815 年，东印度公司从印度赚取了 10 亿英镑。英国向美洲贩卖黑奴 500 多万人，是其他所有国家贩卖黑奴总数的 4 倍。仅利物浦一地在 1768—1776 年间贩奴人数就达 33 万余人，获利 1 500 万英镑。

（三）工业革命在各行各业展开

英国的炼铁业历史悠久，但燃料短缺限制了铁的产量。18 世纪中叶以前，英国炼铁的燃料主要是木炭，高炉炼铁燃烧掉了大量木材。1735 年，焦炭炼铁技术应用于工业化生产，从此炼铁逐渐开始使用焦炭作为原料，解决了英国炼铁业面临的燃料短缺问题。与此同时，炼铁业的发展又推进了采矿业的发展。为了确保运输煤炭、钢铁和其他生产物资，交通工具的革新又势在必行。火车完全取代了人力、畜力交通工具；蒸汽动力开始应用于海上和陆地的交通，从而大大提高了运输能力；蒸汽动力开始应用于空中交通，人类交通开始由平面转为立体；汽车成为人们不可缺少的家庭交通工具。以蒸汽机的发明应用为标志的技术革命和以电力技术为主导的第二次技术革新，实现了人类基本生产手段由手工工具向机器系统的转变，以瓦特改良型蒸汽机为标志，一系列的发明接踵而至。人类从此步入工业文明时代。

可以说蒸汽机的广泛应用促使英国的采矿、纺织、钢铁、机械、造船工业发生了天翻地覆的变化。英国成为人类第一个工业化国家。英国的霸权地位，也因为国家的工业化，奠定了坚实的基础。工业化，成为欧洲各个国家努力实现的目标。

---

① 英制中的面积单位。1 英亩＝4 046.86 平方米。

四、 海洋进入科学考察时代

西班牙与英国的海战引入了海洋科学考察的新概念，但是近代海洋科学考察的兴起是在 18 至 19 世纪。18 世纪以后的海洋探险逐步进入了对海洋环境和资源的观测，如测温、测深、采水、采集海洋生物和底质样品等，因而称为海洋考察更确切。这一阶段的海洋考察研究内容是零星的，涉及的海洋空间也是局部的，例如直到 17 世纪人们还普遍认为只有表面海水是咸的。1673 年，波义耳发表了研究海水浓度的著名论文，指出所有深度的海水都含有盐分，从而改变了当时认为只有表面海水是咸的这种流行看法。1772 年拉瓦锡通过化学分析发现海水中含有多种碳酸盐、钠盐、镁盐等成分，到 1865 年人们已经从海水中分析出了27 种元素。

（一）早期的海洋科学研究活动

18 世纪著名的库克船长进行了 3 次探险航行，他在南太平洋发现了社会群岛并到达过南极圈以南地区和白令海，他是第一个精确测量经纬度的探险家。

1839—1843 年，英国人罗斯爵士领导了著名的环绕南极的探险航行，当他航行到南大西洋时，用绳子测得了 2 425 英特（4 432.9 米）的深度，创造了当时的纪录，罗斯也因此被称为"大洋精确测深第一人"。在 19 世纪进行海洋测深的器具主要是麻绳和铅锤，麻绳的伸缩性较大，影响测深精度，所以后来麻绳又被钢丝绳所替代。1854 年，美国海军见习官布鲁克发明了可以精确确定重锤触底时刻的装置（即在测深器具的末端加上能分离的重物，当绳端触底时自动脱落），从此以后，测深的精确性才有了保证。这种比较原始的测深方法，在几千米深的大洋每测一次深度就得花几小时，所以直到 1923 年全世界仅仅积累了约 1.5 万个大洋测深记录，人们还认为大洋底的形态是平缓而单调的。由于缺乏深海抛锚技术，大洋测流比测温和采水更困难，因此深海直接测流的资料很少，当时主要利用航海日记资料了解海流知识，据此，富兰克林 1770 年发表了湾流图。从 19 世纪 40 年代开始，美国海军军官默利广泛收集以往的航海日记资料，编纂出版了大西洋海面风场和海流图，于 1855 年出版了《海洋自然地理》一书。书中他对所编的风场和流场作出了解释，他根据海洋中温度和盐度不均匀的事实得出，密度差异是形成海流的一个原因。该书被公认是当时海洋学的一本重要著作。

西克斯发明了一种老式温度计，它可测量最高和最低温度，以此可以测量海水表面以下的水温，俄国"希望"号和"涅瓦"号于 1803—1806 年环球航行中所用的就是这种温度计，当时测温的最大深度为 336 米。到 19 世纪 40 年代，测温深度已经超过 2 000 米；19 世纪 60 年代末，已达到 4 000 米。通过当时多次的温度观测，发现大洋水温随深度逐渐降低，水温在深层降到 1℃ 左右，在高纬地区的深层可达到 0℃。由此长期流传的大洋深处充满 4℃ 海水的错误观点被摒弃了，此发现还初步揭示了海洋温度空间变化的复杂性。1874 年，英国人制成了颠倒式温度计，这是海洋测温技术的重大革新，大大提高了海洋测温的精度，现代的颠倒温度计就是在此基础上改进而成的。

对海洋生物资源的研究直到 19 世纪初才比较快地发展起来，而且主要限于浅海和大洋表层的生物采集和分类。1840 年，福布斯首先开始了海洋生物与环境关系的研究，他发现生物种类随海水深度的增加而不断减少，提出在海面 300 英寻（约 600 米）

以下没有动物存在的论点。这个论点在当时是很自然的，因为既然深层海水被认为是停止不动的，其溶解氧将因得不到补充而消耗殆尽；另外，动物也难以承受深层海水的高压环境。人们在相当长的时间内对福布斯的观点深信不疑，后来由于多次从海洋深处发现动物，他的这种论点才开始动摇，30多年后由于"挑战者"号环球考察的成功，才使大家最终放弃了这个错误观点。

（二）海洋科学学科基础的奠定

海洋科学是研究海洋的自然现象、性质及其变化规律以及与开发利用海洋有关的知识体系。它的研究对象是占地球表面约71%的海洋，包括海水、溶解和悬浮于海水中的物质、生活于海洋中的生物、海底沉积和海底岩石圈以及海面上的大气边界层和河口海岸带等，因此海洋科学是地球科学的重要组成部分。

海洋科学的研究领域十分广泛，其主要内容包括对海洋中的物理、化学、生物和地质过程的基础研究，面向海洋资源开发利用以及海上军事活动等的应用研究。由于海洋本身的整体性、海洋中各种自然过程相互作用的复杂性和主要研究方法、手段的共同性而统一起来，使海洋科学成为一门综合性很强的学科。

海洋科学是19世纪40年代出现的一门新兴学科。海洋科学专业实际是在物理学、化学、生物学、地理学背景下发展起来的，形成了海洋气象学、物理海洋学、海洋化学、海洋生物学和海洋地质学等专业，许多大学多年在专业背景教育上积累的丰富经验为海洋科学教育打下了良好的基础。

海洋作为一个物理系统，其中发生着各种不同类型和不同尺度的海水运动过程，对于海洋中的生物、化学和地质过程有着显著的影响，海水运动按其成因大致分为：

（1）海水密度变化产生的"热盐"运动，如海面蒸发、冷却和结冰，以及海水混合等，使海水密度增大而下沉，并下沉至与其密度相同的等密度面或在海底做水平运动。

（2）海面风应力驱动形成的风生运动，如风生海流和风生环流等。

（3）天体引力作用产生的潮汐运动。

（4）海水运动速度切变产生的湍流运动。

（5）各种扰动产生的波动，如风浪、惯性波和行星波等。

海洋中的各种物理过程，除了按其物理本质分为力学、热学、声学、光学和电磁学等过程以外，一般按其特征空间尺度（或特征波数，主要是水平特征空间尺度或波数）和特征时间尺度（或特征频率），大致分为小尺度过程、中尺度过程和大尺度过程。小尺度过程主要包括小尺度各向同性湍流、海水层结的细微结构、声波、表面张力波、表面重力波和重力内波；中尺度过程主要包括惯性波、潮波、海洋锋、中尺度涡或行星波；大尺度过程主要包括海况的季节变化、大洋环流、海水层结的纬向不均匀性和热-盐环流等。

海洋是生物的生存环境，海水运动等物理过程会导致生物生存环境的改变，而不同的流系、水团具有不同的生物区系和不同的生物群落。海水运动或波动是海洋中的溶解物质、悬浮物和海底沉积物搬运的重要动力因素，海洋中化学元素的分布和海洋沉积以及海岸地貌的塑造过程都是不能脱离海洋动力环境的。反过来，海水的运动状况也与特定的地理环境、化学环境有关，这就是海洋自然环境统一性的具体表现。

世界海洋中所发生的各种自然现象和过程都具有自身的特点，海洋科学研究也相应地表现出某些特征。

信息论、控制论、系统论等方法在海洋科学研究中越来越显示其作用。海洋科学的观察主要是在自然条件下进行的，不能不受到自然条件的限制。各种海洋现象和过程，有的"时过境迁"，有的"浩瀚无际"，有的因时间尺度太长，短时间的观测资料不足以揭示其历史演变规律。加上其中各种作用相互交叉、随机起伏，因此在自然条件下的观察只能获得关于海况的一些片断的、局部的信息，即使获得某一海区近百年的海况和海洋生物种群动态的观测序列，那也只是整个海洋生态环境和生物种群动态总体中的一个小小的样本。所以，在海洋科学研究中比较着重于从信息论、控制论和系统论的观点去研究海洋现象和过程的行为与动态，并根据已有的信息，通过系统功能模拟模型进行研究，对未来海况作出预测。

海洋科学研究和科学理论呈现出日益增强的整体化趋势。如前所述，海洋中的各种现象和过程既表现出多样性，又存在统一性。随着海洋科学的发展，揭示出来的海洋现象越来越多，因此学科的划分也就越来越细，研究领域也越来越广。但是各个学科往往过多地强调本学科的独立性、重要性而忽视学科之间的内在联系。近20年来随着对海洋现象和过程的深入研究，发现各分支学科之间是彼此依存、相互交叉、相互渗透的，而每一门分支学科只有在整个海洋科学体系的相互联系中才能得到重大发展，从而出现了现代海洋科学研究以及海洋科学理论体系的整体化趋势。这不仅打破了各分支学科的传统界限，还突破了把研究对象先分割成个别部分，然后再综合起来的传统研究方法，从整体出发，从部分与整体、整体与外部环境的联系中揭示整个系统的特征和发展规律。例如，研究海洋中沉积物的形态、性质及其演化，就必须了解海流、生物和化学等因素对沉积物的搬运及影响过程；研究海洋生态系的维持、发展或被破坏的过程，就必须了解海洋中有关的物理过程、化学过程和地质过程。

在自然条件下对海洋中各种现象进行直接观测是其基本研究方法。海洋世界是一个庞大而又复杂的自然客体，其中发生着各种尺度不一、性质不同的运动。它们的空间尺度可以从几厘米到几千公里，时间尺度从数秒到几个月甚至几年，深层环流的时间尺度可长达数千年。影响海洋气候状态的一些天文因素，如地球轨道参数随时间变化的尺度可达 1 万年至 10 万年的量级，至于大洋海盆形态变化的时间尺度，则长达几百万年至几千万年，这些不同尺度的运动现象之间存在着复杂的作用。由于质量运动连续性原理，海水的垂直运动总是和水平运动共存的，即使是同一种运动，也可以由不同的力学原因而引起。海洋科学还具有明显的区域性特征，即使是同一区域，海洋、水文、化学要素及生物分布也是情况各异、多层次性的。因此，很难在实验室里对各类海洋现象和过程以及它们之间的相互作用进行精细的实验，也不能只靠数学分析和数学模拟来进行研究，而是要充分利用科考船等设备在自然条件下进行观察研究。直接的观察研究，既为实验室研究和数学研究的模式提供确切的可靠资料，又可以验证实验室研究和数学方法研究结论的可靠性。因此，在自然条件下进行长期的、周密的、系统的海洋考察是海洋科学研究的基本方法。

在海洋科学研究中，海洋观测仪器和技术设备起着重要的作用，有时甚至是决定性的作用。海水深而广，具有大密度和流动性，给人们的直接观测带来极大困难。从海面向下大约每增加 10 米，压力就要增加一个大气压，在万米深处，海水的压力作用可以把潜水钢球的直径压缩进几个厘米，人类很难在这样的深处活动，从技术角度来说，人在深海底行走比在月球上漫步还要困难。海水对电磁波的吸收也相当显著，在水深 200 米以下，可见光波被吸收殆尽，因此靠简单的手段去观测海洋深层的生物活动、海底沉积和海底地壳的组成及变化是非常困难的。即使在海洋上层，海水处于不断地流动和波动状态，依靠一个点上的观测资料，也很难说明面上的情况。增加调查船只的数量固然可以扩大观测范围以取得大量必需的资料，但耗资巨大。只有大力发展海洋观测仪器和技术设备才能取得所需要的大量海洋资料，以推动海洋科学的发展。20 世纪 60 年代以来的海洋科学发展表明，几乎所有主要的重大进展都和新的观察实验仪器、装备的建造，新技术的发明和应用，观察实验的精度以及数据处理能力的提高有紧密关系。例如，浮标观测技术、海洋台站观测技术、航天遥感技术和计算技术的应用，促成了关于海洋环流结构、海-气相互作用、中尺度涡旋、锋区、上升流、内波及海洋表面现象等理论和数值模型的建立；高精度的温盐深探测设备和海洋声学探测技术的发展，为海洋热盐细微结构的研究和海况监测提供了基本条件；回声测深、深海钻探、放射性同位素和古地磁的年龄测定、海底地震和地热测量等新技术的兴起与发展，对海底扩张说和板块构造说的建立作出了重要贡献。

（三）现代海洋科学研究体系的建立

现代海洋科学的研究体系大体可以分为基础性学科研究和应用性技术研究两部分。基础性学科是直接以海洋的自然现象和过程为研究对象，探索其发展规律；应用性技术学科则是研究如何运用这些自然规律为人类服务。

海洋中发生的自然过程，按照内秉属性大体上可分为物理过程、化学过程、地质过程和生物过程 4 类，每一类又是由许多个别过程所组成的系统。对这 4 类过程的研究，相应地形成了海洋科学中相对独立的 4 个基础分支学科：海洋物理学、海洋化学、海洋地质学和海洋生物学。

（1）海洋物理学。海洋物理学是以物理学的理论、技术和方法去研究发生于海洋中的各种物理现象及其变化规律的学科。物理海洋学中一系列的分支学科主要包括物理海洋学、海洋气象学、海洋声学、海洋光学、海洋电磁学、河口海岸带动力学等，主要研究海水的各类运动（如海流、潮汐、波浪、内波、湍流和海水层的微结构等），海洋同大气圈和岩石圈的相互作用规律，海洋中声、光、电的现象和过程，以及研究有关海洋观测的各种物理学方法和技术。

（2）海洋化学。海洋化学是研究海洋各部分的化学组成、物质分布、化学性质和化学过程的学科，研究的内容主要是海洋水层和海底沉积以及海洋-大气边界层中的化学组成、物质的分布和转化，以及海洋水体、海洋生物体和海底沉积层中的化学资源开发利用中的化学问题等。海洋化学包括化学海洋学和海洋资源化学等分支，其中海洋腐蚀是大家并不熟知的一个海洋化学的分支。

（3）海洋地质学。海洋地质学是研究地球岩石圈被海水覆盖部分的特征和变化规律的学科，主要研究内容是海岸和海底地形、海洋沉积的组成和形成过程、大洋地层学、洋底岩石的岩性、矿物和地球化学、海底地壳构造和大洋地质历史、海底的热流、重力异常、磁异常和地震波传播速度等地球物理特性。海洋地质学当前研究的重大课题是海底矿产资源的分布和成矿规律，大陆边缘（包括岛弧—海沟系）和大洋中脊为主的板块构造，以及古海洋学等。

（4）海洋生物学。海洋生物学是研究海洋中一切生命现象和过程及其规律的学科，主要研究海洋中生命的起源和演化、海洋生物的分类和分布、形态和生活史、生长和发育、生理和生化、遗传等，特别是生态的研究，以阐明海洋生物的习性和特点与海洋环境之间的关系，揭示海洋中发生的各种生物学现象及其规律，为开发、利用和发展海洋生物资源服务。海洋生物学包括生物海洋学、海洋生态学等分支学科。

一方面，如同自然科学中的其他学科一样，海洋科学的各个基础分支学科不仅互相联系、互相依存，而且互相渗透，不断萌生出许多新的分支学科，如海洋地球化学、海洋生物化学、海洋生物地理学、古海洋学等。另一方面，海洋科学的研究，特别是对早期涉及的技术问题的研究，在海洋科学研究中就逐渐分化出一系列技术性很强的应用学科和专业技术研究领域，如海洋工程，它始于为海岸带开发服务的海岸工程，即海岸防护、海涂围垦、海港建筑、河口治理等；到了20世纪后半期，世界人口和经济迅速增长，人类对蛋白质和能源的需求量也急剧增加，海洋工程除了包括人们熟知的海洋石油、天然气开采外，还包括深海采矿、经济生物的增养殖、海水淡化和综合利用、海洋能的开发利用、海洋水下工程、海洋空间开发等。海洋科学研究成果的应用，由于服务对象不同还相应地形成了一些相对独立的应用性学科，如海洋水文气象预报、航海海洋学、渔场海洋学、军事海洋学等。随着海洋开发，尤其是海底石油开采事业的发展，向海洋排泄废弃物的增加等原因，海洋污染日趋严重，海洋环境保护的研究越来越受到人们的重视，从20世纪60年代以来，逐步形成一个新的分支学科——海洋环境科学。

以上是现代海洋学研究的学科分类及其体系结构的梗概，如同其他自然科学研究一样，任何学科分类和体系都不是最终的封闭系统，随着对海洋研究的深化和扩展，海洋科学的学科分类和体系将不断地有所更新。

五、 走在世界前列的美国海洋科考船

自 1872 年 12 月英国海军利用"挑战者"号开展了历时三年零五个月的大洋调查，本次调查是人类历史上首次综合性的海洋科学考察。历经短短一个多世纪的发展，海洋调查作为一项专门的研究手段，正逐步形成自己的体系。现在的海洋调查已经成为对某特定海区的水文、物理、化学、地质、生物、气象、声学、地球物理等进行大面积调查和断面调查，以及连续观测和辅助观测的工作，采用的手段有卫星和飞机的遥感遥测、船舶观测、水下观测、定置浮标自动观测、漂浮站自动观测、无人机和无人艇观测以及以上多种手段的同步综合观测等。然而，当前最基本且最经济有效的手段仍是船舶观测，其他观测手段则与之形成配合和辅佐。

纵观当今世界强国，必须是海洋强国。第二次世界大战结束后，世界进入相对和平的时期，在腥风血雨中度过艰辛岁月的各国海军奏起了"安乐曲"。曾给美国带来荣耀的一艘艘战列舰和潜艇浩浩荡荡地开进了匹兹堡的炼钢炉，成为制作福特汽车的材料，好奇者想再领略旧时战列舰和潜艇的风采只能去海上博物馆和好莱坞的摄影棚。

美国海军登上世界舞台是在 20 世纪，尤其是在第二次世界大战期间，从欧洲战场到太平洋战场，从珍珠港事件到日本在"密苏里"号战舰上签署投降书，美国海军在其中都扮演了重要

角色，在随后的冷战中，美国海军又成为美国对苏联进行武力威慑和全球对抗的重要力量。

航空母舰是美国海军的主要战略力量，到 2019 年，美国拥有 10 艘正在服役的"尼米兹"级核动力航空母舰。这些航空母舰允许美国的空中武力到达世界上绝大多数的地区。美国海军拥有世界上最庞大的航空母舰舰队，其数量比世界上现有航空母舰的总和还多，每艘航空母舰所搭载的舰载机数量也超过其他国家的。

在冷战结束之后，美国海军将作战重点由远海作战转向近海和岸上作战，并大力发展科考船。这种变化对于冷战后期美国能够有效地应对安全威胁、发挥美国的全球影响力起到了重要作用，并且随着国际大环境的变化，美国海军战略也在酝酿着新变革。始终支撑着美国海洋强国的一支重要的海上力量就是科考船。美国是世界上拥有科考船数量最多、装备最先进的国家，其科考船在航率高、船舶更新速度快、资源共享机制完善，对全球海洋的认知也远远领先于他国。

（一）美国科考船具有悠久的发展历史

美国是当今海洋科学研究最发达、起步较早的国家之一。1903 年，美国在西海岸最南部建立了斯克里普斯海洋研究所，这是美国第一个现代海洋学研究机构。第二次世界大战期间美国拥有世界上注册数量最多、总体技术水平最先进的海洋科考船队，其科考船在航率高、更新速度快、综合调查能力强、管理机制完善。

美国科考船具有悠久的发展历史。美国海洋科考船队进行大洋科考主要经历了 4 个发展阶段：20 世纪初至第二次世界大战前为萌芽期；20 世纪 50 至 60 年代为大洋科考的快速发展阶段；20

世纪 80 年代后为稳定发展期；21 世纪为成熟期。在大洋科考的萌芽期，海洋和大气测量汽船"帕特森"号是第一艘探路者级别的科考船，其服役年限为 1884—1919 年，于 20 世纪初期到达菲律宾进行海洋科学考察。

　　在大洋科考的快速发展阶段，拉蒙特-多尔蒂地球观测站的第一艘大洋科考船为"韦玛"号，其服役时间为 1953—1981 年，共航行了 1 225 000 海里。"韦玛"号科考船从 1954 年的第 4 航次到 1979 年的第 36 航次，对全球四大洋进行了探索，其任务是采集海水样品、沉积物柱状样以测量洋流和热流，开展水下摄像和地震研究以及绘制海底地貌图。在 1956 年以前的第 4～第 11 航次，其航线主要集中在美国东海岸以外的大西洋海域，包括百慕大三角，历时约 9 个月；第 16 航次以绕行南极洲为目标，沿南极外围的大陆近岸航行，最后返回纽约，历时近 1 年；1979 年的第 36 航次到达南海，从 1979 年到 1981 年共历时 600 多天，穿越了西太平洋、西南太平洋、南海、东北印度洋及西北印度洋、大西洋，重点考察了南海、路易斯维尔海山链、穆索海沟以及非洲东侧的索马里海盆。

　　20 世纪 80 年代中期大洋科考进入稳定发展期，现代海洋科学的发展对海洋科考船提出了新的要求。美国政府每年都投巨资用于海洋科学考察，以保持其全球海洋的霸主地位。美国现拥有世界上装备最先进、船只数量最多的海洋科考船队，以伍兹霍尔海洋研究所为例，该所已拥有 4 艘海洋科考船，能够在全球范围内执行海洋科学综合考察任务，其中 2 艘科考船［"亚特兰蒂斯"号（见图 3-4）和"诺尔"号］可搭载载人深潜器。该所还有可载 3 人的 4 500 米水深级载人深潜器 1 台，拥有 6 000 米和 6 500 米无人深潜器 3 台。

图 3-4 美国"亚特兰蒂斯"号海洋科考船

美国"亚特兰蒂斯"号是一艘常规科考船,建造于 1997 年,船长 83.5 米,排水量为 3 510 吨,续航力可达 60 天,巡航距离 17 280 海里,巡航速度 12 节,最大速度可达 15 节,可同时容纳 23 名船员、23 名科学家和 13 名潜水员。船上的实验空间超过 325 平方米,主实验室位于主甲板上,是一个大型、开放性的多功能实验室,生物分析实验室与其他实验室隔离开来,以满足高灵敏度仪器和控制温度的需要。水力实验室位于主甲板左舷,科学家可以在密封和无污染的条件下对海水样本进行收集与分析,该实验室的一端作为潜水器的维护区域,船上搭载深潜器 Alvin。Alvin 是第一台载人深潜器,重达 17 吨、长 7 米、宽 3.6 米、高 2.6 米,于 1964 年投入使用,可载 1 名潜水员和 2 名观测员,最大潜水深度达 4 500 米,其运动速度为 1 节,最大 2 节,装有 5 台由铅酸电池驱动的推进器。Alvin 在水下可连续工作 10 小时(其生命支持系统可维持 72 小时),可以在崎岖的海底工作,也可以悬浮于海水中层,执行科学考察任务或拍摄水中画面。

（二）美国拥有世界上装备最先进的科考船

21世纪为大洋科考的成熟期，随着技术的成熟与发展，美国组建了科学考察船队，进行的海上科学研究和调查活动在不断增加，对世界海洋的研究也逐步深入。

美国拥有世界上装备最先进、船只数量最多的海洋科学调查船队，其管理方法也较为先进。美国的海洋调查船组成了联邦海洋船队，主要由大学-国家海洋实验室系统（University-National Oceanographic Laboratory System，UNOLS）、美国国家海洋和大气管理局（National Oceanic and Atmospheric Administration，NOAA）以及美国海军三部分组织管理。

联邦海洋船队由47艘长度大于40米（131英尺）的研究船和调查船组成（截至2012年1月1日）。按照船舶尺度、续航能力及研究能力将船舶分为4个等级：全球级船舶、大洋级船舶、区域级船舶和近岸级船舶。其中，全球级船舶的规模最大，船的总长在70米以上，吨位大于3 000吨，具有最强的综合调查能力，能够在全世界所有无冰洋区航行，活动范围可遍布三大洋。大洋级船舶比全球级船舶规模要小，船体长度在50～70米之间，吨位介于1 000～3 000吨之间，具备较强的科考能力，同属无限航区，有深海大洋航行能力，但实际活动范围往往局限于某一个大洋。区域级船舶比大洋级船舶要小，但是对海岸带地区、海湾及河口地区的作业进行了优化，船体长度为40～45米，吨位在500～1 000吨之间，用于陆架区域或者专属经济区之内的科学研究。近岸级船舶规模最小，其长度为20～40米，吨位大多小于300吨，用途为支撑运行单位所在或邻近的港湾及近岸海域的小型海上科研活动，但是它们大部分都不属于联邦海洋船队。

美国的海洋科考船队主要分为学术研究型的科考船队、

NOAA 的科考船队和美国海军的科考船队。

在美国，服务于海洋学术基础研究的科考船主要集中于大学及科研院所，由 UNOLS 管理，目前在役的约 20 艘。这 20 艘船中有不少归属于美国海军或国家科学基金会（National Science Foundation，NSF），特别是较大的全球级和大洋级船舶，几乎都属于这两家机构。

NOAA 的船队目前共有 18 艘各型科考船，分布于 10 个母港城市，是美国民用领域海洋科学考察研究的另外一支不可忽视的重要力量。NOAA 船队的使命主要是针对美国的延伸大陆架外界线以内（350 海里之内）的海洋与大气综合环境、渔业资源进行业务化的调查，还包括海图测绘。

美国海军能够直接管理自己的科考船队。海军自管的科考船主要分为两类：一类是海洋调查船，以 T - AGS 代称，主要开展针对战场环境的声学、生物学、物理及化学的多任务调查；另一类是海洋监视（听）船，以 T - AGOS 代称，主要用于收集水下声学信息和进行声学监听。美国海军军事海运司令部（MSC）负责 T - AGS 和 T - AGOS 两类船的运行及日常管理与维护。目前服役的 T - AGS 是 6 艘"探路者"级（Pathfinder class）的综合科考船，这 6 艘科考船（T - AGS 60～65）分别于 1994 年至 2002 年期间陆续服役。在相隔 9 年后，最新的一艘"探路者"级科考船——T - AGS 66 于 2011 年 2 月开工建设，该艘船被命名为"USNS Maury"。

（三）美国科考船具有先进的技术特点

美国科考船具有先进的、鲜明的特征：长时期保持良好的性能和最佳寿命周期，强调系统、科学地进行全过程、全方位、全员管理，代表了当今世界科考船的发展潮流。科考船的主要技术特色分别体现在始终遵循分级建造及遵守服役年限的原则，强调作业空间的通用性、灵活性，注重加强新型自主式平台的支撑能力和综合调查能力，并注重科考船整体的性价比。

美国的科考船在船型开发和建造过程中，往往很少见到一种型号船只建造一艘的现象。相反，大多是经过一系列完整的论证、设计及相应技术研发，在一个船型成熟、定型之后成批建造多艘船只，从而形成"成级服役"的局面，然后由美国联邦政府机构和军方集资采办，美国科考船大多采用这类装备及服役模式。

模块化设计提高了海洋科考船的综合作业效率，针对不同航段搭载不同的模块，可以有效节省船上空间，从而使船舶具有通用性，因此模块化的设计在国外先进的科考船上均有所体现，已经可以做到常年不回母港，通过换装不同的集装箱模块完成各类作业，大大提高了作业效率。

绝大多数的美国科考船在设计的时候就强调任何一个实验室均服务于多种海洋科考作业，体现大而通用的原则，一般只设主实验室、湿实验室、电子（计算机）实验室等少数几类，不鼓励将实验室归属于某一专业满足特定且唯一的需求，从而造成科研空间的过分切割，影响利用效率。随着深海技术、材料与加工工艺、微电子技术及自动控制技术突飞猛进地发展，以往只在海洋石油勘探、军事领域使用的新型自主式平台也已经广泛地应用于各类海洋科学考察活动中，这类自主式平台主要有遥控潜水器（ROV）、自治式潜水器（AUV）、水下滑翔器和无人机（unmanned aerial vehicle，UAV）。美国在设计和建造科考船时，始终秉承着"不求大，但求能"的宗旨，这个"能"即是能承担起多学科、多任务的海上综合调查作业，在整体上具有很强的技术支持和保障能力，因此美国各型科考船大多具有较高的整体性价比。

美国科考船管理机制注重长远规划和战略规划，对科考船队的发展目标常常预先作出判断和规划，根据未来海洋科学发展的需求，制定并不断修正其未来海洋科考船的发展计划，推进海洋调查装备和技术的更新换代，并保持与国家海洋科学研究的长期规划相一致。这些长期的规划一般是在每个 10 年、世纪或者千年之际予以发布，大部分报告都着眼于未来至少 10 年、甚至是 20 年以后的需求及技术发展。美国科考船管理机制注重军民结合、寓军于民，美国海洋科考船的建造及更新计划中海军一直是最重要项目及工程的组织单位，是该项工作的主导者。虽然各型海洋科考船均属于辅助船系列，但是其研发和采办仍然借鉴和沿用了战斗序列舰艇的模式，由海军海洋系统指挥部（Naval Sea Systems Command，NAVSEA）统一组织实施。船舶建成服役后运行管理的部门出现了分化，其中 AGOR 系列的科考船纳入 UNOLS 的学术船队，交由大学或科研院所进行日常管理，同时这类船也执行海军研究部资助的公开性质的研究项目，真正从船舶管理及科研项目上体现"军民结合、寓军于民"的理念。美国科考船管理机制注重开放共同体式的船时共享体系，海洋科考船，尤其是学术型船队在船时的管理上是完全开放和共享的，在这方面尤其值得一提的是 UNOLS 这一协会共同体性质的船时管理综合协调机构。1971 年，美国从事海洋科学基础研究的学术单位，为解决无科考船单位使用船时进行海上调查的问题，共同发起成立了 UNOLS。初始只有 18 家研究机构参与，目前已经有 61 家机构加入，包括诸多内陆州在内的 26 个州以及波多黎各等美国海外领地的科研机构，现有 20 艘科考船加入该开放共享系统。

（四）"挑战者"号海洋科考船

海洋科考船是专门用来在海上从事海洋调查研究的工具，欧美国家的海洋科考船建造和使用已经有几个世纪的历史，在科考船发展过程中逐渐根据使用目的出现了综合调查船、渔业调查船、地质调查船、大洋钻探调查船、声学调查船、极地科考船等的分类。一个国家的海洋调查能力包括科考船的数量、技术水平、船龄、船舶可用性及运行管理水平等。

海洋科考船为完成海洋调查任务需具备以下条件：

装备有执行考察任务所需的专用仪器装置、起吊设备、工作甲板、研究实验室和能满足全船人员长期工作和生活需要的设施，要有与任务相适应的续航力和自持力；船体坚固，有良好的稳性和抗浪性，较好的海洋科考船还应尽量降低干舷，缩小受风面积，增装减摇板和减摇水舱；具有良好的操纵性和稳定的慢速推进性；具有准确可靠的导航定位系统；具有充足完备的供电能力，对于声学调查船，还需要另设无干扰电源。

国与国间科考船对比，除了船舶数量的对比之外，科考船的基本参数以及船载仪器设备的对比也是一个很重要的方面。现代综合科考船工作内容多，航行区域广，大多以本国临近大洋或更远的极地海区为航区。现代综合科考船型值及续航力、自持力等较大，科考设备通常也比较齐全，对船舶的稳性、操纵性、低速、防摇、防震、防噪音、供电能力、绞车设备、调查与导航仪器、研究工作空间以及作业自动化水平都有较高要求。

海洋科考船的鼻祖当数英国的"挑战者"号（见图 3-5）。有系统、有目标的近代海洋科学考察是"挑战者"号科考船始创的，"挑战者"号为 3 桅蒸汽动力帆船，船长 68.9 米，2 306 吨级，靠风帆和蒸汽机推进，由英国皇家海军一艘军舰改装而成。

"挑战者"号科考船是专门用来对海洋进行科学调查和考察活动的海洋工程船舶，它是开发海洋的尖兵，是世界上最早的海洋调查船。

图 3-5 "挑战者"号

英国皇家学会曾于 1872 年 12 月 7 日—1876 年 5 月 26 日组织"挑战者"号在大西洋、太平洋和印度洋进行了历时 3 年 5 个月的环球海洋考察，共有 243 名船员、6 位科学家参加，由汤姆森爵士领导，是人类历史上首次综合性的海洋科学考察。

这次考察活动第一次使用颠倒温度计测量了海洋深层及其季节变化中的水温，采集了大量海洋动植物标本和海水、海底底质样品，发现了 715 个新属及 4 717 个海洋生物新种，验证了海水主要成分比值的恒定性原则，编制了第一幅世界大洋沉积物分布图。此外，还测得了调查区域的地磁和水深情况。这些调查获得的全部资料和样品，经过 76 位科学家长达 23 年的整理分析和悉心研究，最后写出了 51 卷共计约 4 万页的考察科学成果报告。他们的成果极大地丰富了人们对海洋的认识，从而为海洋物理学、海洋化学、海洋生物学和海洋地质学的建立和发展奠定了基础。

"挑战者"号环球海洋考察极大地提高了人们对海洋的兴趣。此后德国、俄国、挪威、丹麦、瑞典、荷兰、意大利、美国等许多国家都相继派遣科考船进行环球或区域性海洋探索性航行调查。第一次世界大战以后，海洋学研究开始由探索性航行调查转向特定海区的专门调查。1925—1927 年德国"流星"号在南大西洋进行了 14 个断面的水文测量，1937—1938 年又在北大西洋进行了 7 个断面的补充观测，共获得 310 多个水文站点的观测资料。这次调查以海洋物理学为主，内容包括水文、气象、生物、地质等，并以观测精度高著称。这次调查的一项重大收获是探明了大西洋深层环流和水团结构的基本特征。另外，本次调查第一次使用回声测深仪探测海底地形，经过 7 万多次海底探测，结果发现海底也像陆地一样崎岖不平，改变了人们以往对"平坦海底"的既有认知。

1947—1948 年，瑞典的"信天翁"号调查船的热带大洋调查被海洋学家誉为近代海洋综合调查的典型。此次调查历时 15 个月，总航程达 13 万千米，在大西洋、太平洋、印度洋、地中海和红海共布设测点 403 个，重点在三大洋赤道无风带进行热带深海调查和深海海底的地质采集。对全部探测资料和沉积物岩芯样品进行了长达 10 多年的整理和计算分析，最后出版了《瑞典深海调查报告》10 卷 36 分册。据统计，从 18 世纪到 20 世纪 50 年代止，全世界共进行了 300 次左右单船走航式的海洋调查，通过这一系列的调查，人们对世界大洋及一些主要海域的温度和盐度分布、大型水团属性及海底地形的轮廓有了更深入的认识。

"挑战者"号的科学考察是 1872 年至 1876 年期间开展的，本次考察获得了多项发现和成果，为海洋学的建立奠定了基础。

在苏格兰，爱丁堡大学和莫契斯东中学的查尔斯·维尔·汤姆森的提请下，英国皇家学会从英国皇家海军那里获得了英国舰队"挑战者"号的使用权，并于 1872 年将它改装成可用于科学研究的海洋调查船，为它装备了独立的博物学和化学实验室。

由乔治·奈尔斯指挥的"挑战者"号，于 1872 年 12 月从英国的朴次茅斯启程，由汤姆森亲自负责科学监督。该船为进行测量和探索行进了近 7 万海里，考察的结果被收入《"挑战者"航海考察科学成果报告》，列出了超过 4000 种先前未知的物种。管理该报告出版发行的海洋学家约翰·默里盛赞"挑战者"号的环球海洋考察是"我们这颗星球上，自 15、16 世纪的大航海壮举以来最伟大的知识性探索"。

经过 3 年 5 个月不间断的考察，713 天的海上航行，"挑战者"号于 1876 年 5 月 24 日回到了汉普郡的斯皮特黑德海峡。它在 68890 海里（127584 千米）的旅行中，进行了 492 次深海探测、133 次海底挖掘、151 次开阔水面拖网作业以及 263 次连续的水温测定。"挑战者"号科考船取得的成果被英国各地多个海洋协会保存，包括南安普敦的英国国家海洋学中心、泰恩-威尔郡的海洋研究所。"挑战者"号航天飞机就是以英国"挑战者"号命名的。

第三节　纵横海洋科考船

海洋科考船是采用船舶观测手段开展海洋调查的平台载体，第二次世界大战之后，海洋科考调查开始活跃起来，当初使用的海洋调查船也只是利用其他旧船改装而成的。20 世纪 50 年代末期出现了专门设计建造的海洋科考船，海洋科考调查事业自此得到了更显著的发展，科考船也同时得到了快速发展。

　　面对当前国内外海洋科考船的快速发展，中国船舶及海洋工程设计研究院吴刚研究员结合海洋调查船历史上的两个重要发展时期，列举了世界上有代表意义的典型船型并分析总结了符合当时技术特征的船型特点，应对当前需求的不足。通过引入现代"海洋综合科考船"的定义，阐述了其发展由来和船型特征，并从集成性、协调性、实践性和探索性4个方面详细讲述了海洋综合科考船的船型设计特点。

一、　海洋调查船的两个主要发展期

（一）第一发展期

　　通常认为，20世纪50年代末至80年代末是世界海洋调查船发展的第一时期。随着电子计算机的应用以及各种先进海洋调查设备的出现，现代化高效率海洋调查船陆续诞生并逐渐普及。这一时期的海洋调查船在设备、性能、布置以及实验室与专用设备的匹配等方面，与旧船改装的调查船相比有了质的提高，可以称之为"第一代海洋调查船"。当第一时期设计建造的海洋调查船已明显不能适应现在海洋事业的发展时，在各国海洋科研单位及时更新仪器设备，不断提高研究精度和研究范围的前提下，这些调查船均步入了退役期或改造期。进一步发展起来的现代海洋综合科考船开始逐步承担起海洋调查的重任。

（二）第二发展期

　　海洋调查船发展的第二时期为20世纪80年代末至今。随着船舶电力推进系统和动力定位系统的逐步推广和各种专业科考设备的更新换代，科考作业和实验室专业化模块化设计、操控支撑系统自动化、计算机网络化等技术的发展，船舶设计尤其是海洋综合科考船获得了新的设计理念，加上之前建造的一批船舶有些已经到了更新换代的时间，国内外出现了一批新建的先进海洋调查船。这个时期有代表意义的调查船有：1984 年美国改装建成的 18 000 吨级的大洋钻探调查船"决心"号、1997 年美国建成的 3 600 吨级"亚特兰蒂斯 II"号（作为 Alvin 深潜器的母船）；2005 年法国建成的 6 600 吨级综合调查船"Pourquoi-Pas"号；2006 年德国建成的 6 300 吨级的冰区综合调查船"玛丽亚·西碧拉·梅里安"号；2007 年西班牙建成的 3 000 吨级的综合科考船"Sarmiento de Gamboa"号；2007 年英国建成的 5 800 吨级的综合科考船"詹姆斯·库克"号；2007 年日本建成的 57 000 吨级的大洋钻探调查船"地球"号；2012 年俄罗斯建成的"特列什尼科夫院士"号极地科考破冰船；2013 年英国建成的 6 000 吨级的新"发现"号；2014 年美国建成的 3 200 吨级的综合调查船"阿姆斯特朗"级（AGOR 27、AGOR 28）；2014 年澳大利亚建成的 6 000 吨级的综合调查船"调查者"号；2015 年德国建成的 8 000 吨级的新"太阳"号（见图 3 - 6）。

图 3-6 德国新"太阳"号

二、　海洋科考船的分类

　　海洋调查船一路走来形成了科学的海洋调查船体系。不同国家在发展专门的海洋调查船时，有不同的战略目标和阶段使命；有不同的发展脉络和母型船基础；有不同海域的海洋研究需求；有不同的船舶设计和建造能力，诸多因素均会导致海洋调查船的船型不同和功能有异。

　　现代海洋调查船的分类方法较多，按船型分，有单体、双体和特殊型；按船舶尺度、续行能力和作业能力分，有全球级、大洋级、区域级和近岸级；按使用目的分，有综合调查船、专业调查船和特种调查船，其中专业调查船有地球物理调查船、声学调查船、渔业调查船、地质调查船、气象观测船、航道测量船、环境监测船、浮标工作船等，特种调查船中又有大洋钻探调查船、极地科考破冰船、航天测量船、深潜器母船、海洋考古船等。

　　综合调查船发展到现在，其所具备的功能已经不是单纯意义上的样品采集、现场考察和多个学科各自独立的数据分析。现代综合调查船需具备多个海洋调查领域的同步观测、样品采集和处理能力，具有多学科、多功能、多技术手段的综合调查能力。此类船采集的要素既有随时间变化不显著的内容，如海底地形地貌、水深、重力磁力等，也有随时间变化显著的内容，如水文、气象、生物、化学、地球物理和海声学等要素。此类船要能满足海洋水文气象、地球物理、地质地貌、生物化学、海洋声学甚至海洋渔业等多种海洋调查领域交叉共享的研究需求，并能开展自高空大气透过海气界面、全海深的综合科学考察。通常，作业甲板应具备均布式螺栓等甲板通用件，可安装移动式集装箱，配置多个通用实验室，因此现代综合调查船有了一个更普遍、更适合的名字——海洋综合科考船。

当今调查船的船型发展具有许多新的特点，如全球级和大洋级调查船的设计主要集中在功能强大、综合性更强的综合调查船和专业性强需求特殊的特种调查船方面。一些需求较单一的生物、地质、气象等专业调查船逐步向区域级和近岸级调查船转变，一些大型的深潜器母船、渔业调查船、气象调查船等都具备了综合调查能力，有时候也被认为是海洋综合科考船。

海洋综合科考船作为海洋调查船中最综合、最有代表性的高技术船舶，有其基本和通用的功能指标，也有具体和延伸的特殊需求，与常规运输船相比，油耗、载重量已不再是制约设计先进性的关键要素，此类船型的设计建造没有固定照搬的模式。基于海洋综合科考船的功能和使用特点，此类船型的设计技术通常具备集成性、协调性、实践性和探索性的共同特点。

（一）集成性

具有集成性特点的调查包括：海洋大气学科开展的大气调查，地球物理学科开展的地球物理调查，海洋地质、海洋能源开发、海洋考古等学科开展的海底调查，海洋生物、通信工程等学科开展的声学调查，海洋环境观测学科开展的遥感信息调查，海洋生物、海洋化学学科开展的生化调查等。

（二）协调性

海洋综合科考船是人—船—海三个元素的中间焦点，成为各种系统中的繁杂问题和复杂矛盾的交汇点，特别体现在"综合"两个字上。海洋综合科考船涉及各个学科、各种性能的需求，把所有问题和各种矛盾协调理顺，统一平衡到一条具体的船上，使之成为统一体。海洋综合科考船设计的协调性特点将考验设计者对船型的理解和平衡能力。

此类船型设计中通常需要综合论证并协调平衡的几大方面是：

控制船舶投资规模，提高续航力、适航性、安静性以及加大深远海综合作业能力、通信保障的协调能力；船舶平台功能与科考平台功能，船员需求与科考人员需求之间的协调；较多的定员人数，改善居住、工作环境，提高管理和工作效率的协调；水下噪声指标与全船投资和营运的经济性，动力定位能力，空间利用率的协调；推进系统采用轴桨电力推进与全回转或全方位电力推进的比较论证，这些推进形式包含吊舱全回转推进、齿轮全回转推进和对转螺旋桨全回转推进等。有些经费特别紧张或需求比较特殊的项目还存在采用常规机械推进还是采用电力推进的比较论证，对科考设备要进行采用液压驱动还是采用电力驱动的比较论证。

（三）实践性

海洋科考自身具备较大的实践性，设计人员不参加科考航次、不到海上亲临实验，很难体会第一线的实际需求。因此，海洋综合科考船的设计和管理需要结合各自国情和不同用船单位的具体需求。很难想象，如果没有实船设计和科考航次的实践体验及使用反馈，一个设计团队怎么能较好地完成海洋综合科考船的设计任务？尤其是设计指标要求较高的重点建设项目。这种实践性的要求也是考验设计团队实船设计和创新能力的综合素质。

要积累实践经验，设计团队必须积极参与各类科考船的试航和科考调查，回访调研船舶使用部门和船上科学家，积极参与国内外各种海洋科考船设计建造的交流论坛和国际海洋调查机构组织的调查活动。通过搜集和整理各类使用经验和失败案例，了解海洋调查的目标和手段，促进实践经验的总结和提高。这几年，国内设计单位逐步重视海上科考的实践总结，有时候看上去是一个细微的改进，却能大大提高船舶作业效率和安全性。例如，作业甲板舷侧可拆式或移动式舷墙、实验室桌面和墙面均布的C型槽、实验室顶部的飞缆和移动插座等细节的改进，均是从实践和调研中得到启发的产物。

（四）探索性

海洋尤其是深海仍然是人类的未知领域，海洋科考船作为时空跨度较大的探索平台，功能需求和装船设备存在较大的延伸性和扩展性，甚至是不确定性。海洋综合科考船的船型设计从来没有固定的模式可以照搬，不同时期、不同年代的海洋综合科考船有不同的船型特点。这些特点与这个时期科学研究者对海洋的认知和关注角度、船舶设计和建造技术的发展程度、船载探测设备的水平、科考操控支撑系统的配套能力以及科考作业模式与管理水平都是息息相关的。这种探索性考验着设计团队对海洋科学研究、设备配套与技术前沿长期跟踪和应用的能力。例如，随着当今船舶计算流体力学和船模实验技术的发展，现代海洋综合科考船深海多波束测深系统在船底的安装位置，经历了由悬挂安装到突出安装再到嵌入安装的变化，船首设计也因此经历了由常规球鼻艏到直一船首的一体化设计发展历程。在国内，中国船舶及海洋工程设计研究院利用自身水池和总体所的设计优势拥有这方面的多个船型和实验技术专利。

三、 海洋调查船的任务

海洋调查船是专门从事海洋科学调查和研究的船舶，欧美的海洋调查船建造和使用已经有几个世纪的历史了，在调查船发展的过程中根据使用目的不同，先后设计建造了现代综合调查船、渔业调查船、地质调查船、大洋钻探调查船、声学调查船、极地科考船等海洋调查船。

（一）现代综合调查船

现代综合调查船工作内容多，航行区域广，大多以本国临近大洋或更远海区为航区，因此现代综合调查船型值及续航力、自持力等较大，调查设备通常也比较齐全，对船舶的稳性、操纵性、低速、防摇、防震、防噪声、供电能力、绞车设备、调查与导航仪器、研究工作空间以及作业自动化水平等都有较高要求。

美国海军的"Bruce C. Heezen"号综合调查船，全长100.3米，型宽17.6米，吃水5.8米，自持力29天，续航力12 000海里。为方便海洋调查作业，该船甲板上安装有伸缩臂吊机、海洋吊机以及U型架等各类起吊设备，同时还布置了拖网绞车、水文绞车、磁力仪绞车等共5部绞车。船上装备了12 000米海深测深仪、温盐深测量仪（conductivity-temperature-depth system，CTD）、多波束测深系统、浅地层剖面仪、磁力仪、ADCP、声速系统、海洋表面温度测量系统等，并配有综合实验室、干湿实验室、化学实验室、电子科技工作室等各类实验室，能够满足开展海洋物理、化学、地磁、水文、地震、声学等多种学科的海洋调查工作。另外，该船还设置了直升机甲板，能够起落一架直升机，以提高海洋调查效率及能力。

我国目前比较先进的综合调查船为中国科学院的"科学"号调查船，总长99.8米，型宽17.8米，设计吃水5.6米，设计排水量约4 660吨，续航力15 000海里，自持力60天，可承载80人，最大航速超过15节，单台发电机运行的经济航速达12节，全船实验室面积约 330 平方米。该船采用国际先进的吊舱式电力推进系统，艏部配备了两个艏侧推，动力定位满足 CCSDP－1 要求并配备综合导航定位系统，一人桥楼系统，可实现 0～15 节无级变速，在低速状态下可以原地 360°回转。该船安装了自动气象站、万米测深仪、ADCP、双频回声测深仪等仪器以及辅助设备，同时该船还设置了地震实验室、地貌实验室、磁力实验室、气象实验室、干湿实验室、重力实验室等。

从以上两船的数据对比可以看出，两船的型值相当，调查设备均较为先进和全面，"科学"号的技术水平和考察能力已达到国际海洋强国新建和在建综合调查船的同等水平。

近年来，我国先后新建了"科学"号的同型船新"向阳红01"号、"向阳红03"号和"张謇"号等，已经交付使用的还有"大洋号""嘉庚"号和"淞航"号，即将交付的有"深海一号"。我国的综合调查船的单船性能以及整体水平逐渐达到国外同等水平。

（二）地质调查船

在陆地资源日益枯竭的情况下，合理开发和利用海洋资源已成为世界各国人民的共识；而要合理开发和利用海洋矿产资源，首要问题是解决开采的设备、手段、工艺及方法。

地质调查船是专门从事海洋地质调查的船舶，其任务是应用地球物理勘探和采样分析等手段，研究海底的沉积与构造，评估海底矿产资源的蕴藏量。船上装有专门的海洋地质调查仪器和设备，如精密的地震、地磁、重力探测仪器和准确的导航定位系统。船上还设有回声测深仪、侧扫声呐、多波束测深系统、采泥器、柱状采泥器、浅地层剖面仪和地震、重力、地磁以及地热等地球物理调查设备，并设有地质、化学实验室等。

美国目前用于海洋地质调查的主要是"Marcus G. Langseth"号，该船长72米，型宽17米，吃水5.9米，最大航速13节，排水量3 834吨，续航力13 500海里，可以搭载35名科学家进行海洋地质以及地震调查。该船最大的特点是安装了Syntrak 960-24地震记录系统和气动声源阵列拖曳系统等，具有全面的地球物理学调查研究能力和地质地震探测能力。

"海洋六号"（见图3-7）是我国自行设计建造的首艘集地震、地质调查等多项功能于一体的调查船（目前中国地质调查局拥有"海洋地质八号""海洋地质九号"等调查船）。该船总长106米，宽17.4米，型深8.3米，设计吃水5.5米，设计排水量4 600吨，续航力15 000海里，可在国际海域无限航区开展调查。它采用电力推进系统、动力定位、全回转舵桨等国际先进技术及设备，配置有4 000米级深海水下机器人"海狮"、多波束测深系统、浅地层剖面仪、长排列大容量高分辨率地震采集系统等多种高科技调查设备。全船分为地质调查、地震调查、声学设备换能器3个作业区域，调查设备分为地球物理调查系统、地质取样系统、深海水下遥控探测系统和水文调查系统四大类，并能根据实际工作需要，增减或更换其他设备。

图3-7　"海洋六号"

我国的地质调查船主要由中国大洋矿产资源研究开发协会、广州海洋地质调查局和青岛海洋地质研究所运营，形成了船舶数量较多且集中管理的局面，这有助于形成海洋地质调查的合力并促进船舶性能的改进和提高。目前，我国与国际海底管理局签订了合同，承担了印度洋以及东太平洋共 8.5 万平方千米海底区域的勘探和开发。这也是对我国地质调查船整体性能水平的认可。

（三）大洋钻探调查船

大洋钻探调查船的主要任务是钻取海底的岩心样品，因此它需要装备高大的井架、重型的起吊设备、大面积的中央井、全套的岩心取样系统和可靠的动力定位系统等，尤其是保持船位不动的动力定位系统。大洋钻探对于研究海底构造和查清矿藏资源具有重要意义，因而引起了国际上的普遍重视。

目前，美国和日本是率先建造并应用大型深海钻探调查船的主要国家。其中美国地球深层采样联合海洋机构使用的"JOIDES"号是世界首艘深海钻探调查船，该船于 1984 年改装交付，满载排水量 18 720 吨，钻塔高约 80 米，交付至今航迹已遍布南北半球及南极边界区域，采集获取了大量海洋地质数据和生物数据。

日本海事协会所属的地球深层探索中心于 2005 年接收了世界上最大的深海钻探船"地球"号，其高科技钻头可以配合海沟裂缝钻达地底 7 千米进入地幔。该船排水量达 56 752 吨，钻塔高 121 米。目前，上述两船均加入了由 14 个美国科学组织和 21 个国际组织组成的合作、实施、管理的综合海洋钻探计划（IODP），进一步巩固了美国和日本两国在全球深远海科研钻探调查领域的优势地位。

我国目前在该领域还是空白。因此，加紧研制和建设大型深海钻探调查船是我国构建"一带一路"倡议海洋环境保障体系，打破美、日深远海钻探调查技术垄断的必要条件，是形成未来完整科考船队体系的关键一环。

（四）声学调查船

声学调查船是海洋声学研究的重要载体和组成部分，用于海洋声学信息采集，可以满足海洋声学调查的各类需求，提升海洋声学调查和水声侦听领域的科研能力，同时可兼顾水下目标声学信息采集、水下目标警戒等军事用途，能够促进军民融合，为海洋声学调查和水声侦听提供海上平台和移动的研究室。

专业的声学调查船为满足水声设备的正常使用，对母船噪声特性和耐波性均有较高要求。海底监听船是声学调查船的一种，主要是海军使用的，用来监听他国潜艇动态的一类调查船。美国海军拥有 5 艘这一类的船舶，其中 4 艘为"胜利"级，另外一艘为"无暇"号。

"无暇"号船长 85.8 米，型宽 29 米，其装备有主动和被动两种声呐阵列探测系统，用来侦探海底的潜艇。这种声呐阵列可以像撒网一样扔到海里，是拖曳式天线阵，从而测到海底信号。2008 年期间，为了监听我国新建的潜艇，"无暇"号在我国南海专属经济区频繁活动，为了阻止它的不正当调查活动，我国出动了 5 艘船舶与其对抗，但最终它还是将拖曳式天线阵放入了水中。

我国较为先进的声学调查船是中国科学院南海海洋研究所于 2009 年建造完成的"实验 1"号调查船。该船是我国第一艘以水声调查为主的调查船，全长 60.9 米，宽 26 米，排水量 2 560 吨，2 565 总吨，续航力 8 000 海里，自持力 40 天，定员 72 人（其中船员 27 人），经济航速 10 节，最大航速 15 节。该船采用了国内自主研发的舷侧声阵和大通海井—升降回转装置，并配备了性能先进的 ROV 水下实验平台，同时采用交流变频电力推进系统，拥有各种先进的通信导航设备，可以进行 DP－1 动力定位。船上建有 11 个实验室，并设有多种起吊设备及各种海洋科研调查设备。

由于专业的声学调查船对船体本身的噪声要求很高，因而在船舶设计和建造中都有很高的标准，相应的造价也很高。国际上的声学调查船大多满足"DNV Silent-R"级噪声等级，2019 年交付的"东方红 3"号成为全球首艘获得 DNV GL 水下辐射噪声最高等级 Silent－R 证书、排水量最大的海洋综合科考船，填补了我国在该领域的空白。为了做好我国管辖海域声学调查并服务国家的海防建设，我国必须在声学调查船设计和建造中投入更大的力量。

（五）极地科考船

极地科考船的主要任务是调查极地现象，诸如夜光、极光、地磁、电离层和宇宙射线等，同时也调查极地海洋的水文、气象、地质、生物等基本项目。由于它经常在严寒的海区工作，所以需要船体坚固，有强大的破冰能力，并且具有抵御低温恶劣环境等能力，有良好的稳定性和操纵性，具备强大的后勤补给系统以支持极地考察的长期作业，因而这种船需要具有较大的型值。

美国海岸警卫队的"北极星"号破冰船全长 121.6 米，型宽 24 米，满载排水量 13 000 吨，续航力 16 000 海里。该船使用了 4 种不同的电子导航方式来克服高纬度航行操作的困难，同时还有 6 个柴油动力发电机，3 个燃气轮机，3 个船只服务发电机和其他保障船只平稳运行的设备。船体和相关的内部支撑结构由耐低温性能相当强的钢材制造。"北极星"号的船体结构设计目的是最大限度地有效利用船只动能破冰，利用重力向下拉动船首及船尾，靠浮力推动船舶前行，底部弓弧可以让"北极星"号开上冰面并利用船身重量压碎冰层。船上的横倾系统可以摇动船身，避免被困在冰面上。"北极星"号在执行重要任务时，可以容纳2架HH-65"海豚"救援直升机，用于支持科研人员进行科学研究、冰区侦查以及货物转移、搜索和救援任务。该船不但拥有强大的破冰能力，还有着强大的人员保护能力。

我国目前有"雪龙2"号、"雪龙"号极地科考船。我国的"雪龙"号（见图3-8）由苏联的运输船改装而来，能够满足基本的极地调查需要。"雪龙"号自1994年首航以来，已经先后23次赴南极、9次赴北极开展科学考察和补给运输任务，足迹遍布五大洋，创下了中国航海史上的多项纪录。"雪龙"号总长167米，型宽22.6米，型深13.5米，满载吃水9米，自重10250吨，满载排水量21025吨，最大航速17.5节，续航力14000海里；主机功率13200千瓦，载重10225吨。"雪龙"号属B1级破冰船，能以1.5节航速连续破冰1.1米（含0.2米雪）。"雪龙"

图3-8 "雪龙"号

号装备有先进的导航、定位、自动驾驶系统，有能容纳 2 架直升机的平台和机库，并配备先进的通信系统以及完善的医疗设施和生活娱乐设施。

除了以上船型，我国的气象调查船、生物调查船、实习调查船、地磁测量船、航道测量船、扫海测量船、潜水器母船、环境监测船、水文调查船、航天测量船均有一些典型的代表。

(六) 渔业调查船

渔业调查船是指专门从事水产资源、渔场和渔业水域环境等科学调查和研究的渔业辅助船。该类船主要用于调查研究潜在渔场的开发，鱼汛期的发生和持续时间，鱼类资源的种类、分布密度变化动态，预估资源拥有量和近期可捕量，以及试验渔具、渔法、渔获物保鲜加工手法等；有的还兼有渔业生产指导等任务。这种船需要装备各种探测和试捕工具，以及用于渔业水域环境调查的仪器设备如拖网、捕鱼声呐、浅地层剖面仪等。另外，甲板上还需要安装必要的起吊设备。

据不完全统计，日本水产厅拥有渔业调查船 1 艘，韩国具有从事海洋渔业资源调查研究的调查船 20 余艘。美国、日本、俄罗斯、英国、德国和法国等均拥有为数众多的渔业调查船。

日本水产综合研究中心下属西海区水产研究所于 2010 年 11 月 30 日下水的"阳光丸"号渔业调查船全长 58.6 米，型宽 11 米，型深 6.85 米，航速 13 节，续航力 5 760 海里（见图 3 - 9）。美国 NOAA 拥有的"Oscar Elton Sette""Pisces""Oregon Ⅱ"等系列渔业调查船，船长分别为 68.3 米、63.7 米和 51.8 米。其中"Oscar Elton Sette"系列调查船型宽 13 米，吃水 4.6 米，航速 11 节，续航力 17 000 海里，排水量 1 486 吨。

我国共有渔业调查船 4 艘，均隶属于中国水产科学研究院管

图 3-9　日本"阳光丸"号

理使用，分别是"北斗"号、2010 年投入使用的"南锋"号（见图 3-10），以及 2019 年交付使用的"蓝海 101"号和"蓝海 201"号。"北斗"号建造于 1983 年，即将服役期满。"南锋"号 1 537 总吨，船长 66.66 米，船宽 12.4 米，续航力 8 000 海里，自持力 60 天，无限航区，最大航速 14 节，具有良好的适航性、抗风浪性及操纵性，能在远洋各种海况条件下航行及进行调查活动，是具备国际先进水平的渔业调查船。"蓝海 101"号和"蓝海 201"号是我国农业农村部迄今投资最多、吨位最大、设施最先进的渔业调查船，其操纵灵活，有较好的适航性和耐波性。

图 3-10　"南锋"号

可以说，我国的渔业调查船就单船性能来说已具备国际同等水平。但我国渔业调查船数量较少，其中"北斗"号还即将退役，难以担负起我国海域渔业资源与生态环境调查和研究任务。现在国际社会要求捕鱼国承担更多的资源调查和科学研究义务，同时，随着世界主要海洋大国远洋渔业发展战略的实施，远洋渔业资源的争夺也更加激烈。我国必须新建更多先进的渔业调查船，为国家经济建设、维护海洋渔业权益、保障国家战略实施发挥更大的科技支撑作用。

四、 我国极地科考船船舶总汇

（一）第一代："向阳红 10"号

"向阳红 10"号是中国自行设计制造的第一艘万吨级远洋科考船。这是一艘满载排水量为 13 000 吨的普通船舶，无破冰能力。1979 年 11 月由上海江南造船厂建成并交付国家海洋局东海分局使用。

1984 年 11 月 20 日，我国选出 591 人进行我国第一次南极科学考察。他们乘坐着这条并不是为了极地考察而打造的科考船，从上海出发，肩负着前往南极建立中国南极长城站及越冬的任务。当年 12 月 26 日"向阳红 10"号抵达南极，12 月 30 日，南极考察队登上乔治王岛，并在岛上举行了长城站奠基典礼，将第一面五星红旗插上了南极洲。从这一年起，中国每年派出考察队前往南极进行科学考察。

由于"向阳红 10"号没有冰区航行能力，不能深入到冰情严重的极地航行，因此该船很快就退出了极地考察的历史舞台。

（二）第二代："极地"号

"极地"号是我国第一艘真正意义上的极地科考船。它原是由芬兰劳马船厂建造的一艘具有 1A 级抗冰能力的运输船改装而成的。我国于 1985 年购入后由沪东造船厂进行了改装，使它成为一艘多功能、多用途、综合性强并适宜于高纬度高严寒海域航行的科考船。

1986 年 10 月 31 日上午 10 时，"极地"号由青岛港拔锚启航，载着我国第三批南极科学考察队队员开始了它的第一个航程，并作我国航海史上第一次环球航行。船上装有先进的卫星导航和通信设备，以及直升机平台和机库等。这支科学考察队由 128 人组成，其中 2 名是女队员。

"极地"号在完成了 6 个南极航次考察任务后，于 1994 年退役转入海运经营。受当时技术条件限制，"极地"号只具有抗冰能力，但没有破冰能力，因此只能在浮冰密集度较低的海区航行。在执行南极科考任务时，更多的是等待时机。

（三）第三代："雪龙"号

"雪龙"号于 1993 年购自乌克兰，全长 167 米、满载排水量 21 000 万吨，技术性能先进，配备了现代化的航行、定位和导航系统，具备以 1.5 节航速连续破冰 1.1 米的能力，可搭乘科考队员 120 人，初期主要承担南极考察站物资补给运输、科考队员轮换的接送和南北极大洋调查等任务。

我国购置"雪龙"号后，曾先后对它进行过 4 次改造：

1994 年，由沪东船厂将其改装成极地科学考察兼运输补给船，替代原有的"极地"号。

1995 年，对"雪龙"号再次进行了改造，在原来 1 号货舱上加装了 3 层建筑，增加了实验室、餐厅和考察队员的住舱，并加装了科考设备，科考能力有了极大提高。

2007 年，"雪龙"号驶进上海浦西修船码头进行升级改造，主甲板以上被全部割除重建，并更换了驾驶系统和机舱设备自动控制系统，新增了实验室和考察设备。

2013 年，"雪龙"号在江南造船厂完成了包括动力系统、甲板机械和环保系统等在内的恢复性修理和改造，更换了主机和 3 台发电机，加装了压载水处理装置，升级了船载海事卫星，更换了 4 台吊车以便装卸。

自投入使用以后，"雪龙"号参加了我国自 1994 年至今的历次南极和北极科学考察活动，取得了大批珍贵的南大洋和极地海域综合数据，获得了许多新发现，还到达了船舶可以到达的地球最南端海域——南纬 77°47′ 的罗斯海，创造了我国船舶到达地球最南纬度的纪录。

2019 年 1 月 19 日，"雪龙"号在执行中国第 35 次南极考察任务期间，在阿蒙森海密集冰区航行中受浓雾影响与冰山相撞，船首桅杆及部分舷墙受损，但通过检修，"雪龙"号依然可以正常运行，并于 3 月 12 日回到上海。

（四）第四代："雪龙 2"号

我国前三代极地科考船都是"非专业"的极地科考船，它们或从国外购入，或经过多次后期改造。随着我国极地科考事业的不断发展，中国亟须一艘具有高安全性、强破冰能力，同时符合国际最新标准的极地科考船。

"雪龙 2"号是我国继"向阳红 10"号、"极地"号和"雪龙"号之后的第四艘极地科考船，也是我国第一艘自主建造的极地科考破冰船。它总长约 122.5 米，排水量近 14 000 万吨，总装机功率 23.2 兆瓦（见图 3-11）。

图3-11　"雪龙2"号极地科考破冰船

　　按照"国内外联合设计，国内建造"的模式，"雪龙2"号由芬兰阿克北极有限公司承担基本设计，中国船舶及海洋工程设计研究院负责详细设计，联合国内相关单位对整体设计、施工设计、建造工艺等进行审核、优化；最终确定的方案中，国外设计团队的贡献主要是推荐冰池试验的母型和船体基础结构设计，而科考系统、全船内装都是由国内设计的，最后由江南造船（集团）有限责任公司制造。

　　"雪龙2"号和"雪龙"号都是配备了先进设备的科考船，之后这种"双龙探极"工作模式将成为常态。

第四章
中国进入「双龙探极」新时代

········· **第一节 引子** ·········

　　早在古希腊时期，传说南半球有一个与欧亚大陆相对称的、幅员辽阔的"南方大陆"。这个所谓的"南方大陆"就是后人所说的南极洲。南极洲原是冈瓦纳古陆的核心部分。大约在 1.85 亿年前冈瓦纳古陆先后分裂为非洲南美、澳大利亚等大陆并相继与之脱离。大约在 1.35 亿年前非洲南美大陆一分为二，形成了现代的非洲与南美洲大陆。大约在 5 500 万年前澳大利亚最后从冈瓦纳古陆上断裂下来，于是只剩下了南极洲。

　　南极洲（见图 4-1）位于地球最南端，土地几乎都在南极圈内，四周濒太平洋、印度洋和大西洋，是世界上地理纬度最高的一个洲，同时也是跨经度最大的一个大洲。南极洲总面积约 1 405 万平方千米，约占世界陆地总面积的 9.4%。南极洲是世界上最高的大陆，平均海拔 2 350 米。南极洲距离南美洲最近，中间隔着只有 950 千米宽的德雷克海峡，距离澳大利亚约有 3 500 千米，距离非洲约有 4 000 千米，与中国北京的距离约有 12 000 千米。

　　南极大陆是南极洲的主体，横贯南极山脉将南极大陆分成东西两部分，这两部分在地理和地质上差别很大。东南极洲是一个古老的地盾，而西南极洲是由若干板块组成，在地质年龄上远比东南极洲年轻。东南极洲从西经 30° 向东延伸到东经

南极洲地图

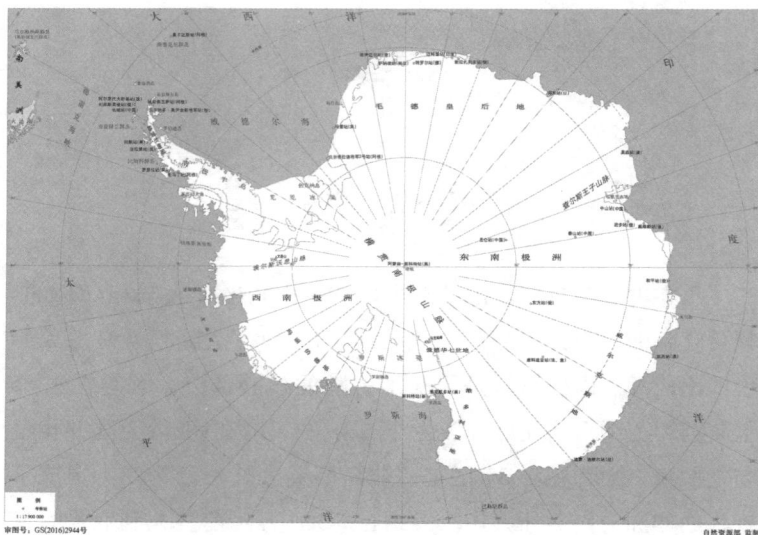

图 4-1　南极洲地图

170°，包括科茨地、毛德皇后地、恩德比地、威尔克斯地、乔治五世海岸、维多利亚地、南极高原和南极点，面积 1018 万平方千米。西南极洲位于西经 50°~160° 之间，包括南极半岛、亚历山大岛、埃尔斯沃思地以及玛丽·伯德地等，面积 229 万平方千米。

南极大陆 98% 的地域终年为冰雪所覆盖，冰盖面积约为 1239.3 万平方千米，冰层平均厚度 2000 米，最厚厚达 4750 米，冰雪总储量超过 3000 万立方千米，占全球现代冰被面积的 80% 以上，是全球淡水总储量的 72%。如果南极冰盖全部融化，地球平均海平面将升高 60 米，我国东部的经济特区将被淹没在一片汪洋之中。

东南极洲是一块很古老的大陆，据科学家推算，已有几亿年的历史。它的中心位于南极点，从任何海边到南极点的距离都很远。东南极洲平均海拔2 500米，最大高度4 800米。在东南极洲有南极大陆最大的活火山，即位于罗斯岛上的埃里伯斯火山，海拔高度3 794米，有1个活动的喷火口和2个熄灭的喷火口。

西南极洲面积229万平方千米，是个群岛，其中有些小岛位于海平面以下，但所有的岛屿都被大陆冰盖所覆盖。较古老的部分（包括玛丽·伯德地南部、埃尔斯沃思地、罗斯冰架和毛德皇后地）有一条由花岗岩和沉积岩组成的山系。该山系向南延伸至向北突出的南极半岛的中部。西南极洲的北部，即较高的部分是由第三纪地质时期的火山运动所造成的。南极洲的最高处——文森山地（5 140米）位于西南极洲。

根据近三十年在南极进行地球物理调查所获得的资料和依据板块构造理论对有亲缘关系的板块拼接的结果证实，南极洲储存着丰富的煤、铁、石油与天然气。煤资源主要存在于南极横断山脉，为二叠纪煤，贮相较浅，煤块呈凹凸状。铁矿贮存于东南极的因德比地到威尔克斯地之间的地区，但是最大的铁矿在查尔斯王子山脉，其范围绵延数十千米。此外，南极洲还有金、银、铂、铬、锡、铅等多种金属矿藏。

南极洲的气候特点是酷寒、烈风和干燥。全洲年平均气温为－25℃，内陆高原平均气温为－56℃，为世界最冷的陆地。寒季沿岸气温为－30～－20℃，内陆－70～－40℃；极端最低气温曾达－89.2℃，是1983年由苏联的东方站测定得到的。

南极洲的风也是独具个性的。冷空气从大陆高原上沿着大陆冰盖的斜坡急剧下滑，形成近地表的高速风。风向不变的下降风将冰面吹蚀成波状起伏的沟槽，全洲平均风速 17.8 米/秒，沿岸地面风速常达 45 米/秒，最大风速可达 90 米/秒以上，是世界上风力最强和风暴最多的地区。南极洲绝大部分地区年降水量不足 250 毫米，仅大陆边缘地区可达 500 毫米左右。全洲年平均降水量为 55 毫米，大陆内地年降水量仅 30 毫米左右，极点附近几乎无降水，空气非常干燥，有"白色荒漠"之称。

南极洲的风力因地而异，一般而言，海岸附近的风势最强，平均风速为 17～18 米/秒。东南极洲的恩德比地沿海到阿黛利地沿岸一带的风力最强，风速可达 40～50 米/秒。澳大利亚莫森站 20 年的统计资料表明，南极洲每年 8 级以上大风日就有 300 天，1972 年，莫森站观测到的最大风速为 82 米/秒。法国的迪蒙·迪维尔站曾观测到风速达 100 米/秒的飓风，其风力相当于 12 级，这是迄今为止世界上记录到的最大风速。

南极洲还是地球上最干燥的大陆，几乎所有降水都是雪和冰雹。极地气旋从大陆以北顺时针旋转，以长弧形进入大陆，除西南极洲的低海拔地区以外，这些气流很难进入大陆内地。但是，在气旋经过的南极半岛末端（包括乔治王岛），年降水则特别丰富，可达 900 毫米。

南极洲每年分寒、暖两季，4～10 月是寒季，11～3 月是暖季（见图 4-2）。在极点附近寒季有连续的极夜，这时在南极圈附近常出现光彩夺目的极光；暖季则相反，有连续的白昼，太阳总是倾斜照射。南极洲有南磁极与"难达之极"。南磁极即地磁的南极，1985 年南磁极的位置约为东经 139°24′，南纬 65°36′。"难达之极"是约以南纬 82°和东经 55°～60°为中心的高地，由于该地地势高峻，成为大陆冰川外流的一大分冰线，是难以接近或到达的地区。

图 4-2 南极洲的暖季

经植物学家考察，发现南极洲仅有 850 多种植物，且多数为低等植物，只有 3 种开花植物属于高等植物。3 种开花植物都是草本，一种是垫状草，另两种是发草属植物，其形态近似于禾本科植物，叶狭长，脉平行，有节、节间和分蘖，小穗状花序。它们对南极环境有一定的适应能力，生命周期和花期长，属多年生，通过大量分蘖来增加生物量，积蓄能量。有人企图将它们从南极半岛移植到英国的哈利站，但没有成功。开花植物是南极洲的稀有植物，仅分布在南极半岛北端和南极大陆周围的海洋性岛屿上。地球上开花植物的南界约在南纬 64°，南极半岛的北端和某些岛屿刚刚越过了"开花植物线"。在低等植物中，地衣约有350 种，苔藓 370 种，藻类 130 种。植物的品种和数量不仅不能与其他大陆相比，就是同北极地区相比也相差甚远。北极地区虽然也是寒风凛冽，最低气温在 −60℃ 以下，大部分地区属于永久冻土带，但那里生长的植物品种及数量都比南极洲多，仅开花植物就有 100 多种，地衣达 2 000 多种，苔藓 500 多种，还有一些南极洲没有的植物。

在南极大陆的岩石或陡坡上唯一发现的植物是最低等的植物，它们面北朝着太阳生长。植物学家在大陆的边缘及附近的岛屿上已经发现约 400 种不同的苔藓植物。在南极洲最温暖的南设得兰群岛以外和南极半岛的北部，也发现了两种粉红色的显花植物。在夏天解冻的水域中，还发现了 200 种淡水藻类。在雪地上也有藻类生长。

南极洲腹地几乎是一片不毛之地，那里仅有的生物就是一些简单的植物和一两种昆虫。但是，海洋里却充满了生机，那里有海藻、珊瑚、海星和海绵，大海里还有许许多多叫作磷虾的微小生物。磷虾为南极洲众多的鱼类、海鸟、海豹、企鹅以及鲸提供了食物来源。

南极洲的海岸和岛屿附近有鸟类和海兽，鸟类以企鹅为多。夏天，企鹅常聚集在沿海一带，构成有代表性的南极景象。海兽主要有海豹、海狮和海豚等。大陆周围的海洋，鲸成群，为世界重要的捕鲸区。由于捕杀过甚，鲸的数量大为减少，海豹等海兽也几乎绝迹。南极附近的海洋中还有极多营养丰富的磷虾，估计年捕获量可达 10.5 亿吨，可满足人类和海洋生物对水产品的需求。

企鹅是南极的"土著居民"，是南极的象征（见图 4 - 3）。全世界大约有 20 多种企鹅，全部分布在南半球，它以南极大陆为中心，北可分布至非洲大陆南端、南美洲和澳大利亚的沿岸及岛屿上。

生活在南极洲的企鹅有帝企鹅、阿德利企鹅、帽带企鹅、王企鹅、巴布亚企鹅、喜石企鹅和浮华企鹅 7 种。种类虽不多，但数量大，总数约有 1.2 亿只，占世界企鹅总数的 87％，占南极地

图 4-3 南极企鹅

区海鸟总数的 90%。其中以阿德利企鹅的数量最多，达 500 万只；其次是帽带企鹅，约有 300 万只；最少的是帝企鹅，约有 50 万只。南极洲不愧为企鹅的王国。

地球上的生命很可能是从水里开始的，后来逐渐扩展到陆地，并且分化成植物和动物，但这个过程是可逆的。有些动物甚至已经进化成温血动物（哺乳动物）之后，为了逃避天敌的追击，或为了寻觅更加丰富的食物，又重新返回了大海，形成了新的种属，庞大的海豹家族就是其中之一。

南极是盛产海豹的地区。据不完全统计，全世界有海豹 34 种，约 3 500 万只，南极地区虽然只有 6 种海豹，但数量却有 3 200 万只，约占世界海豹总数的 91%，产量居世界第一位。海豹家族栖息在南极辐合带以南，有锯齿海豹、威德尔海豹、罗斯海豹、象海豹、豹海豹等，它们组成南极的海豹家族（见图 4-4）。

南极的鲜花、企鹅、海豹期待着"雪龙 2"号的到来。

图 4-4 南极海豹

第二节 "双龙探极"不负韶华

"雪龙2"号极地科考船是中国第一艘自主建造的极地科学考察破冰船，于2019年7月交付使用。"雪龙2"号是全球第一艘采用艏艉双向破冰技术的极地科考破冰船，能够在1.5米厚冰环境中连续破冰航行。它的整体性能代表了当今极地科考船的先进技术水准，填补了我国在极地科考重大装备领域的空白。

"雪龙2"号是中国继"向阳红10"号、"极地"号和"雪龙"号之后的第四艘极地科考船，也是中国第一艘自主建造的极地科考破冰船。它让中国的极地科考进入"双龙探极"时代，开辟了中国极地考察新的格局。

南海宜人的微风亲吻着我国首艘自主建造的极地科学考察破冰船"雪龙2"号。2019年10月15日是"雪龙2"号的节日，它翻开了中国乃至世界极地科学考察史上新的一页。这一天，"雪龙2"号从深圳首航出征南极，执行我国第36次南极考察任务，主要围绕"双龙探极"、南大洋业务化观/监测、考察站基本建设、"绿色考察"四项重点任务。

这天，笔者怀着澎湃的心情来到了这艘殿堂般的科学考察破冰船上，领略它的英姿，探索它的神秘，为它出征南极探险科考壮行（见图4-5）。

图4-5　笔者在深圳探访"雪龙2"号

一、　初识南极，期待辉煌

中国第36次南极考察是"雪龙2"号交付后首次执行的科考任务，开往南极的航程将是一次全新的体验，也是对"雪龙2"号一次真刀真枪的实战考验。

2019年10月15日"雪龙2"号搭载着中国第36次南极科学考察队队员从深圳起航奔赴南极。

首次以"双龙探极"模式组织实施的南极考察，是本次考察的重头戏。考察队下设 12 个船、站、队，由来自 105 家单位的 446 人组成，历时 198 天，两船总行程约 70 000 海里，冰区航行 4 900 海里，执行站基、空基、陆基考察和相关海域调查等 62 项任务。

本次"双龙探极"实施完成了"两船四站"① 科学考察任务，开始了我国南极考察的新格局，使我国南极考察的科学监测考察水平跃上新台阶。

二、"双龙相会"硕果累累

2019 年 10 月 24 日，"雪龙 2"号首次穿越赤道进入南半球。"雪龙 2"号历经 19 天，航行 5 330 海里，于 2019 年 11 月 4 日停靠澳大利亚的霍巴特港（见图 4 - 6）。"雪龙"号 2019 年 10 月 22 日从上海出发，历经 17 天，航行 5 530 海里，于北京时间 11 月 7 日 5 时停靠澳大利亚的霍巴特港，与先行靠港的"雪龙 2"号成功聚首（见图 4 - 7）。这是一个值得记住的日子。随后两船相继穿越西风带进入南大洋。

2019 年 11 月 13 日傍晚时分，"雪龙"号赶上较它前一天穿越西风带进入南大洋的"雪龙 2"号，与"雪龙 2"号相距 4 海里时，两船通过其高频通信系统相互问候。搭载着中国第 36 次南极考察队队员的"雪龙兄弟"，沿着南纬 61°左右由东向西驶往中山站，去探索南极洲的秘密。

---

① "两船"为"雪龙"号和"雪龙 2"号，"四站"为中山站、长城站、泰山站和正在建设中的罗斯海新站。

图 4-6　首航南极的"雪龙 2"号首次停靠外港
（新华社记者　刘诗平　摄）

图 4-7　"雪龙 2"号、"雪龙"号停靠澳大利亚霍巴特港

　　与"雪龙"号相比，"雪龙 2"号的破冰能力更强，在 1.5 米厚度冰加 0.2 米厚度雪的环境下，能以 2～3 节航速连续破冰行驶。

　　中国第 36 次南极考察队领队夏立民说，一切都在按考察计划进行。"雪龙 2"号将发挥其破冰能力强、在密集冰区操作机动性强的特点，计划连续破冰。图 4-8 为"雪龙 2"号（左）首次破冰作业，为被浮冰围困的"雪龙"号解围。

图4-8 "雪龙2"号（左）首次破冰作业，为被浮冰围困的"雪龙"号解围

中山站位于南极普里兹湾的协和半岛。考察队向中山站和内陆出发基地运输人员与物资，向来是中国南极考察的重要环节。

11月13日，"雪龙2"号驶过南纬60°，首次进入南极地区，我国极地科考迎来了历史性的一刻，中国制造的破冰船首次在南极现身。这是对该船各项性能的一次全面考核。

当时在中山站陆缘冰的外围仍有二三十千米的密集浮冰区，"双龙"将协同破冰作业。在抵达合适位置后，中国第36次南极考察队开展了南极中山站第一阶段卸货工作。

按计划，"双龙"抵达南极后各有分工，"雪龙2"号发挥其破冰优势，以实验性破冰为主，"雪龙"号则以物资卸运、后勤保障为主。

2019年11月8日11时，"雪龙2"号起锚，用大约4天时间穿越"咆哮西风带"。11月20日，"雪龙2"号极地科考破冰船进行了首次陆缘冰破冰作业，抵达中山站附近海域。

11月23日，"雪龙2"号极地科考破冰船完成了中山站附近的航道破冰，以连续破冰和冲撞破冰的方式，为"雪龙"号海冰卸货开辟了一段约14海里的冰上航道。"雪龙"号沿着这段冰上航道，到达更靠近中山站的预定卸货点，冰面雪地车运输和空中直升机吊运等南极冰上联合卸货全面展开。

12月1日，"雪龙"号与"雪龙2"号两艘极地科考破冰船停靠中山站固定冰外缘，相距约500米。计划从"雪龙"号船上卸下的1450吨物资中，已运达中山站和内陆出发基地的物资有1253.9吨，其中直升机吊运466.4吨，雪地车运输787.5吨。

12月3日，"雪龙2"号协助"雪龙"号完成在中山站卸货等任务后，启程前往宇航员海进行大洋科考。12月6日，"雪龙2"号在普里兹湾海域一浮冰处的海域作业时，充满"好奇心"的3只帝企鹅从远处赶来围观"雪龙2"号，约半小时后，3只帝企鹅跳入海中，"心满意足"地离去。12月3日至7日，中国第36次南极考察队在南大洋普里兹湾进行多学科科考作业。

12月24日，"雪龙2"号在南大洋宇航员海进行综合科考。12月25日，"雪龙2"号在南大洋宇航员海的东经45°断面进行海洋微塑料拖网取样作业。这是南极考察队首次在宇航员海开展微塑料调查，并成功获取样品。一个非常残酷的事实是塑料的降解大概需要300年，而人类发明第一块塑料是在1862年，这意味着人类发明的第一块塑料想要降解完还需要150年……

本次考察重点是对南极海洋生态系统进行调查，而调查成果也将提升国际社会对南极海洋生态系统以及气候变化影响的系统认知，其最终目的是对保护南极物种与可持续发展提供科学支持。

2019年12月3日至2020年1月10日，"雪龙2"号在中国第36次南极考察期间对宇航员海展开了综合调查。调查结果显示，尽管环境恶劣，但是这里依然生机勃发。

在科考队员、北京师范大学动物学教授邓文洪的镜头里，留下了30种鸟类和7种海洋哺乳动物的身影。他一共拍摄了

5万多张照片。邓文洪说："我记录到的鸟种群数量近3万只，其中九成为南极鹱，它们多栖息在冰山上，最大的一群有近6000只。"

本次宇航员海综合调查（见图4-9），行程5000海里，一些大洋科考"重器"亮相，助力中国第36次南极考察队获取理想的科考样品。本次综合调查顺利完成9个断面83个综合站位的调查作业；回收潜标2套，布放4套。科考队首次获取南大洋11个站位的中层鱼标本286尾。科考队员首次利用22米重力活塞柱状沉积物取样器，在南纬64°17′的宇航员海海域进行柱状沉积物取样，从3738米深的海底取得18.36米长的长柱状沉积物样品，这是中国南极科考史上获取的最长柱状沉积物，对揭示南大洋与气候变化、南极海冰与生态系统、南极底层水形成等科学问题具有重要意义。

图4-9 宇航员海综合调查作业

本次科考中，鱼类研究专家叶振江、张洁对宇航员海1000米以内的中水层鱼类进行了调查，在12个站位开展的鱼类拖网取样中，11 个获得了有效样品，共 286 尾鱼。所获样品中，以考氏背鳞鱼、南极电灯鱼和南极南氏鱼较多。宇航员海是国际上认知极少的海域。本次考察基本涵盖了南大洋食物链中的每个环节，实现了对这一海域基础环境和生物群落较为系统的认识。

"雪龙 2"号设置了月池系统，由主甲板直通海中，可解决密集浮冰区难以进行科考作业的困难。在宇航员海科考作业期间科考队员通过月池系统进行了冰区站位的 CTD 采水作业，获取了海洋水文、化学、生态等资料，同时确保了调查断面和站位的系统性。此外，"雪龙 2"号的海洋走航剖面仪等科考设备也在本次科考中使用。海洋走航剖面仪通过走航期间在船尾部拖曳设备，获取连续的海水温度、盐度和叶绿素等环境参数的剖面信息。新科考设备在南大洋宇航员海的使用，有助于加强对南大洋的海洋环境调查，特别是冰区海洋环境的调查，有助于深入研究南大洋在全球气候变化中的作用和影响，进一步增强对南极的认知。

2020 年 1 月 5 日，"雪龙 2"号船上的考察队队员首次用大型底栖生物拖网在宇航员海开展底栖生物调查，这是中国在宇航员海首次开展海洋生态系统调查的重要组成部分。此次海洋生态调查包括海洋浮游生物、游泳生物、底栖生物、鸟类和哺乳动物等各个类群。同一天，考察队队员在同一海域还布放了一套时间序列沉积物捕获器潜标。

1 月 10 日，"雪龙 2"号完成宇航员海综合科考后，从宇航员海的密集浮冰区出发，向北穿越西风带，前往南非开普敦进行人员轮换与物资补给，随后将奔赴南极长城站。驶离宇航员海的密集浮冰区后，1 月 11 日，考察队在"雪龙 2"号上释放了第一个探空气球，队员计划在穿越西风带期间保持每天释放 4 个气球，每次间隔 6 小时，持续释放 6 天，以探测不同高度的气温、风速、风向、气压和湿度等气象要素。南大洋海洋与大气相互作用对全球气候变化具有重要影响，西风带则是南大洋海洋与大气相互作用的关键区域。2020 年 1 月 16 日，"雪龙 2"号极地科考破冰船经过东经 23°11′、南纬 40°的印度洋海域，顺利穿越"咆哮西风带"，驶向南非开普敦。

2020 年 1 月 1 日至 2 月 6 日，考察队依托"雪龙"号实施阿蒙森海—罗斯海调查，共完成 9 个断面 58 个站位的全深度、多学科综合调查以及 3 个区块的地球物理调查；布放深水潜标 1 套，完成 35 小时水下机器人试验，完成了 3 540 平方千米水深资料空白区的全覆盖海底地形勘测；获取了总长 68 千米、具有 17 个百米深度剖面的海洋环境数据；首次进入阿蒙森海冰间湖。

2020 年 2 月 15 日，"雪龙 2"号极地科考破冰船完成南极长城站卸货任务，离开长城站附近海域，驶向正在建设中的罗斯海新站。"雪龙 2"号进行陆缘冰破冰作业如图 4 - 10 所示。

图 4 - 10 "雪龙 2"号（前）进行陆缘冰破冰作业
（11 月 20 日无人机拍摄，新华社记者 刘诗平 摄）

此次科学考察取得很多新突破，在南极地区首次实现激光雷达协同观测，对埃默里冰架区域首次自主进行了航空调查，在长城站所在的菲尔德斯半岛进行了多要素航空遥感观测，在泰山站开展了空间环境和天文自动观测。

内陆泰山站队于 2019 年 12 月 10 日出发，在站工作 55 天，共投入 7 辆雪地车、26 架雪橇，装运物资 300 余吨。他们全面完成了新能源微网系统和无人值守电源控制系统等站区工程建设，开展了天文、高空物理、冰雷达等科学考察项目，取得重要科学数据和成果。

恩克斯堡岛前期调查历时 57 天，实施 30 余次野外测绘任务；地勘完成钻孔 12 个，在新科考站的规划主体建筑区域的 7 个孔位发现基岩；碎石填运规划码头区域约 360 立方米，码头功能初步具备；临时设施设备运行正常并顺利完成验收。

三、"雪龙兄弟"相伴凯旋

为应对新型冠状病毒肺炎（以下简称"新冠肺炎"）疫情对全球的影响，2020 年 4 月 23 日，中国第 36 次南极考察队调整航线，两船相伴从南极直接回国。这标志着中国第 36 次南极科学考察首次"双龙探极"圆满完成。

"雪龙兄弟"返回位于上海浦东的中国极地考察国内基地码头时，正值疫情防控期间，两船以视频会议形式举行了中国第 36 次南极考察总结汇报活动，标志着中国第 36 次南极考察队圆满完成了包括"双龙探极"、南大洋业务化观/监测、考察站基本建设、"绿色考察"四项重点任务在内的所有任务。

此次南极考察期间，正赶上新冠肺炎疫情在全球暴发。两艘科考船共有船员和科考队员 446 人，他们的健康状况牵动人心。半个多月前，浦东海关就与"雪龙 2"号和"雪龙"号沟通，要求所有船员和科考队员在入境前 14 天里，每天两次进行体温监测并做好记录，如出现发热、咳嗽等症状，须马上报告。"雪龙兄弟"按照海关总署和上海市联防联控机制的要求，所有入境人员都接受了必需的体温检测、流行病学调查、病毒核酸检测，并核验健康申明卡。

4 月 22 日早晨，十余位穿着防护服的海关关员登上两艘科考船，对所有船员和科考队员进行入境检疫。每一位海关关员的胸前都写有"欢迎回家"4 个大字，还画了爱心符号。他们要求所有密闭的船内空间尽量开窗通风，船上人员须走单向通道，避免因集聚造成的交叉感染风险。

中国第 36 次南极考察历时 198 天，两艘极地科考破冰船行程共 7 万余海里。考察队圆满完成南极陆地科学考察、工程技术维护以及南极罗斯海、宇航员海、阿蒙森海等相关海域调查，共完成 62 项既定任务，取得丰硕成果。

此次是我国自主建造的首艘极地科考破冰船"雪龙 2"号首赴南极。经历南极冰雪的实地考验，"雪龙 2"号表现优异，不仅双向破冰能力达到了设计要求，船上配备的先进科学考察装备还极大地提升了我国极地海洋调查能力和效率。

作为国之重器，"双龙探极"圆满完成了南极科考任务，结束了我国长期单船开展极地考察的历史，揭开了中国南极科考新的一页。"雪龙 2"号与"雪龙"号相互配合，形成了双船作业模式，极大地提高了极地科考效率，具有标志性意义。其携手构建的中国极地科考新格局更为世界瞩目（见图 4 - 11）。

图 4 - 11　开启"双龙探极"新模式

此前,"雪龙 2"号艏向和艉向破冰试验现场验证了该船在全功率破冰、冰厚 1.57 米、静冰压强 500 千帕的条件下航速可达 2.6 节,符合设计指标。中山站卸货期间,"雪龙 2"号为"雪龙"号破冰引航,将卸货点推进至距离中山站约 10 千米处,大大缩短了直升机吊运物资的距离,极大降低了海冰卸货的风险。

"雪龙 2"号通过科学决策积极应对各种大风浪、能见度不高、冰区航行等严酷挑战,顺利完成各航段航行任务,6 次成功穿越魔鬼西风带,在气象条件恶化、躲避气旋的过程中,开展走航观测。

本次考察依托"雪龙"号,通过冰面运输与空中吊运相结合的卸货作业,连续 10 个日夜,向南极中山站运送物资 1 582 吨,运回废弃物 336 吨,完成恩克斯堡岛前期调查期间 83.9 吨物资卸运;依托"雪龙 2"号向南极长城站运送物资 222 吨,完成 111 吨物资回运。船载"雪鹰 102""雪鹰 301""海豚"直升机累计飞行近 170 小时,运输物资 1 200 余吨,运送人员 1 505 人次。"双龙"开展南极物资补给作业如图 4 - 12 所示。

图 4 - 12 "双龙"开展南极物资补给作业

"雪龙 2"号甲板上停着一架 B - 70C 0 的"雪鹰 301"直升机，机身上面标有"中国极地考察"字样，机长姓迟，是位帅气、言谈举止儒雅的年轻人。"雪龙 2"号在深圳停靠期间，笔者有幸采访了迟机长（见图 4 - 13），他向我介绍：此次考察将依托现有考察站优势，开展多项现场调查监测任务；继续发挥"雪鹰 601"固定翼飞机的保障支撑作用，实施冰雷达、重力、航空摄影测量等多项航空任务。此外，"雪鹰 301"的加入，能帮助提升极区环境飞行稳定性和安全性，增强极地考察的后勤保障及运输能力。据悉，该型号的直升机全国仅此一架。

逐步完善的南极航空装备，极大改变了我国极地考察的模式。"雪鹰 601"固定翼飞机早就投入应用，执行航空调查、国际合作、运输保障任务。"雪鹰 601"固定翼飞机作业队已具备独立开展南极航空科学调查的能力，飞行总里程近 5 万海里，完成东南极洲区域 10 次测线飞行及 5 次国际合作航空科学调查飞行，完成雪面机场候机楼和气象预报系统建设并投入使用，为后

图4-13　"雪龙2"号在深圳停靠期间笔者（中）采访了机长和飞行员

续我国自主运行冰雪跑道机场打下了坚实基础。

本次考察长城站严格按照计划开展保障工作，圆满完成了全部考察计划任务，包括生态环境监测、海洋站建设、地震台改建、冰川监测及常规气象观测等业务化观测/监测项目6项、极地立法调研等社会科学项目6项、国家自然科学基金项目5项、后勤保障和文化宣传项目10项，并顺利开展中-葡、中-马、中-智、中-乌等国际合作项目，赢得了国内外驻站科考工作人员和乔治王岛地区友邻站的广泛赞誉。

科考人员在中山站安全圆满地完成了越冬任务，开展极区空间环境、气象、大气、海冰、地磁、固体潮等业务化观测，获得了连续的观测数据，数据总量约40太字节。同时，支撑国家重点研发计划，在中山站安装中高层大气激光雷达，并开展了一年的业务化试观测。

此外，本次考察广泛开展国际合作交流活动，执行与俄罗斯、澳大利亚、新西兰等10余个国家的国际合作项目。"雪龙"号协助新西兰完成阿代尔角遗址修复作业。

习近平总书记在2020年新年贺词中曾提到"雪龙2"号首航南极，极地工作者倍感温暖和振奋。展望未来，我们将不忘初心，牢记使命，积极应对极地科考中在前进道路上遇到的挑战，继续彰显不同凡响的中国智慧、中国力量和中国贡献！

第三节　跻身世界最先进行列的极地科考破冰船"雪龙2"号

由自然资源部所属的中国极地研究中心组织"雪龙2"号极地科考破冰船建造工程的实施，该船按照"国内外联合设计，国内建造"的模式，由芬兰阿克北极有限公司承担基本设计，中国船舶及海洋工程设计研究院开展详细设计，江南造船（集团）有限责任公司承担建造。保证一艘船舶的整体质量，取决于项目的组织、设计、与建造三个方面。

一、"起步晚、台阶高、步子大"

回顾我国极地科考船的发展历程，呈现出"起步晚、台阶高、步子大"的特点。

第二次世界大战结束后，虽然欧美的科考船得到了迅速发展，但是基本上都由军船改装而来，开展真正意义上的海洋调查船专门设计和建造较晚。中华人民共和国成立以后，在各项军事和民用需求的推动下，我国逐步加快自行设计和建造海洋调查船的步伐，成为第一批专门设计建造海洋调查船的国家之一。

1957 年"金星"轮改造成功之后，1959 年 7 月中国开始自主设计建造第一艘海洋气象调查船"气象 1"号。随后建造了一系列有代表性的调查船，如 1965 年建成的海洋实习调查船"东方红"号、1969 年建成的 3 000 吨级综合调查船"实践"号。20 世纪 70 年代至 80 年代，为了满足国家远程运载火箭发射试验等国防工程和相关重大海洋专项的调查需求，中国有计划地发展不同型号的远洋调查船，开创了自主设计和批量建造大型远洋调查船的时代，1978 年建成的 4 400 吨级综合调查船"向阳红 09"号，1979 年建成的万吨级远洋科考船"向阳红 10"号，1980 年建成的 3 000 吨级地质调查船"海洋四号"，1980 年建成的 3 300 吨级综合调查船"科学一号"和"实验 3"号，都是这一时期的典型代表。

初期设计建造的海洋科考船，相比现在对功能的需求，明显减振降噪措施不完备、船舶噪声较大，无法满足声学实验研究的要求；实验室配置、测量仪器、船用设备老旧且整体配套不完善；探测手段较为落后，探测深度和覆盖范围小，难以满足多学科联合考察的需求；缺乏海上现场数据处理和资料传输能力，必须在返航到岸后在陆地实验室二次完成；缺乏对海上考察中发现的现象和过程及时处理与跟踪处理的能力，自身快速反应能力差，更缺乏在考察中与陆地实验室进行同步联合处理的能力，严重制约了现代海洋调查的精度和效率。国内这一时期建造的科考船普遍船速快，油耗大，运营管理费用昂贵。

自 20 世纪 80 年代中期到 20 世纪末，中国在海洋科考船方面有了稳步的发展，除自主设计并建造了"东方红 2"号船外，还从国外购买并改装了"大洋一号""雪龙"号，这些船使中国进入深远海以及极地调查时代，对中国海洋调查活动产生了较为深远的影响，但由于船舶数量有限，还远未达到我国海洋科学发展的实际需求。

进入 21 世纪后，在国家"经略海洋、建设海洋强国"的战略方针指引下，中国开始进入海洋科考船的发展高峰期，分别建造了"实验 1"号、"科学"号、新"向阳红 10"号、"向阳红03"号、"向阳红 01"号、"张睿"号、"嘉庚"号和"海洋六号"等较先进的海洋科考船。目前，自然资源部、中国科学院、教育部、地质调查局和水产科学研究院等部门均在建和筹建更加先进的海洋科考船，这些船将在未来几年内陆续下水并交付使用。

美国海洋科考船对我国海洋科考船的建设及发展具有较强的借鉴意义。

首先，参考美国管理机制完善我国国家海洋调查船队运营机制，加强资源共享。2012 年，我国为统筹协调海洋科考船的使用，国家海洋局组建了国家海洋调查船队。我国借鉴美国的运营管理机制，完善国家海洋调查船队的运营机制，特别是在船队调度、更新、运营和资源共享等方面，提高了我国海洋科考船的在航率，加强资源共享。

其次，开发新型海洋科考船，实现海洋科考船的多功能综合化。我国是世界第一大造船国，在船舶制造方面具有丰富的技术储备。我国集合了国内的主要技术力量，开发了新型海洋科考船，实现海洋科考船的功能综合化、环境友好化、作业高效化和科考数据信息化。

　　最后，充分发挥国家海洋委员会的统筹作用，建立健全下设组织结构，成立跨自然资源部、中国科学院、教育部等涉海研究单位和部门的机构，统筹管理所有的科考船资源，根据海洋科学调查任务需求，统一安排所有科考船的使用，以促进我国海洋科考船的科学有序发展，从而快速高效地开展对海洋的调查和研究。

　　我国建造极地科考船稳步有序地走过了 3 个发展期。随着极地科考事业的发展壮大，我国极地科考船的发展也不断"转型升级"。

　　"雪龙 2"号极地科考破冰船被分解为 114 个分段分别建造，然后合成 11 个大分段，最终合拢总装。为了最大限度地提高效率，项目采用资源管理系统，对项目预算、采购程序、合同管理、经费使用等进行全方位管控，特别是采用计算机建模方式，先根据基本设计图纸完成全船建模，然后对详细设计方案进行修改，尽量提前解决连续建造阶段可能遇到的各种工艺问题，减少浪费和返工，建造速度大大加快。

　　"雪龙 2"号建造过程分为三个阶段：2018 年 3 月 28 日，第一块钢板切割；2019 年 5 月 24 日，"雪龙 2"号完成倾斜试验后，在东海开展 15 天的试航试验；2019 年 7 月 11 日，交付使用。

二、"雪龙 2"号的亮点

　　"雪龙 2"号的建造工程历经 10 年，其科学考察与破冰能力均跻身世界最先进的极地科考船之列，采用国际先进的艏艉双向破冰船型设计，具备吊舱全回转电力推进功能和冲撞破冰能力；

装备国际先进的海洋调查和观测设备，能实现科考系统的高度集成和自洽，在极地冰区海洋开展物理海洋、海洋化学、生物多样性调查等科学考察。

（一）破冰能力强

"雪龙2"号是全球第一艘采用双向破冰技术的极地科考破冰船，它最大的亮点是具有双向破冰能力。"雪龙2"号的结构强度满足 PC3 要求，双向破冰时具有 2～3 节船速和连续破 1.5 米厚冰加 0.2 米积雪的能力。该船采用了吊舱全回转电力推进系统和两台 7.5 兆瓦破冰型吊舱推进器，在遇到很难"拱"的冰脊时，船体可以转动 180°，船尾变船首，船尾部的螺旋桨能在海面下削冰，把 10 多米高的冰脊掏空，这是全球首次采用的技术和设备。该船可实现冰区快速掉头，可实现极区原地 360°自由转动。艉部破冰能实现在 20 米厚当年冰冰脊（含 4 米堆积层）加 20 厘米雪层中不被卡住，满足无限航区航行和作业需求，这意味着"雪龙2"号具有更强的破冰性能和灵活性，这将极大拓展我国的极地考察区域，并延长考察时间。

双向破冰技术使"雪龙2"号在冰区的操纵性能得以极大提高，实现冰区快速掉头、转向，尤其是在南极近岸冰情复杂、水域狭窄的环境中，极大地增强了船舶的安全性。

"雪龙2"号采用了国际标准的 DP-2 动力定位系统，它是国际上第一艘获得智能船舶符号的极地科考破冰船，拥有智能船体和智能机舱。船体正中间还设有一个用于科考作业的方形月池及 CTD 收放系统，科考仪器设备可以从这里直接入水。从有记载的资料来看，这是世界上第一个水密舱盖月池。

（二）安全性能好

"雪龙2"号安全性能好，结构设计具有很强的防寒能力，全系统都可以加热防寒，安全有保障，也很环保。"雪龙2"号配备了两套动力定位系统，通过船上的电力推进器、全回转舵桨、侧推器协调配合，船舶操作人员只要根据海上风向和海水流向选择合适角度，就能使船体"稳如泰山"。

船内通海的方形月池系统确保"雪龙2"号可在海冰密集海域或恶劣海况下作业，极大提升了该船在极地冰区的作业能力。"雪龙2"号是全球第一艘装备有水密舱盖月池系统的科考船。在科学考察装备上，"雪龙2"号实现了科考系统的高度集成，方便科研人员在船上开展极地海洋、海冰、大气等环境基础综合调查观测，进行有关气候变化的海洋环境综合观测取样，在极地冰区海洋开展海底地形、生物资源调查。

（三）智能化程度高

在国内的科考船大家庭中，"雪龙2"号是一艘真正意义上的"智能船舶"，装配有智能船体、智能机舱、智能实验室及智能穿戴等。通过为全船设备配备各种传感器，实现全船信息的全方位智能感知、获取、交换和展示；基于计算机技术、自动控制技术和数据处理与分析技术，实现船舶和科考的智能化运行与辅助决策。

此外，该船的智能化还体现在拥有智能机舱，便于飞机在甲板上起降；能通过传感器等设备进行船体全寿命监测，如发现船体与冰面存在刮擦风险时，能自动预警。

三、 移动的科考作业平台

"雪龙2"号装备有国际先进的海洋调查和观测设备，能实现科考系统的高度集成。在综合环境调查方面，具备与气候变化密切相关的主要海洋和大气综合观测取样能力，能够成为极地海洋基础研究综合调查观测平台。

在海洋地质、地球物理调查方面，"雪龙 2"号具备在极地海区季节性地开展海洋地质、海洋重力、磁力和地震的调查作业能力，能够成为极地海底科学调查研究的工作平台。

在海洋生物、生态调查方面，"雪龙 2"号具备海洋生物、生态调查和评估的手段，能够成为极地海洋生物储量调查的基本平台。

第四节　中国极地研究中心： 肩挑南北两极

拥有极地科考站和雪龙系列科考船的中国极地研究中心（原中国极地研究所）成立于 1989 年 10 月 10 日，地处上海市，是中国唯一的专门从事极地考察的科学研究和业务保障机构。2003 年更名为中国极地研究中心。

中国极地研究中心主要开展极地雪冰-海洋与全球变化、极区电离层-磁层耦合与空间天气、极地生态环境及其生命过程以及极地科学基础平台技术等领域的研究；负责雪龙系列科考船、极地科考船、极地科考站以及国内基地的运行与管理；负责中国南北极考察队的后勤保障工作；开展极地考察条件保障的国际交流与合作。

一、 中国极地研究中心的由来

1959 年 12 月 1 日，苏联、美国、英国、法国、新西兰、澳大利亚、挪威、比利时、日本、阿根廷、智利和南非 12 国签署了《南极条约》，其主要内容是：南极洲仅用于和平目的，保证在南极地区进行科学考察的自由，促进科学考察中的国际合作；禁止在南极地区进行一切具有军事性质的活动及核爆炸和弃置放射性废物；在条约有效期内，冻结对南极洲的领土要求；各协商国都有权到其他协商国的南极考察站上"视察"。协商国决策重大事务的实施主要靠每年一次的南极条约例会和各协商国对南极的自由"视察权"。中国于 1983 年 6 月加入《南极条约》，1985 年 10 月被接纳为协商国，改变了我国在联合国 5 个常任理事国中唯一不是南极条约协商国的不利地位。条约规定，只有在南极从事过具有重大价值的科学研究活动的国家才能成为条约协商国，只有协商国才有决策权，普通的缔约国没有决策权。目前，《南极条约》有 46 个成员（缔约）国，其中 28 国为协商国，18 国为非协商国。

　　20 世纪 70 年代末 80 年代初，中国政府作出了去南极考察的决策，派遣科学考察队进驻南极大陆，建立科学考察站。

　　继《南极条约》之后，协商国又于 1964 年、1972 年、1980 年先后签订了《保护南极动植物议定措施》《南极海豹保护公约》和《南极海洋生物资源养护公约》；1988 年 6 月通过了《南极矿产资源活动管理公约》；1991 年 6 月[①]在马德里通过了《关于环境保护的南极条约议定书》。《南极条约》和上述公约以及历次协商国通过的 140 余项建议措施，统称为南极条约体系。1991 年，在马德里通过的《关于环境保护的南极条约议定书》中第 25 条规定，自议定书生效之日起 50 年内禁止在南极进行矿

---

① 中华人民共和国政府代表于 1991 年 10 月 4 日签署本议定书。

物资源活动，从而确保了南极大陆未来 50 年的和平与安宁，为全面保护南极、科学地认识南极奠定了基础。

南极洲是唯一一个独占一个大陆的大洲，是地球上最后一块无主之地。

1977 年 5 月 25 日，国家海洋局党委提出了"查清中国海、进军三大洋、登上南极洲"的战略任务，将南极考察工作提上了议事日程。

1978 年 8 月 21 日，国家海洋局向国家科学技术委员会（以下简称"国家科委"）提交了《关于开展南极考察工作的报告》。报告建议成立国家南极考察委员会，商定中国首次南极考察方案，研究中国南极考察船的建造或购买等事宜。

1981 年 2 月 4 日，国家科委向国务院呈交了《关于成立国家南极考察委员会的报告》。5 月 11 日，国务院批示同意。至此，国家南极考察委员会正式成立，中国南极科学考察事业走上正轨。

在"请进来"的同时，我国也派人"走出去"考察学习。中国科学家直接参加外国的南极考察团，接受考察培训，我国以此"留学"方式培养了大批南极考察专家。我国政府所派出人员所学学科门类齐全，涉及气象、地质、生物、海洋等自然科学的诸多领域以及组织管理等方面。考察人员大多亲历过南极考察生活，参加过越冬考察和夏季考察。他们勤奋工作，采集标本、收集资料、撰写学术论文，收获颇丰，为南极科学研究和建立科学考察站等做了大量前期准备工作。

1983 年 5 月 6 日，国家科委、国家南极考察委员会、外交部、财政部、劳动人事部、国家计划委员会和国家海洋局联合向国务院提出了《关于我国南极科学考察的筹备工作报告》，第五届全国人民代表大会常务委员会第二十七次会议通过了中国加入《南极条约》的决议。随之，中国正式成为《南极条约》缔约国之一。

1984 年 5 月 31 日，征得上海市人民政府的同意，国家科委和国家计划委员会批准在上海组建中国极地研究所。

9 月 11 日，中国首次南极考察队领导班子成立。11 月 20 日，中国首次南极考察队（591 人）乘"向阳红 10"号和"J121"号从上海港起航赴南极洲建站并进行科学考察。12 月 31 日，中国首次南极洲考察队（亦称建站队，54 人）登上了南极洲乔治王岛，将中华人民共和国国旗第一次插在了南极洲上，并开始站址勘察等工作。

翌年 2 月 20 日，中国在南极洲乔治王岛上胜利建成中国第一个南极科学考察基地——中国南极长城站，并举行了落成典礼。

10 月 7 日至 18 日，第 13 届南极条约协商国会议在比利时布鲁塞尔举行。会议的第一天，南极条约协商国举行特别会议，一致同意接纳中国为南极条约协商国成员，以许光建为团长的一行 6 人中国代表团首次以协商国成员的身份出席了会议。从此，我国对南极事务拥有了发言权和决策权。

1986 年，中国被接纳为南极研究科学委员会（SCAR）正式成员国。

1988 年 9 月 14 日，中国极地研究所建设工程开工。

1989 年 10 月 10 日，中国极地研究所正式成立。

1990 年 1 月 5 日，国家海洋局、国家南极考察委员会批复中国极地研究所主要职责，内设机构及人员编制。

1994 年，"雪龙"号首次执行南极考察任务。

1999 年 3 月 31 日，"雪龙"号极地科考破冰船划归中国极地研究所建制，由极地研究所实施管理。

2002 年 1 月 25 日，国家海洋局批复中国极地研究所主要职责、内设机构及人员编制，将"雪龙"号、长城站和中山站的管理及其后勤保障职能划入中国极地研究所。长城站、中山站的建立对于提升中国在南极的科考水平、推动南极国际合作、保护南极环境产生了积极的影响。

2003 年，极地研究所更名为中国极地研究中心，同时在中心设立中国南极"中山"站、中国南极"长城"站考察业务部门。

2004 年，成立国家海洋局极地科学重点实验室①。至此，中国极地研究中心成为我国极地科学的研究中心，国家海洋局极地科学重点实验室的依托单位，主要开展极地雪冰-海洋与全球变化、极区电离层-磁层耦合与空间天气、极地生态环境及其生命过程以及极地科学基础平台技术等领域的研究；建有极地雪冰与全球变化实验室、电离层物理实验室、极光和磁层物理实验室、极地生物分析实验室、微生物与分子生物学分析实验室、生化分析实验室、极地微生物菌种保藏库和船载实验室等实验分析室和设施；在南极长城站、中山站建有国家野外科学观测研究站，是开展南极雪冰和空间环境研究的重要依托平台。其中，极地冰川学实验室有稳定同位素质谱仪、离子色谱分析仪、库尔特微粒分析仪、高效液相色谱、气相色谱、冰组构自动分析仪、冰穹A 深冰芯钻机等科研设备；南极天文学实验室有南极天文台天文观测系统，同时设有南极巡天望远镜 AST3－1。

---

① 现名为自然资源部极地科学重点实验室。

2018 年 10 月，中国极地研究中心被评为全国中小学生研学实践教育基地。

2019 年 10 月至 2020 年 4 月，"雪龙 2"号和"雪龙"号联合执行我国第 36 次南极考察任务，中国极地研究中心负责中国南极考察队的后勤保障工作，开展极地考察条件保障的国际交流与合作。

二、 人类南极探险

在两千多年前，人类对自己生存的地球，远没有像今天那样了解。那时只清楚已知的大陆都位于北半球，但古希腊人根据太阳总是出现在南面天空的事实，认为南半球也应该有一片大陆。当时的天文学家、哲学家亚里士多德（公元前 384—公元前 322 年）曾经有一个著名的假说：地球要保持相对平衡，南北两端必须各有一块陆地，而且可能是南重北轻，否则，这个球状体的世界就会翻来倒去。后来，古希腊天文学家、地理学家希帕库斯（？—公元前 125 年）根据对称原理提出，如果南半球没有一块陆地，地球就无法保持平衡。他把这块想象中的陆地称为"南方大陆"。到了 1 世纪，罗马地理学家庞蓬尼·麦拉不仅赞成关于南方大陆存在的设想，还指出南方大陆的南极地区与北极地区一样，因严寒而无人居住。2 世纪，古罗马天文学家、地理学家克罗狄斯·托勒密（约公元 90—168 年）曾绘制出一幅极富想象力的图，他在人们熟知的洲区的南方，加画了一块跨越地球底部的大陆，并给它起了个名字叫"未知的南方大陆"。他认为南方大陆非常大，几乎填满了南半球。这个地图与现代的地图基本一致。所以，托勒密有"现代地图学祖师"之称。在 14—16 世纪的欧洲文艺复兴时期，托勒密的地球学著作被重新"发现"，译成各种文字，一版再版。后来，许多地图上都有这块"假想的大陆"，只是它的位置要比托勒密绘制得更靠南一些，并且它的名字也被改成"南方的陆地"。

18 世纪起，探险家们纷纷南下去寻找传说中的南方的陆地。1772—1775 年，英国库克船长历时 3 年 8 个月，航行 97 000 千米，环南极航行一周，几次进入极圈，但他最终未发现陆地。1820 年前后，一些猎取海豹的猎人来到南极洲，他们可能就是最早到达南极的人类。1895 年，比利时的几位探险家在冰原上度过了一个冬季。1901 年，罗伯特·斯科特率领英国探险队前往南极，但是没有成功。1911 年 11 月，挪威探险家罗阿尔德·阿蒙森成为到达南极探险的第一人。此后不久，斯科特也带领探险队到达南极。但不幸的是，斯科特及其同伴在归途中全部遇难。

从 1772 年库克扬帆南下到 19 世纪末，先后有很多探险家驾帆船去寻找南方的陆地，历史上把这一时期称为帆船时代。20 世纪初到第一次世界大战前，尽管时间短暂，但人类先后征服了南磁极和南极点，涌现了不少可歌可泣的探险英雄。历史上称这一时期为英雄时代。第一次世界大战后至 20 世纪 50 年代中期，人类对南极的探险逐渐由用机械设备替代了狗拉雪橇。1928 年英国人威尔金驾飞机飞越南极半岛，1929 年美国人伯德驾飞机飞越南极点，同年另一美国人艾尔斯沃斯驾飞机从南极半岛顶端飞至罗斯冰架。飞机在南极探险方面为人类宏观正确地认识南极大陆提供了可靠的手段，历史上称这一时期为机械化时代。从 1957—1958 年的第一次国际地球物理年起至今，有十多个国家在南极大陆和沿海岛屿上建立了四十多个常年科学考察站，众多的科学家涌往南极，进行多学科的科学考察，人们称这一时期为科学考察时代。中国科考队队员在南极忙碌的身影如图 4 - 14 所示。

图 4 - 14　中国科考队队员在南极忙碌的身影

三、　中国在南极的科考站

中国南极科考站是提供中国科学家及科研团体或组织对南极开展多项学科考察研究、多项重大科学研究的科学实验基地，最早建立的科考站是长城站。

中国南极科考站包括中国南极长城站、中国南极中山站、中国南极昆仑站、中国南极泰山站，以及恩克斯堡岛在建的第五个科考站——中国南极罗斯海新站。

长城站（见图 4 - 15）建成于 1985 年 2 月 20 日，坐落在南设得兰群岛乔治王岛，地理位置为南纬 62°12′59″，西经 58°57′52″。

图 4 - 15　中国南极长城站

　　长城站所在的乔治王岛是南设得兰群岛中最大的一个岛屿。北面邻德雷克海峡，与南美洲的合恩角相距 960 千米，南面隔着布兰斯菲尔德海峡与南极半岛相望，两者相距约 130 千米。在乔治王岛上，除长城站外，还有其他国家设立的 8 个科考站，与长城站相邻的有智利的费雷站，俄罗斯的别林斯高晋站，乌拉圭的阿蒂加斯站和韩国的世宗王站。

　　长城站占地面积约 2.52 平方千米，站区系火山岩组成的丘陵地形，呈台阶式，西高东低，平均海拔高度 10 米。地表由卵砾石和砂石组成，平均 1.2 米以下为永久冻土层。

　　长城站的气候与南极大陆相比，温和湿润。据 1985 年以来连续观测资料表明，夏季代表月 1 月平均气温为 1.3℃，极端最高气温为 11.7℃，最低为 -2.7℃；冬季代表月 7 月份平均气温 -8℃，极端最高气温为 2.6℃，最低为 -27.7℃。多年平均降水量 589.6 毫米，以降雪为主。暴风雪频繁是长城站的最大特点，全年大风（≥17 米/秒）日数在 129 天以上，最大风速可达 33 米/秒，极大风速 38.1 米/秒，个别月份大风日数可达 16 天之多。

长城站现有大型永久建筑 12 座，包括生活栋、科研栋、气象栋、文体栋、发电栋、综合库，食品仓储栋等。夏季可容纳 40 人左右生活和考察，冬季可供 25 人左右越冬考察。越冬期间的主要常规科考观测项目有气象、高分辨卫星云图接收、地震、电离层观测。

中山站（见图 4 - 16）建立于 1989 年 2 月 26 日，是以中国民主革命的伟大先驱者孙中山先生的名字命名的。中山站位于东南极大陆伊丽莎白公主地拉斯曼丘陵维斯托登半岛上，其地理坐标为南纬 69°22′24″，东经 76°22′40″，站址距北京约 12 553 千米，与北京的方位角为 32°30′50″。中山站所在的拉斯曼丘陵，地处南极圈之内，位于普里兹湾东南沿岸，西南距埃默里冰架和查尔斯王子山脉几百千米，是进行南极海洋和大陆科学考察的理想区域。离中山站不远处有澳大利亚的劳基地和俄罗斯的进步站。

图 4 - 16　中国南极中山站

中山站位于南极大陆沿海，气象要素的变化与长城站差别较大，比长城站寒冷干燥，更具备南极极地气候特点。中山站年平均气温为－9.9℃，冬季极端最低气温达－45.7℃，夏季极端最高气温达9.8℃；中山站地区受来自大陆冰盖的下降风影响，常吹东南偏东风，8级以上大风天数达174天，极大风速为43.6米/秒；年降水天数达162天，年平均湿度54％，全年晴天的天数要比长城站多得多。中山站有极昼和极夜现象，连续白昼时间54天，连续黑夜时间58天。中山站设有气象站，并在世界气象组织注册，对各气象要素全年进行不间断的观测。

中山站建站以来，经过多次扩建，现已初具规模，有各种建筑18座，建筑面积2700平方米，其中包括办公栋、宿舍栋、气象观测栋、科研栋和综合活动中心，以及发电栋、车库等。

中山站设有实验室，配备有相应的分析仪器和设备，可供科学考察人员对现场资料和样品进行初步分析研究。站上的气象观测场、固体潮观测室、地震地磁绝对值观测室、高空大气物理观测室等均配备有相应的科学观测设备和仪器。中国南极考察队队员在中山站全年进行的常规观测项目有气象、电离层、高层大气物理、地磁和地震等。中山站每年可接纳120人度夏，25人越冬。

昆仑站（见图4－17）于2009年1月27日胜利建成，是南极内陆冰盖最高点上的科考站。昆仑站位于南纬80°25′01″，东经77°06′58″，高程4087米，位于南极内陆冰盖最高点冰穹A西南方向约7.3千米。昆仑站不仅位于全球历史最古老的冰芯区，也是地球上开展天文观测的最佳场所。昆仑站是我国第一个南极内陆科考站，世界第六个南极内陆科考站，也是我国继在南极建立长城站、中山站之后建立的第三个南极科考站。昆仑站的建成实现了中国从南极大陆边缘向南极内陆扩展的历史性跨越，这意味着中国是第一个在南极内陆建站的发展中国家。

图4-17　中国南极昆仑站

　　泰山站（见图4-18）于2014年2月8日正式建成开站，这是中国在南极建设的第四个科考站。该站的年平均气温—35.3℃。该站总建筑面积1000平方米，主体建筑面积410平方米，辅助建筑面积590平方米，可满足20人度夏考察和生活，设计使用寿命15年。战区配有固定翼飞机冰雪跑道，是一座南极内陆考察的度夏站。泰山站规模跟昆仑站大体相当，建筑外形很像中国的红灯笼，有20多米高，3层高架结构。泰山站选择快速、易搭建的装配化钢结构体系，建筑材料能抵抗强风、暴

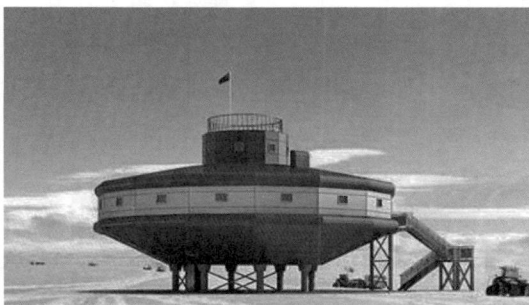

图4-18　中国南极泰山站

雪、冻融、冻胀、强紫外线照射、盐蚀等各种不利因素，主材料采用耐低温的特种钢。建筑物位于风场下行区，每年都会有积雪，建筑造型有利于大风通过，建筑整体架空，下方风力加大，可吹走积雪。

泰山站地理坐标为南纬 73°51′，东经 76°58′，位于中山站与昆仑站之间的伊丽莎白公主地，距离中山站约 520 千米，距离昆仑站约 715 千米，海拔高度约 2 621 米，在海拔高度上与昆仑站遥相呼应，同时能够覆盖格罗夫山等南极关键科考区域。泰山站不仅是中国昆仑站科学考察的前沿支撑，还是南极格罗夫山考察的重要支撑平台，进一步拓展了中国南极考察的领域和范围。因此，泰山站的定位是一个中转枢纽站，具备科学观测、人员住宿、发电、物资储备、机械维修、通信及应急避难等功能，配有车库、机场和储油设施。除此之外，泰山站还拥有一个很棒的厨房，它是具备开火条件的，能够对已经做熟的食品或者是半成品进行加工加热。

目前泰山站主要用于开展冰川和气象学观测、空间物理学观测，并配置与以上观测系统相匹配的远程通信遥控自动供电系统，可实现部分设备在冬季无人值守情况下的连续运行。

中国第五个南极科考站——罗斯海新站于 2018 年 2 月 7 日在恩克斯堡岛正式选址奠基。当年，在庄严的国歌声中，中国第 34 次南极考察队在岛上举行了罗斯海新站选址奠基仪式。

罗斯海新站位于南极三大湾系之一的罗斯海区域沿岸，面向太平洋扇区，是南极地区岩石圈、冰冻圈、生物圈、大气圈等典型自然地理单元集中相互作用的区域，具有重要的科研价值。目前，已有美国、新西兰、意大利、俄罗斯等国在此区域建设了7 个科考站，国际上在罗斯海区域还设立了南极最大的海洋保护区。

建设罗斯海新站是"雪龙探极"重大工程的重要任务之一，需要科学规划使之具备"一站多能"的综合观/监测能力。罗斯海区域既是南极考察与研究历史最长的区域，又是南极国际治理的热点区域。我国在此区域建设新站，是积极参与极地全球治理、构建人类命运共同体的务实举措，开启了新时代南极工作的新征程。罗斯海新站预计 2022 年建成，届时将满足全年科考需求，具备开展地质、气象、陨石、海洋、生物等科学调查的条件，能实现远程实时监控、保障航空作业，成为我国"功能完整、设备先进、低碳环保、安全可靠、国际领先、人文创新"的现代化南极科考站。

四、 中国在北极有两个科考站

北极的大规模科学考察时代，开始于 1957—1958 年的第一次国际地球物理年。当时，12 个国家的 10 000 多名科学家在北极和南极进行了大规模、多学科的考察与研究，在北冰洋沿岸建成了 54 个陆基综合考察站，在北冰洋建立了许多浮冰漂流站和无人浮标站。

中国在北极的第一个科考站黄河站位于北纬 78°55′、东经 11°56′的挪威斯瓦尔巴群岛（原斯匹次卑尔根群岛）的新奥尔松，是中国依据 1925 年签署的《斯瓦尔巴条约》以缔约国的身份建立的首个北极科考站。该站建成于 2004 年 7 月 28 日。中国北极黄河站是中国继南极长城站、中山站后建立的第三个极地科考站，中国成为第八个在挪威的斯瓦尔巴群岛建立北极科考站的国家。

黄河站主体建筑为一栋两层楼房（见图 4-19），总面积约 576 平方米，包括常规观测实验室、办公室、阅览休息室、宿舍、储藏室等，可供 18 人同时工作和居住，并且建有用于高空大气物理等观测项目的屋顶观测平台。之所以选择在新奥尔松建立黄河站，原因有多个方面，首先是根据《斯瓦尔巴条约》，该群岛是我国在北极圈内建立常年科学考察站的唯一选择；其次新奥尔松是到北极点的桥头堡，是理想的国际北极合作研究基地，便于开展国际合作研究与交流，共享必要的野外作业实验条件和观测数据资料；再次这里是极隙区，是研究高空大气物理，尤其是极光的理想之地；最后斯瓦尔巴群岛是世界上保持原生自然状态的最后几个岛屿之一，新奥尔松由大峡湾、冰川、冰碛岩、冰川河流、山地和一个典型的苔原生态系统所组成，其地形地貌、地层系统、生态环境的复杂多样性为海洋、大气、冰川与海冰、生物生态、地质、大地测量等学科的研究提供了天然的场所。

图 4-19　中国北极黄河站

2013 年，中国极地研究中心与冰岛研究中心决定共同筹建极光观测台。2017 年，中国极地研究中心提出将极光观测台升级为中-冰北极科考站的设想，在极光观测研究基础上，增加大气、海洋、冰川、地球物理、遥感和生物等学科的观测监测任务，冰岛方面表示全力支持。首任站长为胡泽骏副研究员，主要从事极光物理、磁层物理、极区电离层物理等方面的极区空间物理学研究。

2018 年 10 月 18 日，我国第二个北极科考站中-冰北极科考站（见图 4 - 20）正式运行。该科考站由我国和冰岛共同筹建，历时 5 年。

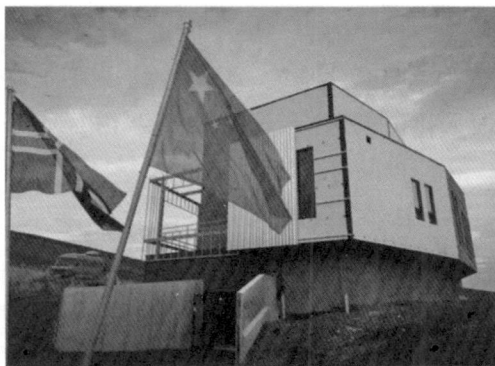

图 4 - 20　中-冰北极科考站

中-冰北极科考站位于冰岛北部城市阿库雷里的凯尔赫，其地理位置是北纬 65°42′26″，西经 17°22′01″。站区占地面积 1.58 平方千米，现有建筑包括住宅、仓库和科学观测栋。站区分为生活区、实验区、空间与大气观测区、卫星接收区、无线电主动探测区等功能区。科考站能够提供 10 人住宿、生活、工作必需的各种后勤保障条件，具备多种科学考察能力，能够开展极光观测、大气监测，进行冰川、遥感等研究，部分建筑改造后还可扩展到海洋、地球物理、生物等学科的观测研究。根据中冰两国2012 年 4 月 20 日签订的《中华人民共和国政府与冰岛共和国政府关于北极合作的框架协议》，该站是落实两国政府及部门间海洋与极地合作框架的重要举措。

目前我国已在南极建有 5 个科考站——长城站、中山站、昆仑站、泰山站、罗斯海新站（在建），在北极建有黄河站。中-冰北极科考站是我国在北极地区除黄河站之外又一个综合研究基地，它标志着中国极地考察能力又迈上一个新台阶。

对南极展开系统科学考察的历史已经有 100 多年，截至 2020 年 2 月 22 日，世界上共有 30 个国家在南极建立了 80 个科考站，绝大多数都建在南极边缘地区，只有中国、美国、俄罗斯、日本、法国、意大利和德国这 7 个国家在南极内陆地区建立了 6 个内陆科考站。在北极共有 8 个国家建立了科考察站，分别是中国、挪威、德国、法国、英国、意大利、日本、韩国。

在极地建设科考站，选址是最重要的，首先要明确建站的科学目标和研究任务，最大限度地满足各个领域的需求；其次要考虑科考能力，比如科考船的破冰能力、停靠的条件和环境、建站地区的地貌和淡水来源；最后还要考虑国际合作与救援的可能性。

近年来，随着科学技术的飞跃发展，航天技术、卫星观测技术、无线电遥控技术、机器人技术等现代先进技术逐步用于极地科学考察，各种自动化仪器设备被广泛用于无人自动观测站，通过定时发送观测记录等方式，达到记录和了解该地区的自然环境的目的。

第五节 占领研制极地科考船技术的制高点

坐落在黄浦江畔的中国船舶及海洋工程设计研究院（中国船舶工业公司第七〇八研究所，以下简称"七〇八所"）创建于1950年11月，隶属于中国船舶集团有限公司，是中国船舶行业成立最早的研究开发机构，是船舶设计技术国家工程研究中心的依托单位，是国际拖曳水池会议（ITTC）和国际船舶结构力学会议（ISSC）成员单位。七〇八所下设多个研发室，拥有喷水推进技术国防科技重点实验室、海洋工程总装研发设计国家工程实验室、上海市船舶工程重点实验室；研究所下设基础研究部、民船部、海工部等多个研究室，拥有拖曳水池、风洞和风浪流水池、喷水推进试验台等试验设备，具有完善的船舶水动力试验设施。

目前，七〇八所拥有一支创新力量雄厚、专业门类齐全（覆盖20多个专业），具有丰富设计与研究开发经验的科研队伍。队伍中曾涌现出中国科学院院士许学彦、中国工程院院士张炳炎等中国船舶界的领军人物。七〇八所是国务院批准的船舶流体力学、船舶与海洋结构物设计与制造的硕士、博士研究生培养单位。自建所以来，主要业务领域不断拓展，自主开发出多型具有世界先进水平的船舶、海洋工程装备和船用装备，为我国船舶工业、海洋事业的发展和国民经济建设作出了重大贡献。

作为我国科考船的摇篮，七〇八所在船舶总体研究、设计、开发上颇有建树，最突出的是船舶总体系统工程，其代表作就是我国第一艘"中国制造"的极地科考破冰船"雪龙2"号，在极地科考史上让中国进入"双龙时代"，使我国研制极地科考船的水平突飞猛进，技术有了质的提高。

一、 第一艘"中国制造"的极地科考破冰船的技术特征

1993 年，我国从乌克兰购买了一艘苏联时期的集装箱运输补给船，经改造成为我国当时唯一的极地科考破冰船，命名为"雪龙"号。升级改造后的"雪龙"号科研设施和生活设施的配备水平全面提升，已基本相当于一个海上极地科考站。尽管如此，"老骥伏枥"的"雪龙"号在功能上仍是"半路出家"，已不能满足我国极地科考的需求。

极地科考破冰船的使用环境特殊，航行和作业中对船舶的性能要求也特别高。因此，在这样的情况下，为了给极地科考这个重大项目上一份"双保险"，我国需要开发建造一艘姐妹船——"雪龙 2"号。

七○八所设计的"雪龙 2"号，其亮点除了破冰能力强、安全性能好、移动的科考作业平台、智能化程度高外，在破冰和定位能力、科考能力、智能管理、控制性能、环境保护、舱室布置、后勤支撑能力等方面均处于国际领先水平。

（一）破冰和定位能力

"雪龙 2"号是全球第一艘采用艏艉双向破冰技术的极地科考破冰船，船体强度达到 PC3 级，为国际极地主流的中型破冰船型。这种破冰能力的突破直接改变了我国极地科考作业模式。首先延长了科考作业的时间窗口，目前国际上绝大多数基于科考船的极地科考工作是在极地的 11 月至次年 3 月之间进行，"雪龙 2"号拥有更强的破冰能力和抗寒能力，就可以更早进入极地，更晚离开。其次扩大了科考作业的范围，科学家可以选择在以前

无法设立站位的位置布放仪器，开展更充分的科学调查和研究。

"雪龙2"号艏部配备了2台1 200千瓦槽道式侧向推进器，与艉部2个大功率吊舱推进器的联合作用下，能使船舶在4级海况（波高1.8米，流速1.5节）实现定点定标要求，同时具有较高的可靠性和冗余度，完全能够满足科考调查和恶劣海况的应急需要。

（二）科考能力

"雪龙2"号是一艘具有国际先进水平的极地科考破冰船，配备有深水和中浅水多波束测深系统、深海浅地层剖面仪、生物储量评估回声积分仪系统、水下全方位声呐、超短基线、万米测深仪等声学设备，满足海底精细化测量和生物资源探测需要；而艉部船底箱型龙骨设计，确保了声学换能器免受气泡和碎冰的影响，同时保证了船舶航行的经济性。

"雪龙2"号的艏部科学桅杆设有一个6平方米的平台，用于大气科学观测采样。艏楼甲板首部货舱盖上设有10个标准集装箱箱位，可供冷藏集装箱和集装箱实验室安装固定。

船舯设有160平方米的作业月池车间，其顶部设有1台具回转和伸缩变幅功能的CTD/行车综合吊，可满足设备转运、舷外水文生物和CTD作业等需求。车间内同时设有一个边长3.2米的方形月池及CTD收放系统，用于在完全冰区或恶劣海况下的科考作业，船体内部还安装了通海的月池，不用出舱门就能取到海水样本。

"雪龙2"号艉部布置有1个约600平方米的敞开式作业甲板、1台尾部30吨A型架用于设备收放和拖网作业，1套柱状取样收放装置，配合右舷π型架这些装备这些可进行22米长柱状重力活塞取样器的收放。

"雪龙 2"号配备有 240 道地震探测系统，可以满足大面积极地海底深部的精细化探测。船尾右舷设有科考集中操控室，用于科考绞车和科考设备收放、水下设备和 ROV 等的集中操控和协同作业。该船还配备有第一、第二通用实验室、物理实验室、低温实验室等 580 余平方米的实验空间。实验室采用柔性设计，主实验室地板均布设有地脚螺栓，实验台可根据航次任务进行灵活布置。

（三）智能管理

"雪龙 2"号是一艘智能化船舶，装配智能船体、智能机舱、智能实验室及智能穿戴等，通过传感器等设备进行船体应力监测和全寿命周期检测，报告船体磨损、变形量等情况并形成完整的数据链，是国际上第一艘获得智能船舶符号的极地科考破冰船。

通过为全船设备配备各种传感器，"雪龙 2"号实现了全船信息的全方位智能感知、获取、交换和展示；基于计算机技术、自动控制技术和数据处理与分析技术，实现船舶和科考的智能化运行与辅助决策。

（四）环境保护

"雪龙 2"号是具有中国船级社发布的 CLEAN 船级符号的环保绿色船舶，不仅装备了常规防污染设备，还配置了主柴油机选择性催化还原（SCR）系统，对柴油机尾气中的氮氧化合物（NO_x）进行处理，使其还原成无污染的 N_2 和 H_2O，从而减少对大气的污染，达到 IMO Tier Ⅲ 的排放标准。

"雪龙 2"号配备固定式冰温保鲜系统、移动式气调保鲜装置、淡水净化保鲜装置等设备，保证船载蔬果和饮用水质能长时间保鲜，为科考队员及船员的饮食健康提供了有力的保障。

（五）舱室布置

"雪龙 2"号舱室布置充分考虑到船型、结构、分布、功能、性质、工作环境、使用要求以及人在船特定舱室空间中的实际需求，对舱室空间布局、美学色彩、光照环境、空气环境、噪声环境、工作环境等方面进行综合集成设计，达到舱室环境综合指标的最优化。

"雪龙2"号采取了全船防寒保暖设计，并配备有先进的减摇水舱系统；对舱室进行人性化设计，布局合理、舒适，并配备了远程医疗诊断系统，实现 Wi-Fi 全覆盖，船上配备了健身房、阅览室、报告厅等，还有较大的洗衣间和干衣间，卫生间的毛巾架具备电加热功能，这些设施极大地丰富和方便了考察队队员的海上生活。

（六）后勤支撑能力

"雪龙2"号艏楼甲板设有 1 台 50 吨液压伸缩吊和工作艇，艉部甲板设有 2 台 24 吨和 6 吨的吊机，用于物资吊运或辅助作业。船上配有 1 架"雪鹰301"（AW169 型）直升机，用于承担寻找冰区航道、应急救援、人员运送、远距离科考作业、物资吊运等任务。

该船还可额外携带 30 个标准集装箱物资和 750 吨极地油料，辅助科考站后勤补给。

总之，极地作为我国战略新疆域，对我国气候、经济、地缘政治、科技均有重要影响，而"雪龙2"号的入列为我国进一步认识极地、保护极地和利用极地提供了关键的手段和支撑。

二、 吴刚接过设计极地科考船的火炬

七〇八所通过这次研制"雪龙2"号，培养了一支年轻化、高水平的科研队伍。极地科考破冰船"雪龙2"号总设计师吴刚研究员就是七〇八所中生代的杰出代表。吴刚 1978 年出生于湖

北省武穴市。该市位于长江中游北岸，大别山南麓，鄂东边缘，地扼吴头楚尾，历来是鄂、皖、赣毗连地段的"三省七县通衢"。早在明代武穴成为临江重镇，清初发展成为"商贾杂处鳞聚之要埠"，1876年9月13日中英《烟台条约》签订后将其辟为外轮停泊港口，孙中山先生在《建国方略》中将武穴列入开发计划，民国中期武穴成为鄂省"七大商埠"之一，素有"入楚第一门""鄂东门户"之称。武穴城西田家镇一带江窄水急，扼长江之咽喉，历来为兵家必争之地，被喻为"楚江锁钥"。武穴港是长江十大深水良港之一，可停靠5 000吨以上的客货轮船，客流量在湖北仅次于武汉港。武穴市不仅是中国科技先进市、更是中国武术之乡、中华诗词之乡。在这片特殊地域文化的熏陶下，吴刚目睹长江往返的船只，从小立志学好本领，长大后造大船沿着长江之水驶向大海，驶向世界。吴刚与"雪龙2"号如图4-21所示。

图4-21 吴刚与"雪龙2"号

（一）冲刺最后一公里

吴刚出生的年代正是我国开始实行对内改革、对外开放的历史时期，伟大的时代为这代人搭建了实现理想的平台。吴刚高中毕业后如愿以偿考上华中科技大学船舶与海洋工程专业，为实现儿时的理想迈出了坚实的一步，对未来有一颗强大的内心，远比拥有其他技能要重要得多。

2000 年 7 月，命运女神将他安排到七〇八所工作，在这里遇到了影响他一生的两位船舶工程界泰斗——中国科学院院士许学彦、中国工程院院士张炳炎。在七〇八所他有机会接触到了引领船舶设计前沿技术的科考船，于是认准了方向。吴刚对自己的定位逐渐清晰——海洋科考船研究与设计，下决心为国家设计出世界一流的科考船。

在七〇八所，他完成了硕士研究生的学业，这为他日后从事极地科考破冰船"雪龙 2"号的设计研制打下了扎实的理论基础。2007 年，吴刚跟随张炳炎院士开始学习设计科考船。从"海洋六号"到"科学"号，再到"东方红 3"号，他走过了一段刻骨铭心的船人之路。从步进门槛到学习提高，再到成为创新引领人，吴刚已是多型国内顶尖科考船的总设计师，赶上了国家大力发展科考船的机遇，他总共主持设计了 6 艘科考船，先后担任"科学"号副总设计师，主持"向阳红 01"号、"向阳红 03"号、"东方红 3"号、"雪龙 2"号和"中山大学"号新建科考船等设计工作。一步一步，吴刚终于扛起了设计中国极地科考破冰船团队的大旗。

每设计一艘科考船，他都会更新一次设计理念，而且每次都会感受到科学家们对于拥有我们自己的先进科考船的热切期盼。吴刚说："设计科考船的过程更像是在雕琢一件艺术品。"正是科学家们不断提出的严苛要求，促使他一步步攀上科考船设计的高峰。

领他入门的张炳炎院士多年来一直默默教导和支持着吴刚的团队，另一位船舶工程界泰斗、中国科学院院士许学彦在去世前一年曾将吴刚叫到办公室，交给他几个本子，那是许学彦院士20世纪70年代与芬兰破冰船设计公司的交流笔记和他20世纪80年代考察英国造船业的全程日记，此外还有《国外破冰型考察船资料汇集》，这些是许院士大半辈子的知识积蓄，他将知识的接力棒交给了吴刚。这是一份沉甸甸的历史嘱托，历史给予吴刚这代人难得的发展机遇，他们要继往开来去完成中国极地科考破冰船最后一公里的历程。其实，世界上最需要迭代的不是产品，而是人。

（二）设计世界一流的中国极地科考破冰船

"在科学上没有平坦的大道，只有不畏劳苦沿着陡峭山路攀登的人，才有希望达到光辉的顶点。"这句话出自马克思《资本论》第一卷法文版序言。它告诉人们马克思为创立科学理论体系，付出了常人难以想象的艰辛，最终达到了光辉的顶点。这句话也启示我们，进行科学技术工作，不能采取浅尝辄止、蜻蜓点水的态度，而应下大气力、下苦功夫，掌握马克思主义基本原理和贯穿其中的立场、观点、方法，并结合具体实践和时代问题不断创新和发展。

在实现中，中国极地科考破冰船最后一公里的道路上充满着坎坷，布满着荆棘和陡峭的山路，一路前行会遇到想象不到的艰难险阻。

"雪龙2"号是我国第一艘真正意义上的极地科考破冰船，摆在设计人员面前的是一条陌生的路。在"雪龙2"号的设计过程中，首先遇到最大的困难是国内没有设计破冰船所需的"冰池"硬件，又缺少实船操作经验。因在水里航行与在冰海中航行所面临的情况是完全不同的，海冰变化和破冰运动目前很难用电脑模拟，"冰池"数据和专业人才的匮乏，一直以来都是中国设计破冰船的卡脖子问题。

"雪龙2"号作为我国第一艘新型极地科考破冰船，有很多具有中国特色的特殊要求，需要结合国外"冰池"的船型研发能力来进行探索。另外，与国外设计公司合作，也能够吸收更多国际上破冰船的先进理念，培养我们自己的技术能力。

在构想提出之初，常规的套路是到国外参观了解一些设计公司和船厂，把符合需求的设计图纸买回来参照其设计建造。但"雪龙2"号与一般可以批量建造的运输船不同，它是一艘极其复杂的"特种船"，各种功能都需要根据实际情况来进行设计和定制，绝不可能照搬国外已有的船型图纸进行建造。

给吴刚留下深刻印象的是在挪威参观考察时，看到一套非常成熟的破冰船设计方案，但这套方案是根据从挪威沿海出发前往北极的路线定制的，挪威所面临的海况、冰情以及科考要求和我们的完全不一样，想要"硬套"将会很困难，设计方案的改动会非常大。

重要的是，挪威设计的船舶的破冰能力只有1米厚度，这是抵达挪威极地科考站的破冰指标，但要抵达中国南极中山站，则至少需要破1.5米厚度的冰，这就是现在"雪龙2"号的破冰能力。这里所说的"破冰"，是一个连续破冰且夹杂有多年冰的概念，涉及船型、主机功率、船的螺旋桨、撞击能力、造价等各个方面，在整体设计上与以往完全不一样。

我国是一个处于非极地圈的国家，例如，我们的科考船从上海出发前往南极，需要先停靠澳大利亚或新西兰，过西风带到达极地，整个航程路线都是定制化设计的，细致到在海上航行多长时间，在冰上航行多长时间，在哪个港口补给。如果纯粹照搬一艘国外破冰船的设计，那将后患无穷甚至会带来致命的损失。

因此按照"国内外联合设计，国内建造"的模式，"雪龙2"号由芬兰阿克北极有限公司承担基本设计，中国船舶工业公司第七〇八研究所开展详细设计。

（三）实现破冰与科考功能的兼顾

"雪龙2"号整个设计过程中最大的难点在于破冰与科考功能的兼顾。

对于破冰来说，船首的倾斜角在一定范围内越低越好，但"雪龙2"号也是一艘科考船，船首倾斜角太低会导致航行的时候科考性能受到极大干扰。船首压低会带来大量气泡，而一些科考装备比如全海深多波束测深系统的表面是不允许受到气泡干扰的，否则扫测数据会不准确。

经过大量实验，最后为"雪龙2"号的船首找到了一个最佳平衡角度，在船前部采用箱型龙骨的船底结构，实现了船底重要声学设备避免气泡和碎冰影响与航行经济性之间的协调。这是决定船型最重要的一点，也是七〇八所的一个新的设计专利。

从拥有一艘不够专业的极地科考船跃升到拥有世界一流的极地科考船，设计者需要注重大量细节，且做到运筹帷幄。"雪龙2"号既要能破冰航行，又要兼顾科考性能，在理念上它就不同于其他船舶。而且，这艘船要以科考为主，科考是目的，破冰是保证，破冰是为了航行到有科考价值的海域，很多科学家期待新的科考船能把他们带到那里，期待在科考上也实现一个相当大的跨越。

　　海洋科考自身具备较大的实践性，不参加科考航次、不到海上亲临实验，很难体会一线的实际需求，因此海洋综合科考船的设计和管理需要结合各自国情和不同用船单位的具体需求。在没有实船设计和科考航次的实践体验与使用反馈的情况下，一个设计团队无法较好地完成海洋综合科考船的设计任务，尤其是设计指标要求较高的重点建设项目。这种实践性的要求也是对设计团队实船总结和创新提高综合素质的考验。

　　要积累实践经验，必须积极参与各类科考船的试航和科考航次，回访调研船舶使用部门和船上科学家，积极参与国内外各种海洋科考船设计建造的交流论坛和国际海洋调查机构组织的调查活动；通过搜集和整理各类使用经验与失败案例，了解海洋调查的目标和手段，形成实践经验的总结和提高。近几年来，国内设计单位逐步重视海上科考的实践总结，有时候看上去一个细微的改进，就能大大提高作业效率和安全性。例如，作业甲板舷侧可拆式或移动式舷墙、实验室桌面和墙面均布的C型槽、实验室顶部的飞缆和移动插座等细节改进均是从实践调研中得来的产物。图4－22为吴刚参加2017海洋科学考察船技术高级论坛的照片。

图4－22　吴刚参加2017海洋科学考察船技术高级论坛

吴刚认为，有了一流的科考船，才可能为科学家提供一流的海上实验室，为海洋强国打下科学基础。

为了设计出适合中国运营的极地科考船，吴刚坚持从一线了解科研需求。2014 年，作为"雪龙 2"号总设计师的他参加了我国第 31 次南极考察。为了让新船顺利通过"魔鬼西风带"，在设计中吴刚坚持提高船舶抗强风等级至阵风 12 级；到罗经甲板上调查设备时，他曾不慎滑跤跌落，于是改进了全船露天梯道的防滑设计；吴刚在船上看到"雪龙"号上的科考人员需要手动操作采水装置作业，效率低、危险大，为让科学家在恶劣天气下坚持 CTD 测量和采水作业，他改进总体设计，有针对性地在"雪龙 2"号上进行了很多减少人工作业的改装，如提高船尾部作业的自动化程度、船体的智能化程度等，实现了采样系统在舱内外一个动作自动完成。

对科学考察实验室的布局、防寒加热区域，哪些地方需要加温防寒，哪些地方需要加强通信，设计人员都有所交代。针对船上人员的生活起居，"雪龙 2"号做了很多人性化的设计和处理，比如房间配备加热设施、采用双层窗户保温、室内进行防滑处理、保证淡水的充足供给等，让大家工作得更舒适。

在环境调查方面，"雪龙 2"号能够进行极地海洋、海冰、大气等环境基础综合调查和观测研究；在地球物理调查方面，能够在极地冰区海洋开展油气、生物等调查；同时也承担了极地科考站部分物资和人员的运输任务。

"雪龙 2"号既承载和实现了近 40 年国内业界所做的诸多储备研究工作，也为未来可能的航线开辟、科考救援等任务打下了基础。"雪龙 2"号对中国极地科考领域是一场"及时雨"。

七〇八所花了 10 年时间设计这艘船，大大拓展了我国极地科考的范围，能够前往极地更中心海域，至此极地科考也不再只是集中在夏季，春秋季节也可以前往。有了这 10 年的积累，我们在科考破冰船的规范、设计、建造、材料、设备等各方面都有了全新的认识。未来，中国对建造重型破冰船将更有信心。爱因斯坦说："成功 = 艰苦的劳动 + 正确的方法 + 少谈空话。""雪龙2"号给出了完美的诠释。

（四）设计大国重器，向海图强

作为"雪龙2"号的总设计师，七〇八所研究员吴刚在上海交通大学攻读博士学位期间曾立志要完成两个心愿：一是，重返校园凝练理论，为设计大国重器制定标准、立规范。二是，完成"重型破冰船"的研制任务。

我们在设计、制造大国重器这个有重大科学意义的系统时，需要提高质量，制定严格的标准。"雪龙2"号的问世，我们整整用了 10 年的时间，真可谓"十年磨一剑"，其间，设计者们需要静下心来总结经验，吸取教训，系统地认识问题。

从"雪龙"号到"雪龙2"号，在认识观念上正进入转型期，必须防止浮躁，不断地成熟，而这需要规章制度去保证。吴刚感到，应及时总结经验，为科考船制定一套规范化的技术标准，比如实验室工作环境标准、海洋科考船噪声标准等，最终推动建立科考船标准船型，乃至形成我国中长期船型建设发展规划。吴刚总结了自己和团队 10 年来设计 6 艘科考船和破冰船的工作经验，探索形成了一些有价值的理论分析方法，以及行业内可参考应用的规范标准。

中国要造一艘极地科考船，要符合中国航线和船型的特点，不仅"底盘"要好，在极地冰区扎得住，而且使用上还要够灵活。吴刚和他的团队始终坚持将这些工程上的实用理论用在"雪龙2"号最终确定的方案和实践中，他们认为国外设计团队的贡献主要是在冰池试验推荐的母型和船体结构设计基础，而科考系统、全船内装都是由国内设计的。让七〇八所上上下下颇为自豪的是，在这个过程中，国外团队积累了许多富有中国特色的设计经验，在研究敞水和破冰两用船型时更多地考虑水和冰之间的平衡。

从技术支撑到代表船东方和国外团队谈判，再到详细设计的全面消化和优化设计，吴刚和团队交出了一份优异的成绩单。

从表面上看，如今信息传播高度发达，每个人都能随时随地获取各种信息，而实际上，越是在这样一个似乎什么都能看见的时代，我们越什么都看不见。信息能决定你的成功与失败，它让智慧者有无限探索的空间，获得信息靠告知而获得知识只能靠思考，经过思考的人会变得越来越聪明。思考和反思成功打开了方便之门。

接下来，吴刚又承担下了工业和信息化部重型破冰船的研制任务。全球现役常规动力的重型破冰船采用给的都是三四十年前的技术，新一代船型设计只能靠我们自己。读博期间，吴刚想在重型破冰船船型设计和冰载荷理论方面有所提高，这也是人类不断革新自我，实现自我升级的过程。

重型破冰船可以凿破约3米厚的冰，具备极区全天候的航行能力，这意味着未来我国科考队员可以随时踏上南北两极。万一有船舶被海冰围困，它也可以随时救援。为实现这一目标，吴刚在"雪龙2"号上布下了百余个应力监测传感器，回传的数据可以解密冰层构造，还原船舶遇冰撞击时的状态。只有更"懂冰"，才能设计出更优秀的破冰船。这是一种信念，信念的本质其实是对自己以及对世界的信心。

经过10年的发展，我国科考船已度过"青黄不接"的断档期；在人才培养上，年轻的一代人正迅速成长，吴刚和他的团队已经顺利地接过了设计极地科考船的火炬。

未来的社会，靠谱比聪明重要，热爱比努力重要，匠心比拼搏重要。靠谱的人，往往有着更深厚的特质。

2020 年我们经历新冠肺炎疫情，更加体会到未来社会节奏会越来越快，各种变化的周期还会不断缩短，各种不可预料的事情越来越多，因此在精神长期处于紧张和不安中，我们更应该保持积极的心态，并懂得独立谋生的重要性。

十年船人之路，十年艰辛历练，十年刻骨铭心，设计大国重器，向海图强，对于这支年轻团队还任重而道远，那飘扬在极地的五星红旗将永远激励着人们前行（见图 4-23）。

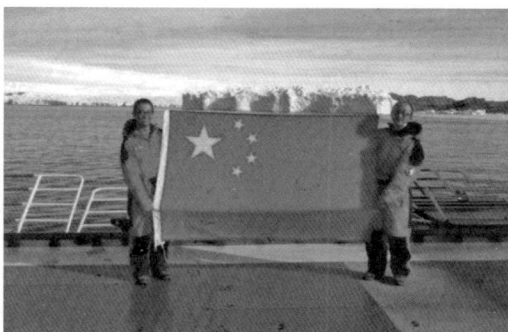

图 4-23　飘扬在极地的五星红旗永远激励着我们

第六节　江南造船集团：打造国际一流的极地科考破冰船

"雪龙 2"号由江南造船（集团）有限责任公司（以下简称

"江南造船厂"）建造。如今位于上海长兴岛的江南造船厂创建于 1865 年，承载着当代中国造船的历史重任，是中国民族工业不断发展壮大的缩影，是中国当代造船历史的重要组成部分。

江南造船厂饱经历史沧桑，经久不衰，它创造了无数个中国第一。在这里诞生了中国第一台车床、第一台万吨水压机，炼出了中国第一炉钢，建造了为中国航天事业作出突出贡献的"远望"系列航天测控船……改革开放以来，江南造船厂进入了快速发展的新时期，率先跨出国门与世界接轨，始终在中国船舶出口中发挥主力军作用。它建造的"江南巴拿马"型系列散货船是中国第一个在国际租船市场上挂牌交易的国际著名品牌；它建造了中国第一艘液化石油气运输船，并不断推陈出新，在开发与研制水平方面雄居世界前列；它开发建造的滚装船、快速集装箱船、大型自卸船、跨海火车渡轮等一大批高技术船舶，达到了国际先进水平，成为中国造船业的标志性产品。

造船是中国军工产业的开端，也是中国尝试"近代化"的开端。江南造船厂自行建造了中国第一艘蒸汽推进的军舰"惠吉"号和第一艘铁甲军舰"金瓯"号，研制了中国第一支步枪、第一门钢炮、第一磅无烟火药、第一艘铁甲兵轮、第一艘常规潜艇……2019 年 12 月 17 日，由江南造船厂建造的中国首艘国产航空母舰"山东"舰在海南入列，让中国进入了"双航母时代"。中国海军在"黄水海军"驶向"蓝水海军"的路上，又迈出了坚实的一大步。

江南造船厂是目前国内规模最大、设施最先进、生产品种最为广泛的现代化造船基地。笔者在创作《毛泽东与中国核潜艇》《邓小平与海军装备》纪实报告作品时，曾到江南造船厂采访，有了更深切的感触。江南造船厂不仅建造了一艘艘代表当今世界先进水平的民用船舶，还建造了一些我国最先进的军舰，而其制造的装备也是中国海军现代化的重要组成部分。在江南造船厂笔者看到了当代造船人在大国重器建造强国中的担当和位置，那是造船人家国情怀的精神洗礼。

一、 切割"雪龙2"号第一块钢板

2016年12月20日，"雪龙2"号在江南造船厂切割车间进行第一块钢板点火切割，标志着建造"雪龙2"号进入实质性阶段，雪龙系列科考船家族中正孕育着一个新生命。"雪龙2"号是我国自主建造的第一艘极地科考破冰船，也是全球第一艘获得智能船舶入级符号的极地科考破冰船，这不仅对中国船舶工业意义重大，而且对世界造船界都将产生极大的影响。

我国自1984年开展首次南极科学考察以来，先后使用过5艘船舶奔赴极地承担物资运输和科学考察任务，分别是："向阳红10"号、"J121"号、"海洋四号""极地"号和"雪龙"号。其中具有破冰能力的船均属于我国购入后改造而成的，像"雪龙"号曾是乌克兰赫尔松船厂建造的一艘集装箱运输补给船。"雪龙2"号是纯正的中国血统，如何将成千上万块的切割钢板拼接成一艘结构复杂的特种船呢？对此，江南造船厂形成了一整套创新的、可控的、建造有保障的体系。

江南造船厂董事长林鸥对建造团队的要求就是"打造国际一流、中国第一的科考破冰船"。江南造船厂"雪龙2"号建造项目总负责人张申宁说："建造先进极地破冰船、形成极地科考船队是'十三五'规划中'雪龙探极'重大专项工程的重要内容，有关各方对新船的设计、建造工作格外重视，毕竟这是我国自主建造的第一艘极地科考破冰船。"

秉承着这样的思想，江南造船厂全体上下做好周密的生产策划和准备。面对这么多的设备，为确保工期，江南造船厂将建造工程分为 114 个分段、11 个总段、3 个大总段，针对如何依次搭载，每个分段要哪些设备，什么时间安装，怎样安装，需攻关哪些难点等问题，都进行了系统策划。

要确保实现"雪龙 2"号各项技术指标，项目组对设计、建造和检验都提出了极高要求。针对"雪龙 2"号的建造难点及特点，江南研究院细化了 17 项关键技术攻关项目，其中，重量重心控制技术、智能船舶系统技术、动力定位系统设计、超低温防护、减振降噪控制、月池系统安装调试技术等项目最为关键。

在船舶有限的空间里加装多套高端复杂的系统，为了突破其中的关键点，实现预设技术指标，固化设计技术状态，实现多专业综合平衡，项目组夜以继日，协同工作，合理优化设计方案，以确保设计工作顺利推进。

二、 30 年以来遇到的最难造的特种船

2016 年 11 月起，"雪龙 2"号总工艺师赵振华及其团队正式投入"雪龙 2"号的建造工作，他们分解了"雪龙 2"号的关键技术，从极地破冰、大洋科考、总体性能指标上，分出 17 项关键技术，完成了 7891 份设计图纸的设绘。团队从只有图纸到联合各方、整合国内外的资源、服务商、技术组成单位、研究院所进行协调突破，形成初步方案，再经过研讨评审产生固化方案，再到现场环节，产生可行方案……每一步都走得踏实有效。

（一）复杂的船：船舶设计——要兼顾的实在多

船的安全性是重中之重。南极科考，船必过"魔鬼西风带"。"雪龙"号每次穿越西风带，都要受到一场"洗礼"，风浪大时，船体横倾甚至达到38°。所以，"雪龙2"号建造对船舶重量重心控制、稳性控制要求非常高，设计人员从生产技术准备开始就要一点一滴渗透到现场，实施全过程控制。通过钢板测厚、分段称重、型材抽称、设备称重、托盘抽称等，技术人员会形成"雪龙2"号全部设备、材料的总重量重心统计表格，相关数据梳理完毕后反馈给江南研究院，研究院再精确地进行分阶段更新核算，最终确保下水的时候能够准确定义新船的重量重心，保证"雪龙2"号的初稳性高，满足各项技术指标要求。

"雪龙2"号是全球第一艘获得智能船舶入级符号的极地科考破冰船。中国船级社验船师胡晓松介绍，该船具有智能船体和智能机舱功能标志。智能船体是指该船具有船体监测系统及辅助决策系统，可对船体开展全生命周期管理，对船体结构厚度进行监控和强度评估等，保障船体结构安全；智能机舱是对主、辅发动机运行系统的实时监控，对机舱内机械设备的运行状态、健康状况进行分析和评估，用于机械设备操作决策和维护保养计划的制定，确保在极地环境下机舱运行和维护的可靠。此外，全船还搭载了365个为智能化功能服务的监测点，包括应力监测、冰载荷监测、温度和加速度监测等功能，这些时刻都在观测的"眼睛"，传输着极地复杂多变的外部环境信息和船体本身信息，不仅能够为船舶安全航行提供决策依据，也将显著提升新船的可维护性，延长船舶寿命。但多系统、多设备的安装，无疑增加了设计施工的难度。

为了满足极地科考需求，提升新船在极地作业时应对常见的小回旋空间、大风浪海况的能力，增加安全性，"雪龙2"号选用了DP-2动力定位系统。动力定位系统（dynamic positioning system）是一种闭环的控制系统，其采用推力器来提供抵抗风、浪、流等作用在船舶上的环境力，从而使船舶尽可能地保持在海平面和要求的位置上，其定位成本不会随着水深的增加而增加，并且操作也比较方便。动力定位系统首先在浮船式钻井平台、平台支持船、潜水器支持船、管道和电缆敷设船、科考船、深海救生船等方面得到应用，其主要原理是利用计算机技术对采集来的环境参数（风、浪、流），根据位置参照系统提供的位置，自动地进行计算，控制各推力器输出的推力大小，使船舶艏向和船位保持"纹丝不动"。

此外，为了确保在极地（-30℃）的低温环境下，船舶救生、消防器材、甲板机械、航行及通信设备能够正常工作，"雪龙2"号几乎全船加装了低温保护设施和控温系统，这对方案设计、实船安装及调试等工作又提出了多项挑战。

据了解，不算前期调研论证和基本设计，"雪龙2"号仅详细设计和生产设计耗时就长达10个月，到2017年9月才完成所有图纸送退审核，实现生产设计全船放样。"生产周期确实压缩得很紧，但只有前期工作细一点，施工和建造质量才能得到保证。"江南造船厂"雪龙2"号总建造师陈建新说。

（二）难造的船：精度控制——30年来最难的活

根据"雪龙2"号船体强度要求，该船在船首、船尾和船底内部都需要进行冰区结构加强；为满足破冰需要，船首冰刀、船尾2个分水肿都与冰区结构相连；为保证重要声学设备使用，船底还采用了箱型龙骨设计。为了满足上述条件，"雪龙2"号大胆采用了低温高强度钢，这将焊接工艺和质量控制提到了一个新的高度。"雪龙2"号冰区结构的特点导致现场施工难度极大，而这又可能会影响施工质量，是江南造船厂需要攻克的又一难关。

焊接质量对于保证船舶主体结构安全至关重要，船舶庞大的结构几乎都是依靠焊接来完成的。船舶的焊接质量对船舶的安全、可靠性及寿命有着十分重要的影响。"雪龙2"号冰区结构使用的钢材板厚、线性曲率大，加上焊材的特殊性，对焊接工艺要求极高。据介绍，艏部冰刀区域板厚达到了100毫米，相比之下，21 000 TEU超大型集装箱船最厚的板也就85毫米。为了这艘船，江南造船厂专门做了单船整套的焊接工艺评定（WPS），可见对质量全过程控制的重视程度。

影响焊接质量的因素在于该船冰区结构的结构密度非常高，肋位距离仅350毫米左右，是一般船舶的一半。肋位空间很小，焊工在里面施展不开，而且钢板需要加热到70～150℃的工作温度才能焊接，在七、八月高温天操作，都是对江南造船人毅力和品质的一次严峻考验。

为了保证焊接质量，江南造船厂几乎派出了全厂技术水平最高的焊工队伍，全船平均每天有100个焊工作业。江南造船厂搭载部船舶电焊组组长嵇友伟说："干活的时候，蹲在那里，一口气憋着干，撑不住了，到风口吹一会儿。我们用的是二氧化碳气体保护焊，不能对着吹，否则影响焊接质量。一天干下来衣服全湿透，喝掉五六升水，基本不用上厕所，干造船快30年了，这是最难搞的一艘船。"

"难搞"的还有全回转电力推进系统转舵模块的吊装和焊接工作。这是江南造船厂以前没有碰到过的，其安装必须通过焊接来控制精度，难度完全不同于机加工保证精度。该模块周长

13.2米、直径4.2米，板厚38毫米，需要跟本体60毫米的板对接，要求水平面的误差控制在正负3毫米，圆筒体的变形量控制在1.8毫米以内。

根据江南造船厂的工艺策划以及ABB公司的施工要求，江南造船厂搭载部挑选了8位最好的焊工从生产准备、工艺学习和技能培训开始精心攻关，用了28天完成装焊工作。焊接团队采用对称焊接，一个模块4个人以同样的手法，统一的电流、速度，每天按照施工要求和电焊装配施工的过程来不断地控制，不断地矫正，以达到精度要求。一般焊接不能停顿，直接焊下来质量最好，但像这次想快还快不了，既要控制次序和同步性，又要保证精度，难度特别大。

即便在各种不利条件下，"雪龙2"号无损探伤检测各项指标一次合格率仍然均超过了97%。这么高的合格率并不是常规拍片量获得的，在船舶建造过程中，江南造船厂的探伤检测量翻了一倍不止。

船的质量是建造出来的，不是检验出来的。中国船级社验船师张延庆说："检验只是重要手段，船舶的质量控制依赖于建造过程，江南造船厂拥有一套完善的内部质量控制体系，所以，我们对江南造船的质量有信心。"

（三）金贵的船：设备防护——像潜艇一样稳妥

与普通船舶不同，"雪龙2"号不仅具有中国船级社和英国劳氏船级社（LR）双重船级（double class），同时，还是一艘具有"世界属性"的船舶。该船不仅搭载了众多先进的系统、科考和观测等高端进口设备，未来还会迎来世界各地的科学家前来开展实验和研究工作。这是一艘国际化的船舶，将会接受全球性的"检阅"，并将逐渐成为中国乃至全球开展极地海洋环境与资源研究的重要平台。

"雪龙 2"号系统多、设备多,很多设备是全球定制生产,一旦出现损坏,必须重新订造,这样不仅增加成本,还会影响整个工期。有些重要设备的安装,没把握就不用吊车,采取稳妥的人工搬运方式,对部分已经装上船的设备安装防护垫,再包裹薄膜纸,上面再包"白铁皮",最后再包三防布,力求万无一失。

为了形成一整套可控的设备防护管理制度,江南造船厂建造团队将建造潜艇设备的保护理念运用到了"雪龙 2"号上——建立"产品健康卡",如对入库及上船设备实行交接点检卡制度,通过设备点检卡,实现对设备开箱、出库、领用、吊运、安装、调试、提交等生产全过程的实名制管理。这就好像在新冠肺炎疫情防控中,广州采用的"穗康码"一样。"穗康码"是广州市推出的个人健康二维码,作为持码人疫情防控期间的健康证明,用于判断人员健康风险等级及动态健康认证等。在疫情防控期间,"穗康码"是人员通行管理的出行凭证,社区居民进入小区均需出示"穗康码"。它记录了持码人的健康信息,包括基本信息、是否常住广州、近期是否在广州、近一个月旅居史、近期接触史、个人健康状态等信息。因此,"穗康码"的作用除了报备个人健康外,主要还有掌握个人的行动轨迹,方便开展筛查管控和流调溯源工作。

一张"产品健康卡",始终伴随着某台套设备,谁领谁用、谁装谁查,责任一清二楚,试验好之后交给船东一张"明卡",江南造船厂品保部留存一张"暗卡",以备查验,实行船舶全寿命周期管理。

一般的船常规设备也就 150～180 台套,"雪龙 2"号全船设备多达 363 台套,而且设备封舱率非常高。对此,江南造船厂专门组建了一个 28 人的设备安全保护巡检团队，以江南造船厂安保部为主体，从各个生产部门抽调一位懂生产的人员，每天对重要设备进行 3 次巡检，并通过微信群实时通报检查结果和整改反馈情况，让大家相互督促、查缺补漏。

为了"雪龙 2"号这桌"大餐"，江南造船厂、中国极地研究中心、七〇八所、中国船级社、英国劳氏船级社、供应商等组建了项目"大团队"，从设备采购阶段就开始介入跟踪，并以详细设计和设备纳期为关键抓手，通过高效的沟通协作，最终创造了新一代极地科考破冰船首次自主建造、进坞搭载四个半月就全船贯通、5 个半月成功下水的"奇迹"。图 4 - 24 为江南造船厂负责"雪龙 2"号建造的工作人员。

图 4 - 24　江南造船厂负责"雪龙 2"号建造的工作人员

江南造船厂是一个国际化的团队，许多第一次与江南造船厂合作的外方人员对江南人的工作态度和工作成果称赞不已。按期优质交付"雪龙 2"号是江南造船厂的责任。未来，江南造船厂还将积极探索从以搭载为中心向以涂装为中心的造船模式转变，力争在目前水平上再提升 20％的建造效率，让江南品牌的科考船更具国际影响力。

三、 你是江南造船人的骄傲

2019 年 7 月 11 日，备受瞩目的中国首艘自主建造极地科学考察破冰船——"雪龙 2"号在上海顺利交付。

选择在 7 月 11 日是有特别意义的。2005 年 7 月 11 日，是中国伟大航海家郑和下西洋 600 周年纪念日。2005 年 4 月 25 日，经国务院批准，将每年的 7 月 11 日确立为中国"航海日"，作为国家的重要节日固定下来，同时也作为"世界海事日"在中国的实施日期。

停靠在码头的"雪龙 2"号比"雪龙"号小了一圈，再与远处码头停泊的超大型集装箱船相比，"雪龙 2"号外形更显袖珍，然而，它却是极地科考船的标志，标志着我国极地考察现场保障和支撑能力取得了新突破，瞄准高端和核心竞争力的"上海制造"再次取得突破，它是江南造船人的骄傲。

在现代极地科考中，人们已经意识到极地船舶不在于大，而在于"更快、更坚、更强"，集中到一点就是破冰能力。"雪龙"号能以 1.5 节航速冲破 1.2 米厚的冰层（含 0.2 米积雪），"雪龙 2"号则能以 2～3 节航速冲破 1.5 米厚的冰层（含 0.2 米积雪）。从 1.5 节航速提升到 2～3 节航速，从冲破 1.2 米厚的冰层提高到能破 1.5 米厚的冰层，这种量变的实现，我们用了整整 10 年的时间。

"雪龙 2"号是纯正的中国血统，但同时也是一艘高度全球化的船舶，是"中国制造"与"全球合作"两种模式的有机统一。

从 2016 年 12 月 20 日完成第一块钢材点火切割，到"雪龙 2"号的问世，不仅意味着"双龙探极"格局的进一步形成，也标志着我国极地科考取得新的突破。承续极地求索的使命担当、承载兴海强国的光荣梦想，中国"雪龙"必将劈波斩浪，破冰前行。

从 2016 年 12 月 20 日"雪龙 2"号在江南造船厂切割车间进行第一块钢材点火切割，到 2019 年 7 月 11 日顺利交付，用了总共不到 3 年的时间，这期间的辛酸和付出只有江南造船人心里清楚。在这个喜悦的日子里，"雪龙 2"号总工艺师赵振华（见图 4-25）回忆了建造全球第一艘双向（破冰）极地科考破冰船背后的故事。

图 4-25　"雪龙 2"号总工艺师赵振华

赵振华说，2019 年 7 月 11 号是一个令无数人激动不已的日子，但对他而言，心情很复杂。赵振华坦言，"这条船太难了"，"没有任何一艘科考船有这么高的技术难度。对于我们而言，'雪龙 2'号就是一个孩子……我们看着它从一块、一块的钢板变成现在这一艘船。"

2018 年 9 月 10 日,"雪龙 2"号正式下水。赵振华说,真正的困难在下水之后才开始。"雪龙 2"号搭载的设备精密度高、系统集成度高、设备多达 400 余台套、全船管系达 22 000 余根、电缆敷设 480 余千米、舾装件 84 000 余件……设备布置如此复杂,系统集成度如此之高,都需要在下水之后开始验证和试验,工作负荷和难度可想而知,某个环节稍有不慎,重者可能推倒重来,轻者耽搁工期。

2019 年 3 月 28 日,"雪龙 2"号在江南造船正式入坞开始搭载,完成了船舶建造中 4 个大节点中的第 2 个大节点,这是该项目的又一个里程碑式节点。入坞期间江南造船厂将主要完成船体合拢工作。"雪龙 2"号入坞搭载采用总段建造法,即按照计算机建模方式,将船体分为 114 个分段,然后再将分段总组成 11 个总段,11 个总段按照从艉向艏、从下往上的顺序进行合拢。自该节点起,整个坞内生产建造任务十分繁重,全船结构搭载合拢、船体冰区油漆整体喷涂、各专业舾装和内装,还有科考设备安装都在本阶段集中完成。图 4-26 为"雪龙 2"号在下水。

图 4-26 "雪龙 2"号在下水
(袁婧 摄)

2019 年 5 月 23 日，"雪龙 2"号完成了倾斜试验。试验的结果令人惊喜。首先，空船重量减少了 418 吨，重心指标满足设计要求，这意味着在相同排水量的情况下，可以多载重 418 吨，既有助于增加在长航线上航行的续航能力，又能使"雪龙 2"号在经过"魔鬼西风带"时保持足够的稳性。

2019 年 5 月 31 日至 6 月 15 日，"雪龙 2"号在我国东海海域进行了为期 15 个日夜的海上试航。试航结果显示，"雪龙 2"号的实际航速高于规格书要求，机动性指标高于规则要求，减震降噪指标更为出色，在高航速航行的情况下，感觉不到振动。同时，使用电力推进系统的"雪龙 2"号，其谐波干扰指标小于 3%，优于现行国际最高标准 5%。这对于科考试验数据的传输、处理及分析，提供了良好的洁净电网环境。

2019 年 7 月 11 日， "雪龙 2"号交船，赵振华心情复杂。"我一直在忙，突然间回头一看，它已经好了，它要走了。"赵振华想对"雪龙 2"号说："余生很长，祝你乘风破浪，走出万里，荣归江南。出去的时候，光荣地带着使命，回来的时候，顺利地完成任务，回到江南。江南承诺把你保养好，恢复好，以崭新的面貌投入到下一个科考任务中。"

第五章
极地船舶的技术现状和发展趋势

第一节　引子

南极洲是人类最晚发现的大陆，北冰洋是人类最晚发现的大洋，被称为地球最后的净土。覆满冰雪的极地是自然的极地，生命的极地，那里埋藏着丰富的资源，是人类最后的希望，肩负着人类未来生存繁殖的重担。

从古至今，人类对极地充满了热情，怀着憧憬，为了寻找这个人们充满幻想的理想王国，探险家、航海家不惜冒着生命危险，历经千难万险，留下了一部部壮烈的人类探险极地的英雄史。

随着科学技术的发展，人们已经不再停滞于"英雄时代"，而是迈入了"科学时代"。如今游弋在极地的船舶除了科考破冰船，还有极地重载甲板运输船，这种特殊船舶被誉为海工重载运输领域的"皇冠上的明珠"。近年来，智能船舶和水面无人艇的身影也频繁出现在极地海域，为人类探索神秘的极地世界提供了科技的力量。

第二节　智能船舶

一、　何为智能船舶？

智能船舶是指利用探测传感装置、物联网、互联网和卫星通信等技术手段自动感知和获取船舶自身、周边环境、海洋状况、物流信息和港口数据，通过计算机技术、自动控制技术和大数据处理分析技术使船舶在航行、管理、维护保养和货物运输等方面实现自主化智能运行，达到更加安全、更加环保、更加经济和更加可靠的目的。就实质而言，智能船舶之所以智能，关键还在于其强大的分析、决策和操纵能力，它能从海量信息中快速筛选，将相关的数据融会贯通，然后进行综合评估分析，作出最合适的决策，进而对船舶的推进、导航及其他系统实施准确操作。

二、 智能船舶发展简史

智能船舶的发展其实是一个循序渐进的过程，遵循着先局部后整体，先船上再岸上的原则。目前，配备了先进的导航控制系统的船舶已经实现了信息的自动采集和优化处理、航行状态的监控和预报、航线的规划和航路的调整、机舱设备的监测和遥控、自动避碰和航行控制、燃油消耗管理和优化等许多重要功能，船舶航行的自动化水准得到极大改善。

罗尔斯·罗伊斯公司认为，智能船舶的下一步发展应该着眼于远程遥控和无人驾驶。为此，该公司在 2014 年就开始开发名为"未来操作体验概念"（future operator experience concept）的岸基遥控系统。该公司又与芬兰国家技术研究中心、阿尔托大学和坦佩雷大学人机互动研究中心结成合作伙伴，拟于近期推出成型产品。按照设想，该系统将为操作控制人员提供智能工作站，使用三维全息图像和智能互动平台监管和控制那些海运航线上行进的船队。操作台拥有语音识别功能，可容纳最多 14 个人开展工作，且能够自动识别进入工作区的人员并将系统调整至其惯用的模式。船上探测器和摄像装置获取的信息以及空中无人机的监视图像亦可通过增强现实系统展现在操作员面前，使其能实时了解到船上和船周围的真实情况，提早发现潜在危险，例如海冰、暗礁、拖船或其他小艇等，并对这些航行障碍物精确定位，引导船舶及时回避。对于大型集装箱运输船而言，通常船上的船员很难提前看到这些威胁航行安全的物体。

目前，罗尔斯·罗伊斯公司在挪威的奥勒松和芬兰的劳马设有遥测控制中心，已经对其航行在世界各地的船舶和船上推进设备的运行情况实施了实时监控。按照该公司设定的智能船舶研发路线图，近期将首先推出船上仍有少量人员但具备部分远程遥控支持和操作功能的商用船舶，2025年推出远程控制的无人驾驶近海航行船，2030年开发出远程控制的无人驾驶深海航行船，到2035年将实现其最终目标，开发出无人驾驶的自主航行深海船。罗尔斯·罗伊斯公司坚信，无人驾驶的自主航行船舶是未来海运行业的发展方向，船上没有船员，就不需要设置船员生活区，不必再配备船员所需的舱室、空调、食物、饮用水和污水处理系统，节约下来的空间可以装载更多的货物，并可节省造船和运输成本，降低主机负荷，减少二氧化碳的排放。更为关键的是，由于现今大部分航运事故都是人为因素造成的，无人驾驶船舶的安全可靠性相对而言可能会更高。

三、 核心技术是智能管理

智能管理是利用信息采集、人工智能和远程交互等技术实现船舶设计、船舶制造、船用设备、物流管理和航运服务之间整个产业链的资源共享,构建网络和实体相互融合的架构,实现从设计、生产、运营到服务的全流程一体化,进而使资源配置、运营机制、风险管控和成本管理得到进一步优化。

智能管理顺应了"绿色航运"的发展潮流,以大数据为基础,通过分析通航环境、装载量、吃水深度、主机功率等因素与船舶营运能效之间的内在关系,改进船舶机械结构并改善零件设备的维护保养水准,还可在保证船舶航行安全的前提下整合整个运输体系,优化船舶和船队的运行状态,进而提高能源使用率和营运效率。此外,智能管理在航线规划、船舶状态监测、设备故障诊断、船舶自主维修、事故预警与搜救、船舶自动靠泊与离岸以及船队自我防护等各个方面同样拥有广阔的应用前景。

第三节　水面无人艇

一、　何为水面无人艇?

水面无人艇(unmanned surface vessel,USV),是一种无人操作的水面舰艇,主要用于执行危险以及不适于有人船只执行的任务。一旦配备先进的控制系统、传感器系统、通信系统和武器系统后,水面无人艇可以执行多种战争和非战争军事任务,比如侦察、搜索、探测和排雷,搜救、导航和水文地理勘察,反潜作战、反特种作战以及巡逻、打击海盗、反恐攻击等。在水面无人艇的研发和使用领域,美国和以色列一直处于领先地位。

二、　水面无人艇发展极简史

美国海军从 20 世纪 90 年代开始研究水面无人艇。新型反潜无人艇经过全面海试后首先担负起在美国沿海搜寻敌方潜艇的重要使命。2007 年美海军发布《海军水面无人艇主计划》，为水面无人艇赋予了 7 项任务，同时还界定了水面无人艇的船型、尺寸和标准等要素，这标志着美国水面无人艇走上正规的发展阶段。

以色列"保护者"水面无人艇已经开始批量生产，并装备部队。新加坡海军是该艇的第一个海外用户，在一次演习中，他们利用登陆舰搭载 2 艘"保护者"水面无人艇进行海上保卫和封锁行动。据新加坡国防部称，"保护者"水面无人艇是"非常高效的"。图 5 - 1 为笔者在珠海云洲无人船科技有限公司调研水面无人艇。

图 5 - 1　笔者（中）在珠海云洲无人船科技有限公司调研水面无人艇

北极航线是连接大西洋和太平洋间的海上捷径，西起摩尔曼斯克或阿尔汉格尔斯克，经北冰洋南部的巴伦支海、白海、喀拉海、拉普捷夫海、东西伯利亚海、楚科奇海至太平洋白令海西北岸的普罗维杰尼亚。北极航线对于加强俄罗斯和亚洲的联系而言至关重要。俄罗斯总统普京曾经指出，作为欧亚之间的一条捷径，北极航线可以媲美苏伊士运河。2019 年年底，俄罗斯政府预计，到 2035 年北极航线的货运量将达到 1.6 亿吨，是 2024 年联邦计划指标 8 000 万吨的两倍。

据悉俄罗斯欲在北极航线开辟无人船自动航行路线。俄罗斯圣彼得堡彼得大帝理工大学创新发展中心主任阿列克谢·迈斯特罗透露，只要无人驾驶系统足够可靠，冰情远程监控系统开发并应用到船舶的机械视觉系统和自主航行决策系统中，北极航线就能够实现无人船通行。

他表示，北极航线无人船相关的科研与实验设计工作已经启动，预计将在一到两年后接受测试，随后将逐步嵌入电子制图。"再过两年左右，我们就能够将冰情数据处理结果运用到无人驾驶系统中，并设定冰上航线"。

迈斯特罗称："2018 年，无人船市场规模仅为 5 亿美元，这个数字现在并不大，因为装配在船上的电子设备市场规模是它的 15 倍。但航运市场已经开始应用自主航行系统，该系统可以使船舶沿设定航线运行，在遇到障碍时向船长发出信号，由船长决定如何绕行。""随着货运规模扩大、需要降低成本，人们对更高程度的自主系统的需求也会增加，要求船舶仅配备 1 名机械师船员而无需船长；操控和问题诊断将通过远程进行，船舶将配装机械视觉系统。当前已经有这种项目，此类无人船在 2025—2030 年期间可能成为现实。"

第四节　极地破冰船技术发展趋势

破冰船是一种专门用于在结冰的水面上开辟航道的特种船舶。破冰船的主要特点是船体宽、船壳厚、马力大，且船体各区域设有不同的压水舱，推进装置多采用对称的多轴、多桨配置。

一、　破冰船发展简史

世界上最早的破冰船是俄国发明家布利聂夫受人力或畜力牵引的"雪橇形船首的破冰渡船"的启发于 1864 年制造的。该船由一艘钢制轮船改装，装有发动机，船首有一个倾斜角；为增加船的重量，可在船首水舱灌水。

1871 年冬天，由于德国很多轮船都被冻结在冰海中无法航行，德国的造船工程师参考了布利聂夫的破冰船图纸后，设计建造了"破冰船 I 号"破冰船，才在冰海中开辟出了航道。

第一艘极地破冰船是俄国人设计的"叶尔马克"号，该船于 1899 年在英国的船厂建造，用于破碎水面冰层，开辟航道，保障舰船进出冰封港口、锚地，或引导舰船在冰区航行。

一百多年以来，破冰船技术在动力定位能力、操作性能、航速航行性能、电站的冗余度、低噪声、低振动性能等方面都发生了革命性的变化。

二、　未来极地破冰船的发展方向

现代极地科考破冰船在设计上重点突出了综合调查能力，

根据对世界上近年来已陆续或即将交付的极地科考破冰船总体技术的统计与分析就可以得到验证。未来极地科考破冰船技术将在船舶整体优化方面继续加速发展，具体体现在以下几个方面。

（一）宁静化设计

随着越来越多的声学设备在科考船上的应用，国外先进科考船均提出了明确的声学指标要求，即满足 ICES 209 水下辐射噪声标准，为此大量先进的减震降噪技术得到应用，包括静音推进电机、静音螺旋桨、双层隔振、特殊材料齿轮等。台湾最新科考船"海研五号"提出要满足 ICES 209 的水下辐射噪声标准的要求，其造船成本增加约 20％，且大部分技术和设备均来自国外。目前，"雪龙 2"号振动噪声满足 CCSCOMF（NOISE2）、COMF（VIB2）舒适度要求；同时水下辐射噪声参考 ICES 209 标准，满足船底声学设备的探测要求。

（二）模块化设计

为提高海洋科考船的综合作业效率，针对不同航段搭载不同的模块，可有效节省船上空间，从而使船舶具有通用性，因此模块化的设计在国外先进的科考船上均有所体现，特别是德国和西班牙走在了该技术应用的前列。西班牙的 Saimiento de Gamboa 是一艘大洋级海洋科考船，该船主要特点是 3 000 吨级的船同时具备了声学鱼探、渔业分析和处理及 ROV 等作业能力，最大亮点是在船尾部约 300 平方米的作业甲板通过搭载近 10 个集装箱，可完成二维地震作业。Meria S. Marian 是德国最具现代化的全球级多学科破冰科考船，该船可搭载 21 个 20 英尺的各类集装箱，已做到常年不回母港，通过换装不同的集装箱模块完成各类作业，大大提高了作业效率。

（三）艏部声学环境优化设计

多波束测深系统等水下声学设备是获取海洋及海底数据的主要手段，它主要安装在艏部区域附近，艏部的声学环境是获得准确数据的主要保障。国外科考船主要从艏部线型设计和声学设备的安装技术两方面相结合开展工作：线型设计主要考虑球鼻艏的设计，在此方面国外也曾有失败的经验教训。声学设备安装主要是多波束测深系统的安装方式，有 Gondola、导流罩和嵌入式3 种主要安装方式。

（四）调查装备系统配置

目前，国外全球级科考船均配备完善的调查装备系统，可进行海洋物理、物理海洋、海洋生物、海洋化学、海洋气象等综合调查作业，其调查装备系统具备以下特点：具有全套绞车/吊车系统，一般带有升沉补偿装置；安装最大负荷大于 20 吨的船舯主吊；常用同轴缆、光缆和绳缆绞车；具有长柱状取样、二维多道地震系统、ROV 等大型装备作业能力，且设备多采用可移动、模块化搭载方式；具有全套声学装备，包括全海深多波束测深系统、（深水）浅地层剖面仪、USBL 系统、ADCP、分裂波束探测系统等必备系统。部分船舶还安装有水下声学通信机、噪声测量等设备，还有完备的通信与导航系统，全船物资分类存储，并具有较充足的集装箱搭载能力，可在不增加船舶吨位的基础上，通过每次搭载装有不同设备和物资的集装箱实现不同的调查作业功能。

（五）信息系统集成设计

先进的海洋科考船均具有现代化的信息集成系统和较好的船岸网络通信能力，注重船载探测设备集成及协调配合能力的建设，实现声学、电子探测等设备的实时监控和记录，对这些仪器设备进行集中操控和管理；通过网络平台进行导航信息、气象信息、走航观测信息及主要甲板支撑设备状况等公用数据的全船分发；具备科考调查数据的采集、记录、存储、快速分析与处理能力。

［1］ 中华人民共和国国务院新闻办公室. 中国的北极政策［M］. 北京：人民出版社，2018.

［2］ 中华人民共和国海事局. 北极航行指南（东北航道）［M］. 北京：人民交通出版社股份有限公司，2014.

［3］ 中华人民共和国海事局. 北极航行指南（西北航道）［M］. 北京：人民交通出版社股份有限公司，2016.

［4］ 仇昊. 地区开发与军事部署并进：美国的北极战略［J］. 舰船知识，2016，445：33－37.

［5］ 陈曦. 来到　观望　征服：苏联北极战略的演变［J］. 舰船知识，2016，445：38－45.

［6］ 张景涛，刘岳. 极区气象对舰船设计的影响［J］. 舰船知识，2016，445：53－55.

［7］ 陆超. 北极海上装备体系初步构想［J］. 舰船知识，2016，446：65－67.

［8］ 陆超. 若只如初见：破冰船的发展与特点［J］. 舰船知识，2016，446：68－73.

［9］ 姜永伟. 俄最新型核动力破冰船：22220型［J］. 舰船知识，2016，446：74－77.

［10］ 姜永伟. 俄"冰山"设计局总裁谈领袖级破冰船［J］. 舰船知识，2016，446：78－79.

［11］ 汉江. 核动力破冰船的代表作："50周年胜利号"［J］. 舰船知识，2016，446：80－83.

[12] 汉江. 世界首艘双燃料破冰船：芬兰"北极星"号［J］. 舰船知识，2016，446：84 - 88.

[13] 三村崇志，徐蒙. 全球冰冻［J］. 科学世界，2019（2）：10 - 25.

[14] 简·埃里克·维南，陈刚. 海洋工程设计手册：风险评估分册［M］. 2 版. 上海：上海交通大学出版社，2012.

[15] 《船舶》编辑部. 2017 年海洋科学考察船技术高峰论坛（论文集）［C］. 上海：中国船舶及海洋工程设计研究院，2017.

[16] 安妮·鲁尼. 世界人文地图趣史［M］. 严维明，译. 北京：电子工业出版社，2016.

[17] Dokkum K V. 船舶知识［M］. 孙丽萍，康庄，译. 哈尔滨：哈尔滨工程大学出版社，2015.

[18] 上海中国航海博物馆. 人海相依：中国人的海洋世界［M］. 上海：上海古籍出版社，2014.

[19] 阿拉斯泰尔·福瑟吉尔，瓦内莎·波洛维兹. 冰冻星球：超乎想象的奇妙世界［M］. 人人影视，译. 2 版. 北京：人民邮电出版社，2016.

[20] 彼德·奥顿. 改变世界的航海［M］. 付广军，译. 长沙：湖南科学技术出版社，2011.

[21] 闫立金，张巢，等. 人文海洋［M］. 北京：新华出版社，2018.

[22] 钱宗旗. 俄罗斯北极战略与"冰上丝绸之路"［M］. 北京：时事出版社，2018.

[23] 栾恩杰. 舰船［M］. 北京：宇航出版社，1999.

[24] 靳怀鹏，刘政，李卫东. 世界海洋军事地理［M］. 北京：国防大学出版社，2001.

[25] 吕炳全，李维显，王红罡. 海洋的故事［M］. 上海：上海科学普及出版社，2004.

[26] 塞尔维亚·厄尔勒，艾伦·普拉格尔. 海洋的故事［M］. 王桂芝，刘建新，马红波，等，译. 海口：海南出版社，2002.

[27] 房仲甫，李二和. 与郑和相遇海上［M］. 北京：同心出版社，2005.

[28] 埃贝斯迈尔，西格里安诺. 来自大海的礼物［M］. 苏枫雅，译. 北京：中国大百科全书出版社，2012.

[29] 凯瑟林·库伦. 海洋科学：站在科学前沿的巨人［M］. 郭红霞，

译．上海：上海科学技术文献出版社，2011．

［30］ 杰里米•哈伍德．改变世界的地图［M］．孙吉虹，译．北京：生活•读书•新知三联书店，2016．

［31］ 姜守明，高芳英．世界地理大发现［M］．济南：山东画报出版社，2004．

［32］ 喻晓．南极北极：纯净之地的诱惑与召唤［M］．北京：北京理工大学出版社，2016．

［33］ 菲利普•德•索萨．极简海洋文明史：航海与世界历史5000年［M］．施诚，张珉璐，译．北京：中信出版社，2016．

［34］ 金行德．中国古船史研究：金行德船史研究论文汇编［J］．广东造船，2015（z）．

［35］ 王燕舞，张达勋．冰级定义的有关分析及建议［J］．上海造船，2010（4）：54-58．

［36］ 张丽瑛，张兆德．海洋科学考察船的现状与发展趋势［J］．船海工程，2010，39（4）：60-63．

［37］ 吴刚．海洋综合科考船的船型特征及发展综述［J］．船舶，2017，28（z1）：7-15．

［38］ 孙凤鸣，刘方琦．世界先进科考船图谱［J］．中国船检，2018（1）：88-93．

［39］ 孟庆龙，李守宏，孙雅哲，等．中国与欧美调查船的差异分析［EB/OL］．［2017-12-01］．https：//www．sohu．com/a/2079 85688_726570．

［40］ 安德鲁•兰伯特．风帆时代的海上战争［M］．郑振清，向静，译．上海：上海人民出版社，2005．

［41］ 辛元欧．中外船史图说［M］．上海：上海书店出版社，2009．

［42］ 席龙飞，杨熺，唐锡仁．中国科学技术史：交通卷［M］．北京：科学出版社，2004．